舆论引导新论

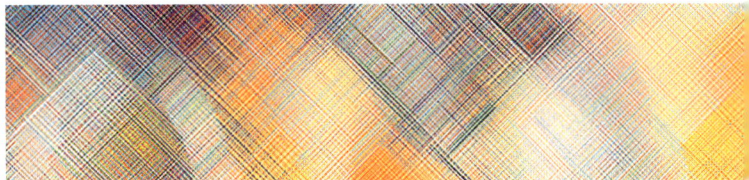

THE NEW THEORY OF
PUBLIC OPINION GUIDANCE

雷跃捷　薛宝琴 等　著

社会科学文献出版社
SOCIAL SCIENCES ACADEMIC PRESS (CHINA)

目 录

绪 论 …………………………………………………… 001

第一节 关于本书的几个基本问题 …………………………… 001

第二节 文献综述 …………………………………………… 007

第三节 核心概念界定 ……………………………………… 026

第一章 新形势下建立健全舆论引导新格局与新机制的

　　　背景研究 …………………………………………… 029

第一节 当前我国开展舆论引导工作的宏观背景 …………… 029

第二节 "阿拉伯之春"事件中社交媒体舆论运行机制研究 …… 042

第三节 台湾地区 2015～2016 年 "选战"中 "蓝" "绿"

　　　阵营舆论博弈现象分析 …………………………… 067

第四节 新疆 "7·5"事件中的舆论引导机制研究 ………… 072

第二章 我国舆论引导格局与机制的现状研究 …………… 087

第一节 新闻宣传管理机构的舆论引导格局和机制现状 …… 087

第二节 传统媒体的舆论引导格局和机制现状 …………… 116

第三节 网络媒体的舆论引导格局和机制现状 …………… 134

第四节 社会组织的舆论引导格局和机制现状 …………… 162

第五节 "意见领袖"的舆论引导格局和机制现状 ………… 172

第三章　媒体融合对当前我国舆论引导格局和机制的影响············· 183

第一节　媒体融合的概念及内涵 ····························· 183

第二节　媒体融合对当前我国舆论引导格局的影响 ··········· 193

第三节　媒体融合对当前我国舆论引导机制的影响 ··········· 206

第四章　建立健全新形势下舆论引导格局和机制的建议········· 223

第一节　建构"五位一体"的舆论引导格局 ················· 223

第二节　把握舆论引导机制的五个"度" ················· 224

第三节　建立、健全和完善舆论引导的工作机制 ············· 234

后　记·· 239

绪　论

第一节　关于本书的几个基本问题

一　研究对象

本书以 21 世纪以来全球化给世界经济和政治带来巨大变革，在我国经济、社会发展处于转型期的新形势下如何建立、健全舆论引导的格局和机制为研究对象，考察了我国舆论引导工作面临的国际国内环境以及传媒业步入媒体融合的时代背景，描述了 21 世纪以来我国舆论引导工作业已形成的格局和机制的总体状况，分析当前我国舆论引导格局和机制存在的问题，在此基础上，力图探索建立健全舆论引导新格局和新机制的路径和方法。

二　研究目的

当前，关注舆论现象，是世界范围内的普遍现象。在我国，由于面临信息全球化的国际背景和处于社会转型的特殊时期，舆论更成为社会关注的焦点。在这种新的形势下，如何认识复杂的舆论现象，把握舆论的规律，成为执政党和普通公民共同关注的问题。在中国语境下产生的"舆论引导"概念，既具有与西方传播学中的"把关人""议程设置"

"框架"理论相类似的涵义，又赋予中国特色新闻舆论宣传的鲜明个性和特点。"舆论引导"既有别于"舆论管理"，也有别于"舆论控制"，相对于后两者，"舆论引导"更注重从舆论内部规律性的把握入手，采用相对柔性的方法，以疏导、说服的方式，去引导舆论的发展方向，化解舆论所带来的矛盾。因此，舆论引导更注重对舆论内部规律性的认识，强调从建设性的角度，建立刚性的制度安排和实施巧妙的引导艺术。正是因为舆论引导具有刚性和柔性的两面性特点，所以舆论引导工作呈现出风险高、难度大、舆论引导的规律难以把握的特点。我国自20 世纪 80 年代末提出"舆论导向（引导）"的概念以来，对舆论引导的研究经历了"舆论导向（引导）"的必要性研究、"舆论引导能力"的研究、"舆论引导艺术"的研究的演进历程。纵观这条研究发展的轨迹，可以发现，从宏观层面来看，对"舆论导向（引导）"的研究，重点放在了舆论引导柔性的一面，而对刚性的一面，即对建立舆论引导的制度性安排为主的刚性特点的研究，则相对显得薄弱和迟缓。鉴于此，本书从研究舆论引导的刚性特点入手，着重研究如何建立舆论引导的制度性安排，即研究如何从建立和健全舆论引导的格局和机制入手，探索影响舆论引导的外部因素和支配舆论引导的内在规律，以获得对舆论引导工作的规律性认识，从而达到有效地开展舆论引导工作的目的。由此，本书的具体研究目的，又分为两个方面。

第一，研究既有的舆论引导格局，为建立健全媒体融合背景下新的舆论引导格局提供理论和实践的依据。

首先，从实施舆论引导的渠道来看，实施舆论引导的渠道是多种多样的，例如举行会议、发布政策、示威游行、举行集会等。但是，在诸多的渠道中，运用最普遍也是最有效的，还是传媒。当前，媒体融合已成为传媒业发展的趋势，舆论引导正在经历媒体融合带来的新挑战。本课题将传统媒体和新兴媒体、大众媒体和自媒体、公共媒体和社交媒体等媒体形态统一纳入舆论引导的大格局中进行研究。

其次，从实施舆论引导的主体来看，目前，我国参与到舆论引导实践中的主体众多，不仅涉及党和政府以及各种类型、层次的传统媒体，同时在新兴媒体的介入下，各种社会组织、群体和公民个体（各种活跃在网络中的意见领袖）以及各种社会化媒体等都有可能对舆论引导格局的形成产生影响。围绕不同的舆论引导议题、不同的舆论引导对象、不同的舆论引导主体来考察我国当前舆论引导的整体格局，研究媒体融合背景下舆论引导格局发生的变化，研究如何建立和健全适应媒体融合新形势的舆论引导新格局，为加强主流舆论的阵地建设，牢牢把握舆论引导工作的主导权和话语权，提高舆论引导水平，提供制度性安排的思路。

再次，从舆论引导的客体来看，新媒体的迅猛发展，一方面给普通民众以更多的赋权，借助 Web2.0 技术，网络迅速演变成"自媒体"，在网络传播的虚拟空间里，"两个舆论场"① 的界限被打破，网络舆论场日益壮大，成为影响甚至左右舆论的一种态势。另一方面，传统主流媒体与网络媒体的话语体系之间的差距越拉越大，这进一步增强了"两个舆论场"的对立。面对这种复杂的舆论格局，本书将舆论引导的客体纳入舆论引导的大格局中进行审视观照，以为探索舆论引导的反馈机制提供分析研究的对象和依据。

第二，深入探究舆论引导的工作机制，为建立健全媒体融合背景下的舆论引导新机制提供符合其内部规律性的认识和对策建议。

本书还要研究如何建立健全系统完备、科学高效、权责明确的舆论引导机制问题，在研究既有的舆论引导机制的基础上，探讨媒体融合背景下舆论引导机制发生的新变化、面临的新问题。本项研究运用系统论、控制论和认识论的思维方法和相关理论，对舆论引导的机理作深入剖析，探讨如何建立和健全适应媒体融合背景下的舆论引导的程序规

---

① 关于"两个舆论场"的概念，学界和业界有几种表述。其中有代表性的是：（1）南振中提出的"官方舆论场"和"民间舆论场"的两个舆论场概念。（2）新华社"主流媒体如何增强舆论引导有效性和影响力"课题组提出的"媒体舆论场"和"口头舆论场"的两个舆论场概念。本书认为，两个舆论场的划分，是以"二分法"为依据的。它从客观层面正确地描述了当前我国社会转型期的舆论格局，体现了转型期社会容易产生冲突的特征。按照二分法的划分方法，两个舆论场还可表述为"网络舆论场"和"传统主流媒体舆论场"两个概念。

范、制度安排和执行措施，从分析舆论引导机制这个系统的外部影响因素和"自组织"的内部结构入手，研究如何建立和健全适应媒体融合新形势的舆论引导新机制。为增强舆论引导的针对性、实效性、规范性和吸引力、影响力提供制度性保障的思路。

三 研究意义

第一，研究新的历史条件、新的媒体形态下的舆论引导新格局和新机制，有利于开展舆论学基础理论研究。随着形势的需要，我国学界和业界对舆论的研究，近年来持续升温，但出于实用的考虑，对舆论的研究，集中在舆情监测、分析等实践操作应用层面。相对来说，舆论学的基础理论研究，则显得非常薄弱。研究舆论引导的格局和机制，从外部环境和内部结构深入探讨影响舆论运行的外在因素和内部机理，为舆论引导、舆情监测和分析提供学理支持。

第二，研究媒体融合背景下的舆论引导新格局、新机制，具有极其重要的实践意义。当前，媒体融合已从理论探讨转为实践操作。媒体融合将给传媒业带来巨大的变革，也将给我国的新闻舆论宣传工作带来巨大变革。在这种新形势下，传统媒体和新兴媒体都在积极探索舆论引导的新方式、新条件、新对象、新内容，新闻舆论宣传实践急需理论界给予新的理论阐释，以正确解释新闻舆论宣传发生的新现象、出现的新问题。本书的研究，正是从舆论引导格局和机制这个环节入手，以回答舆论引导实践中的制度建设问题。

四 研究方法

本书以历史唯物主义和辩证唯物主义作为指导思想，遵循"存在决定意识""经济基础决定上层建筑"的基本原理，分析舆论这种人类的特殊意识现象。

本书还借鉴了系统论、控制论、信息论的思维方式和理论范式，对舆论引导格局和机制这个舆论学领域特殊的研究对象，作了机理解剖和模型构建。除了以上方法论的运用，本书还采取了包括田野调查方法、案例研究法、比较研究法、深度访谈法、焦点小组座谈法、文献研究法等具体的研究方法。

（一）田野调查方法

本项研究借鉴民族学、人类学的田野调查方法，到国内外、境内外深入考察和调研具有典型样本意义的舆论现象和舆论活动。课题组负责人分别于 2014 年 1～7 月在日本考察其媒体发展的状况，研究福岛核泄漏造成的舆论风波和日本政府在引导舆论方面的作为。于 2015 年 7 月至 2016 年 6 月在台湾全程跟踪观察"大选"期间，国民党（蓝营）和民进党（绿营）运用舆论博弈开展选战的情况。课题组成员深入中宣部、国家新闻出版广电总局、国务院新闻办公室、国家互联网信息办公室、《人民日报》、人民网、新华社、新华网、中央人民广播电台、中央电视台、北京人民广播电台、北京电视台、《南方日报》报业集团、深圳广播影视集团、深圳盐田区沙头角电视台等媒体，进行舆论引导格局和机制的实地考察，获得了丰富的一手资料。

（二）案例研究法

本项研究采用"多案例研究"的研究策略，利用案例的多样性和丰富性，增强、充实研究基础。在研究过程中，精选各种正面和反面的案例，以确保相关研究能够与社会舆论现实保持基本一致，并能在此基础上形成建立健全舆论引导新格局和新机制的富有启发性的意见和认识。

（三）比较研究法

在定性研究中，本书还使用了比较研究的方法，以便更全面、更清晰地认知舆论引导的机制和格局，把握其中的普遍规律。在具体的比较中，不仅采取了纵向的比较，也采取了横向的比较；既包括了不同研究个案之间的比较，也包括了个案与理论之间的比较。特别是在关于舆论引导机制和格局的现状研究中，本书较多使用了比较研究法中最为常见的比较维度：区域比较和问题比较。

（四）深度访谈法

为了获取更多来自舆论引导实践中的丰富生动的第一手资料，本项研究将深度访谈作为主要的研究方法。为此，课题组按照媒体（传统主流媒体、新兴媒体和市场化媒体等）、主管单位等的划分，对中央级媒体、地方媒体，中共中央宣传部、国家新闻出版广电总局、国信办、网信办等单位分别进行深访调查，以期获得丰富生动的定性资料，再结合访问者的分析和思考，归纳和概括出关于建立健全舆论引导的新格局机制和新机制格局的相关结论。本课题研究成果中的很多观点在深访中得以形成和深化。

（五）焦点小组座谈

本课题研究中期，在梳理了既有舆论引导格局和机制的基础上，课题组总结了前期研究过程中所发现的问题，列出了问题清单，课题组成员在讨论这些问题后，又作了筛选，对问题清单作了聚焦，然后就这份聚焦之后的问题清单，邀请人民网、新华网、国家网信办、《光明日报》、北京人民广播电台、北京市丰台区政府以及一些舆情监测分析机构的资深专业人士，进行座谈，调查和征询业界对这些问题的意见和已经取得的经验，以此获得一手资料。

（六）文献研究法

本课题研究还采取了常用的文献研究法，在搜集、梳理大量国内外有关舆论学的文献资料的基础上，作了细致的文献综述和背景分析。在具体的研究过程中，对这些文献资料多有引证和参考。

五 创新之处

第一，系统地研究了以往我国舆论引导的格局和机制的状况，揭示了舆论引导格局和机制的优势和弊端，为后续研究提供了可供参考借鉴的资料和启发。

第二，通过文献研究方法，发掘大量的国外舆论资料，通过艰苦细致的田野调查，实地调研了台湾选战方面的舆论博弈情况，给本课题的研究提供了典型的案例和崭新的研究视角。

第三，在课题研究的基础上提出了媒体融合新形势下舆论引导新格局、新机制的对策和建议。

第二节　文献综述

为了全面准确地反映当前我国舆论引导研究的整体情况，本书将有关内容所涉及的核心期刊、CSSCI 期刊、博硕论文以及会议论文等列入文献搜集和综述的范围。在分别以"舆论引导""舆论引导机制"和"舆论引导格局"为主题进行文献查找的基础上，对有代表性的重点文献予以解读和分析，以期获得有关建立健全新形势下舆论引导机制和格局研究的文献地图。

一　整体研究情况

（一）研究走势分析

1. 以"舆论引导"为主题

搜索 1949～2014 年中文核心期刊和 CSSCI 发表的期刊论文，共检索到 2962 篇论文；搜索 1980～2014 年发表的博硕论文，共检索到 1490 篇论文；搜索 1949～2014 年会议论文的发表，共检索到 112 篇论文。其中，2004～2014 年论文发表的分布和数量走势可以通过图 1 得以显示。

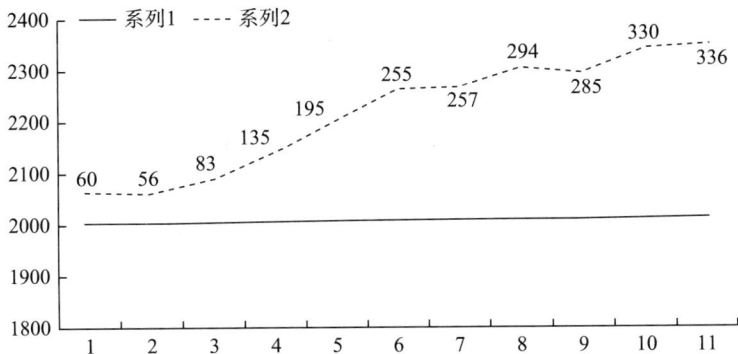

图 1　2004～2014 年以"舆论引导"为主题的论文发表的
分布和数量走势

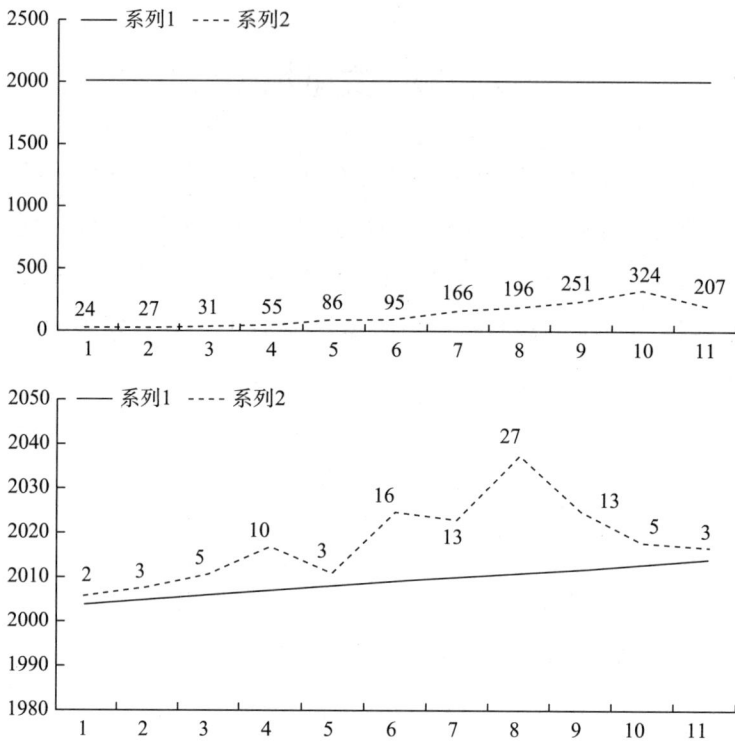

图1　2004～2014 年以"舆论引导"为主题的论文发表的
分布和数量走势（续）

2. 以"舆论引导机制"为主题

搜索 1949～2014 年中文核心期刊和 CSSCI 期刊论文的发表，共检索到 53 篇论文；搜索 1980～2014 年博硕论文的发表，共检索到 76 篇论文；搜索 1949～2014 年会议论文的发表，共检索到 5 篇论文。其中 2004～2014 年论文发表的分布和数量走势可以通过图 2 得以显示。

3. 以"舆论引导格局"为主题

搜索 1949～2014 年中文核心期刊和 CSSCI 期刊论文的发表，共检索到 17 篇论文；搜索 1980～2014 年博硕论文的发表，共检索到 8 篇论文；搜索 1949～2014 年会议论文的发表，共检索到 0 篇论文。其中 2004～2014 年论文发表的分布和数量走势可以通过图 3 得以显示。

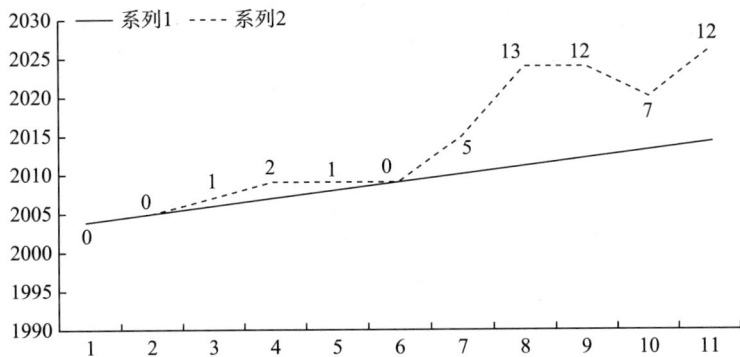

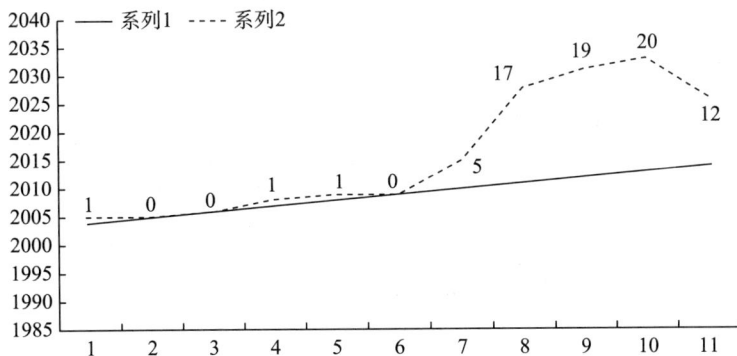

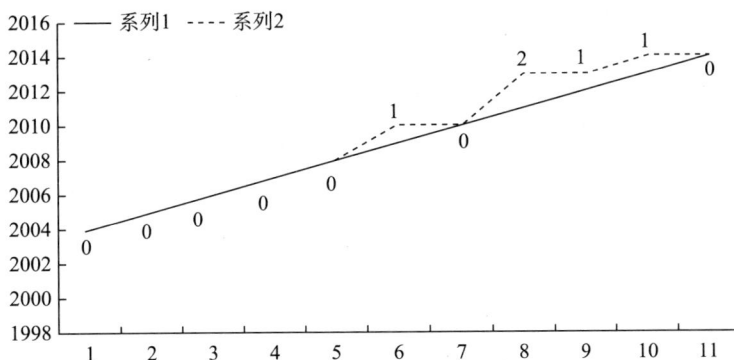

图 2　2004～2014 年以 "舆论引导机制" 为主题的论文发表的
分布和数量走势

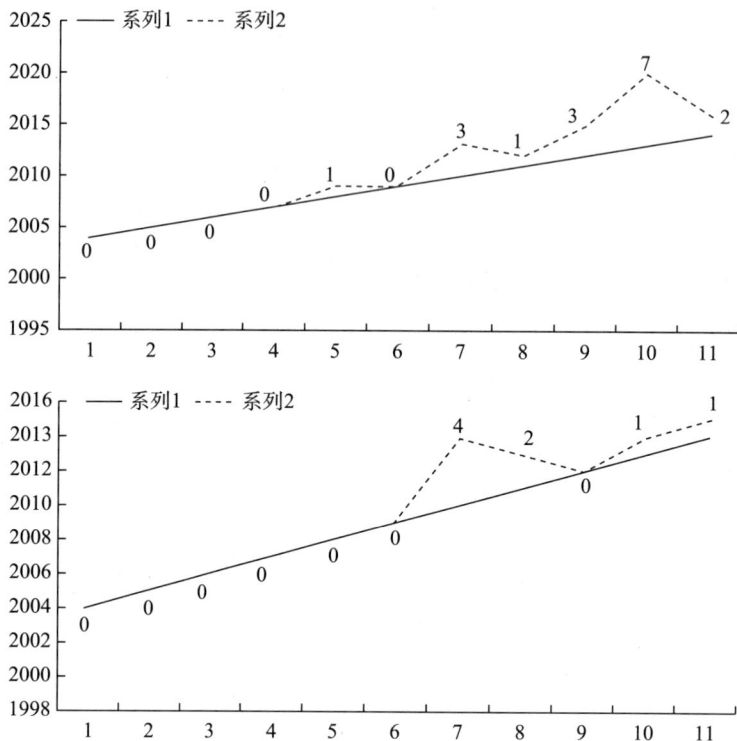

图 3 2004～2014 年以"舆论引导格局"为主题的论文发表的分布和数量走势

（二）研究背景分析

从上述论文发表情况可以看出，学术界对舆论引导的关注，近年来一直持续升高。相对来说，舆论引导机制及格局的研究，在舆论引导的研究中所占比重不大，仍然有提升的空间。博硕论文、期刊论文和会议论文，都在 2008 年左右有了较大幅度的数量增长，可视为舆论引导研究的转折点。

2008 年 6 月 20 日，中共中央总书记胡锦涛视察人民日报社并发表讲话，就国家媒体需要提高舆论引导能力提出了五条指导性意见，明确指示，"必须加强主流媒体建设和新兴媒体建设，形成舆论引导新格局。要从社会舆论多层次的实际出发，把握媒体分众化、对象化的新趋势，以党报党刊、电台电视台为主，整合都市类媒体、网络媒体等多种宣传资源，努力构建定位明确、特色鲜明、功能互补、覆盖广泛的舆论引导新格局"，从系统和分层的角度，阐释了"舆论引导新格局"。

2011年10月18日，中国共产党第十七届中央委员会第六次全体会议通过了《中共中央关于深化文化体制改革推动社会主义文化大发展大繁荣若干重大问题的决定》（以下简称《决定》）。《决定》中指出，要"以党报党刊、通讯社、电台电视台为主，整合都市类媒体、网络媒体等宣传资源，构建统筹协调、责任明确、功能互补、覆盖广泛、富有效率的舆论引导格局。加强和改进正面宣传，加强社会主义核心价值体系宣传，加强舆情分析研判，加强社会热点难点问题引导，从群众关注点入手，科学解疑释惑，有效凝聚共识。做好重大突发事件新闻报道，完善新闻发布制度，健全应急报道和舆论引导机制，提高时效性，增加透明度"，对进一步开展舆论引导的格局和机制的研究，都作出了指示和说明。

2011年，胡锦涛在省部级主要领导干部社会管理及其创新专题研讨班开班式上发表讲话，强调要"进一步加强和完善信息网络管理，提高对虚拟社会的管理水平，健全网上舆论引导机制"，将健全舆论引导机制直接与现代领导力艺术挂钩，对创新领导力提出了具体要求。

从两次讲话和《决定》可以看到，2008年以来，建构新型舆论引导的格局和机制，是我国新闻工作和管理工作的重心之一。学术界的研究动态，与意识形态主管部门的顶层设计思路一脉相承，部分折射出媒介环境现实生态的发展及变化。2008～2010年的相关研究，多集中于党报党刊、广播电视、部分都市媒体的舆论引导工作，对网络舆论引导的研究，也多以博客、政府网站为观察对象，鲜明体现出偏重传统媒体和网络2.0时代的特点。

2009年，新浪网推出"新浪微博"内测版，微博进入中文网络用户主流人群视野。2010～2013年是微博的高速发展时期。微博的飞速发展，为公众提供了比以往更方便迅捷的沟通平台，舆论场得以拓展，变得更为多元丰富，也使得舆论引导工作面临前所未有的挑战。这种变化也在研究中得以体现，2011～2013年，如何利用微博来进行舆论引导，成为舆论引导研究的新话题。2011 年，腾讯公司推出另一款即时免费通信终端——微信，提供公众平台、朋友圈、摇一摇等功能，迅速占领市场。截至 2013 年 11 月，微信注册用户突破 6 亿，成为亚洲地区用户量最大的通信软件。微博、微信的兴起，让随时随地交流、共享信息变成现实，传统媒体占据主导地位的舆论引导格局也一去不复返，如何在自媒体时代开展舆论引导工作，旋即成为摆在主管部门面前的重要课题。

2013 年 8 月 13 日，中共中央总书记习近平在全国宣传思想工作会议上发表讲话，做出了"强化新舆论格局下的阵地意识"的重要部署，强调"伴随网络发展而兴起的新媒体正深刻改变着舆论格局，我们要想在这种新格局下尽快掌握网上舆论工作主动权，不被边缘化，当务之急是要高度重视新媒体发展。应大力推动传统媒体与新媒体的融合发展，使报纸、广播、电视台等在巩固好发展好传统业务的基础上，加快数字化、网络化、移动化转型步伐，不断拓展传播领域、创新传播业态，延伸传播链条，抢占发展主动权"。

2014 年 8 月 18 日，中央全面深化改革领导小组第四次会议审议通过了《关于推动传统媒体和新兴媒体融合发展的指导意见》（以下简称《意见》），就下一阶段的媒体融合工作，做出了具体部署。《意见》指出，"整合新闻媒体资源，推动传统媒体和新兴媒体融合发展，是落实中央全面深化改革部署、推进宣传文化领域改革创新的一项重要任务，是适应媒体格局深刻变化、提升主流媒体传播力公信力影响力和舆论引导能力的重要举措。通过融合发展，使我们的主流媒体科学运用先进传播技术，增强信息生产和服务能力，更好地传播党和政府声音，更好地满足人民群众的信息需求"。《意见》从内容和技术等多个层面，指出了媒体融合与舆论引导之间的互动和促进，是新形势下对舆论引导工作的进一步阐述和推进。

伴随着讲话的发表和《意见》的出台，借助媒体融合，实现信息共享，打通多个舆论场，构建新型舆论引导格局，形成合力以引导舆论，成为舆论引导研究的重要议题。可见，随着《意见》的下一步落

实，舆论引导以及机制和格局的相关研究，在未来仍然是新闻传播研究
领域的重大关键问题，也将随着中国媒体生态的更新，催生出更多具有
现实意义和学术研究价值的研究课题。

（三）研究视角分析

1. 新闻传播学视角

目前的研究中，多数都是从新闻传播学的研究视角切入，来观照如
何完善舆论引导的机制和格局。概括而言，目前的研究成果几乎囊括了
舆论引导的主体、受众、渠道、内容、反馈和效果等多重角度。其中有
以下几个重要领域：一是网络媒体的舆论引导研究；二是传统媒体在媒
体融合背景下的舆论引导研究；三是重大突发公共事件的舆论引导研
究；四是不同主体的舆论引导能力的研究；五是对舆论引导的机制和格
局在新时期、新形势下的变革与转型的研究。

2. 政治学视角

舆论引导研究的政治学视角聚焦坚持马克思主义指导思想、坚持中
国共产党的领导、坚持走中国特色社会主义道路、坚持推进中国特色社
会主义事业科学发展与舆论引导工作开展、营造良好舆论环境之间的关
系。[1] 比如，杨振武围绕习近平同志关于舆论引导的重要论述，指出做
好新形势下舆论引导工作的科学指南的重要性和路径，一是培养"定
力与自信"，做好舆论引导的思想根基；二是认清"大局与大势"，做
好舆论引导的认识前提；三是通过传递"主旋律与正能量"，做好舆论
引导的价值内涵；四是运用"唯物论与辩证法"，做好舆论引导的方法
遵循。[2] 这些研究成果成为当前舆论引导研究的基础和方向。

3. 管理学视角

新媒体时代的一个重要特点，就是在现实社会之外，建立了另外的
网络虚拟社会，大量社会实践活动，都可以转移到虚拟社会中开展，并

---

[1] 葛晨光：《中国特色社会主义理论体系在网络舆情引领中的现实价值》，《学校党建与思想
教育》2012 年 7 月。

[2] 杨振武：《做好新形势下舆论引导工作的科学指南——深入学习贯彻习近平同志关于舆论
引导的重要论述》，《人民日报》2014 年 5 月 28 日。

对原有的社会管理机制形成挑战。由此，如何提升虚拟社会管理能力，成为新媒体时代社会管理者所要面对的问题。从社会管理角度思考当下的社会实践，成为部分学者关注舆论引导机制的聚焦点。有研究者提示，新媒体时代的领导干部，应该善识、善用、善管新媒体。① 有研究者强调，政府应当担负起相应责任，建立与网民的线上线下互动，建立良性民意表达渠道，建立良性问政措施和良好的管理队伍。② 有研究者则建议，在这个过程中，主管部门完全可以利用微博等新型媒介载体，开通政务微博，转换思路，放下身段，倾听民意，及时修正，并且学会转变话语表达方式，以接地气的态度，拉近与网民的距离。③

4. 教育学视角

新媒体的兴起，改变了受众被动接受信息的局面。然而，以微博、微信为代表的社交媒体快速生长，网上各种信息蜂拥而至，泥沙俱下，真假难辨，也会带来不利因素，给世界观、人生观尚未成型的青少年带来负面影响。从教育学视角切入，研究针对青少年的舆论引导机制，是近年来的又一个研究热点。有研究者提到要从建立舆情预警机制、锁定重大事件话题、发掘意见领袖、合理设置议程、做舆论共振或雪崩时的在场者等五个方面，建立起以青少年为主体的舆论引导机制。④ 还有研究者指出，要做好高校建设，在高校中建立起协调一致、行之有效的具体制度，探究校园环境中理论和实践相结合的现实操作。

（四）研究方法分析

在舆论引导的相关研究中，内容分析、案例分析、田野调查、问卷调查、深度访问等方法都有所体现。在已有的研究中，由于种种原因，定量研究的方法很少使用。同时，不少成果中还缺少对有关人员的深度

---

① 吕品：《新媒体时代对领导干部提出的新要求》，《党建研究》2011 年第 11 期。
② 孟宪平：《网络舆情管理引导下的虚拟社会管理创新研究》，《学习与实践》2011 年第 8 期。
③ 常凌翀：《微博议政与虚拟社会管理创新》，《重庆社会科学》2011 年第 11 期。
④ 周敏：《以青少年为主体的网络舆论引导机制建设初探》，《新闻与写作》2013 年第 7 期。

访谈，在说服力方面不免有所欠缺。① 具体表现一是一手资料的佐证不足，二是典型案例的佐证不足。当然这种情况正在得到改善，一些青年学人对于舆论引导的研究开始尝试综合运用多种方法，在注重定性研究（逻辑推理、理论思辨）的基础上，也开始尝试通过问卷调查、大数据统计等定量研究方法来得出研究结论，以便在宏观、中观和微观层面上呈现当前舆论引导的实际情况。

二　主要研究成果

当前我国有关舆论引导的学术研究已经积累了大量成果。这些成果的取得，不仅说明舆论引导这项工作的理论价值得到了学界的充分肯定，也显示了今后科学、有效开展舆论引导工作的可能性。总的来看，这些成果主要集中在以下四个层面。

（一）对舆论引导涉及的诸要素开展了研究

对舆论引导的基本流程和可能涉及的各种要素的研究，是该领域研究的重要组成部分和基础。无论从宏观、中观还是微观的角度来看，对舆论引导的主体、客体、场域、介质、反馈机制等方面展开深入的探究，无疑将有助于舆论引导取得统筹到位、联动发力、互通有无、各有侧重的效果。

1. 对舆论引导主体的研究

对舆论引导主体的研究主要围绕两个重要领域开展。一是如何提升执政党和领导干部的舆论引导能力和水平。二是如何提升意见领袖（特别是新媒体环境中的意见领袖）的舆论引导能力和水平。

（1）对提升执政党和领导干部舆论引导能力和水平的研究

李明德、杨静宇认为，信息时代，擅长与媒体沟通，懂得通过媒体传播自己的理念和思路，已经成为衡量政党和政府执政能力的重要标准。主管部门应主动与媒体建立合作关系，"营造政府与媒体良性互动

---

① 丁柏铨：《已经做的和尚需做的——近年来舆论引导格局研究述评》，《新闻记者》2012年第 4 期。

的氛围，坚持开门搞政治，不惧怕媒体的舆论监督"①。目前政府与媒体的互动机制尚处于初期建立阶段，亟须创建深层次的良性机制。陈一收则在其博士论文中指出，"当前执政者与媒体的关系，正在打破传统上下级隶属关系，走向新型媒体关系、公共关系的建构"。"'善待媒体'是前提条件，'善管媒体'是基础环节，最终都是为了达到'善用媒体'引导舆论的目的"。同时，"由于网络舆论主体的匿名性、模糊性和传播方式的便捷性和难控性，执政者在很大程度上已经失去以往管制性、把关式的'硬引导'能力，更多地要依靠主流媒体舆论来带动、影响和整合网络舆论，即以议程设置的软引导的方式来实现舆论引导"。②胡线勤在《人民日报》撰文指出一些领导干部在网络舆论引导方面存在的两大问题。一是在思想上对网络舆论引导不重视，容易使网络上的小问题演变为群体性事件，严重影响社会和谐稳定，损害党和政府的形象。二是在网络舆论引导措施上不得力，在舆论引导的方式方法上仍然墨守成规，难以充分运用网络媒体进行及时、科学、有效的舆论引导，在网络舆论引导中处于被动地位。③

（2）对提升各种意见领袖舆论引导能力和水平的研究

意见领袖是引导舆论的强势话语者，有相当的影响力和号召力。因此有学者提出媒体应培养意见领袖，通过意见领袖向公众传递信息，引起关注并引发互动，从而进行舆论疏导。还可以邀请专业人士，就专业性话题展开讨论，引领受众的表达，影响舆论的发展方向。④ 具体来说，一是要关注"意见领袖"的集群效应；二是积极引导"意见领袖"参与公共事件讨论；三是积极建立和完善与"意见领袖"的良性互动和沟通机制；四是关注"意见领袖"的舆论议程设置。⑤ 还有的研究者对匿名网评人机制进行分析，认为在信息极不对称的网络社会，公众更

① 李明德、杨静宇：《论政府、媒体、公众舆论引导新格局的建立及其互动影响措施创新》，《甘肃社会科学》2013 年第 4 期。
② 陈一收：《中国共产党提高舆论引导能力研究》，福建师范大学博士学位论文，2012。
③ 胡线勤：《着力提高领导干部网络舆论引导能力》，《人民日报》2012 年 2 月 6 日。
④ 关梅：《"蝴蝶效应"与网络舆论引导》，《新闻界》2012 年第 3 期。
⑤ 赵成斐：《多元舆论场中党的舆论引导能力研究》，《政治学研究》2014 年第 1 期。

倾向于相信质量和信息较低的负面信息，对于匿名网评人提供的高信度信息则不予认可，影响了网评人机制的积极作用，建议采取实名网评制。① 此外，朱伟光等人强调应对广大新闻宣传工作者的意见领袖地位予以高度的重视，强化媒体从业者的思想政治修养和业务素养，积极引导正面舆论，帮助公众形成对社会环境的正确认知。②

2. 对舆论引导客体的研究

一个时期以来，我国舆论引导工作难以取得令人满意的成效，其中一个主要的原因就在于对舆论引导客体——公众的忽视。可以说，作为舆论引导的客体，在以往的一体化舆论引导格局中，几乎处于完全被动的位置。对此，李明德、杨静宇指出，在我国，政府、媒体和公众三者之间的相互作用影响着舆论引导策略的执行，任意一方的强弱都可能影响舆论引导的效果，对现有的舆论引导格局造成影响。因此必须发挥三者的共同作用，相互联动，共同促成一个定位明确、特色鲜明、功能互补、覆盖广泛的舆论引导新格局的形成。③ 特别是对于公众，有学者呼吁应当及早开展传媒素养教育，这既有利于从媒体角度来进行舆论引导，也有利于提高公众对正向舆论的认可度和对负向舆论的免疫力，还有利于提高政府利用媒体了解情况、调控舆论的水平和能力。

3. 对舆论引导场域的研究

有学者指出，当前我国社会多元舆论场既存的现实以及依托的全新语境，能够使各种民情、民意以及热点、焦点事件很快得以呈现和传递到党的各级组织部门中，对于提升党的舆论引导力来说意味着一种机遇，这使中国共产党能够从多角度较为全面地清醒认知各种舆情并科学有效地组织引导和化解舆情危机。而对于这种现实语境，张涛甫认为，近年来，借助国家力量的护航，主流媒体舆论场的边缘化境遇的确得到了大幅度改善，民间舆论场的强劲势头得到了空前的遏制，原先失衡的

---

① 马书权：《匿名网评员舆论引导效果探析》，《青年记者》2012 年 4 月下。
② 朱伟光等：《简论舆论引导新格局的构建》，《光明日报》2009 年 12 月 2 日。
③ 李明德等：《论政府、媒体、公众舆论引导新格局的建立及其互交影响措施创新》，《甘肃社会科学》2013 年第 4 期。

舆论引导格局也有所改变。不过也必须承认的是，舆论引导的被动局面尽管得以改观，但现有的格局尚不稳定，只能说出现了这种趋向，还没有形成稳定的结构。① 诚如一些学者研究所呈现的那样，在具体的舆论引导实践中，主流媒体着力营造的"媒体舆论场"和公众的"口头舆论场"之间，有时不太衔接、交合面小，对公众的口头舆论中的正确部分，主流媒体未能及时给予肯定和支持；对一些模糊甚至错误的认识，主流媒体解释和疏导不够；对一段时间出现的影响社会稳定的错讹流言、传闻，主流媒体澄清力度不够。实践证明，两个"舆论场"重叠的部分越大，主流媒体引导社会舆论的针对性和实效性就越大，吸引力和感染力就越强。②

4. 舆论引导的传播介质

当前，对于舆论引导依托的传播介质的研究主要遵循媒介形态的进化过程。从大的种类来看，当前传统媒体和新兴媒体共同成为舆论引导的重要载体。

首先来看传统媒体。有学者主张应当充分发挥报纸作为主流媒体业已形成的权威优势和品牌效应，坚持以正面报道为主，弘扬主旋律，关注热点难点民生议题，将媒体的报道重点与公众关心的问题相结合，增强舆论引导的感染力和影响力。③ 对此，金君俐在其博士论文《社会转型背景下的报纸舆论引导研究》中指出了报纸可以运用的几种主要的舆论引导样式，分别是主题报道、典型报道、突发事件报道、社会热点报道和舆论监督等。有的学者则关注了当前舆论引导难度加大的现实，指出应通过加强媒介融合，使得广播电视内容通过更多平台传递，这理应成为广播电视进行舆论引导的关键点所在。④ 而无论是报纸还是广播

---

① 张涛甫：《当下中国舆论引导格局的转型》，《当代传播》2014 年第 2 期。
② 新华社"主流媒体如何增强舆论引导有效性和影响力"课题组：《主流媒体如何增强舆论引导有效性和影响力之二：寻求"媒体舆论场"与"口头舆论场"最大重合度》，《中国记者》2004 年第 1 期。
③ 邓文忠：《善谋善断善为：加强党报引导力与传播力的思考》，《理论探索》2010 年第 6 期。
④ 乔保平等：《媒介融合：广播电视舆论引导的转型与突破》，《郑州大学学报》2014 年第 5 期。

电视，在舆论引导的工作实践中都被视为一种"主流"力量，而新华社"舆论引导有效性和影响力研究"课题组提出了判断主流媒体的六条标准①，只有准确把握和坚守这些标准，传统媒体的舆论引导地位才能真正得以巩固。

新兴媒体方面。当下微博、微信逐渐成为舆论引导新的重要载体。雷霞从危机防范的视角切入，提出应加强微博平台的舆论引导，具体来说，一是正确认识微博，利用微博优势进行有效的舆论引导；二是利用技术手段实现微博热点预测及危机事件的防范；三是在微博舆情监测工作中，关注舆论领袖，并且变被动的监测为主动的回应；四是巧用议程设置并与传统媒体联动，以保证更有效的舆论引导；五是政务微博突出尊重与真诚，质疑问题及时澄清，防患于未然。② 蓝钢指出，微信作为一种新型人际交流工具，已成为引导社会舆情的重要平台。其舆论引导力的生成路径包括通过话语建构意义空间产生引导力、通过共享建构场域空间产生引导力、通过议程设置建构新型关系产生引导力。③

5. 对舆论引导效果的研究

有研究者指出，舆论引导机制的构建，还应包括对舆论引导效果的评估。陈明在其博士论文《政府应对突发事件舆论引导研究》④ 中提出，要提升我国政府应对突发事件舆论引导的效果，必须要加强我国政府应对突发事件舆论引导研究，利用政府网站、政务微博等舆论引导的路径，并建立起相应的舆论引导效果评估指标和体系。夏雨禾通过对2010 年以来 35 个主体样本在 39 起突发事件中发布的 4985 个消息样本的实证研究发现：传播语境变迁背景下的突发事件舆论引导，并非传统媒体语境下舆论引导方式方法的"转场"，而是具有基因重组性质的深刻"转型"。而就舆论引导和监管的特定主体而言，传播技术的推陈出

① 新华社"主流媒体如何增强舆论引导有效性和影响力"课题组：《主流媒体如何增强舆论引导有效性和影响力之一：主流媒体判断标准和基本评价》，《中国记者》2004 年第 1 期。
② 雷霞：《微博舆论引导与危机防范研究》，《现代传播》2013 年第 10 期。
③ 蓝钢：《微信舆论引导力生成机制探析》，《今传媒》2014 年第 12 期。
④ 陈明：《政府应对突发事件舆论引导研究》，华中科技大学博士学位论文，2013。

新并不总是意味着颠覆，同样也可以是创造机遇的有利时机，应进一步充分挖掘新技术在舆论引导方式方法创新中的"正能量"作用。

此外，还有学者引入了舆论引导价值这一具有前瞻性的研究维度，正确判断舆论引导价值是舆论引导工作的第一步，也是新闻媒体舆论引导能力的具体表现之一。而舆论引导价值的大小是由以下因素决定的：一是舆论的主流性和全局性；二是舆论的热度；三是舆情的复杂性；四是舆论的问题性。只有那些具有舆论引导价值的话题，才应该成为舆论引导的重点。①

（二）对舆论引导机制的研究

1. 对舆论引导机制本质特征、内部结构的研究

郭超海在其博士论文中提出，舆论引导机制包括如下含义：其一，它是舆论引导过程的机制。其二，它是舆论引导各个要素和联系方式的有机组合，它由若干部分共同参与，是各个要素的集合体。其三，舆论引导机制的运行离不开"某些机理"的作用，即舆论引导机制的整体框架和构成要素是在"某些机理"的作用下产生趋向目标的联结和运行。其四，它是趋向舆论引导目标的有效性因果联系。② 在此基础上，他还提出了舆论引导机制的五种特征，分别是目的性、系统性、规律性、动态性和实效性。

彭祝斌、邓崛峰从总的方面提出了舆论引导的基本构成，分别是统筹兼顾——建立健全以全面协调为特征的综合引导机制；以人为本——建立健全以舆论调控为核心的全程引导机制；持续规范——建立健全以法律规制为基础的长效引导机制。在此基础上，作者重点指出了两点，一是政府的信息公开制度是舆论引导工作科学化、制度化和规范化的必然要求；二是制定符合国情的新闻法规，对于舆论引导是非常迫切的、必需的。③ 还有的学者着眼于舆论引导工作机制的细化，提出应该建立

<hr>

① 王君超：《党报舆论引导的动因及舆论引导价值》，《新闻与写作》2009 年第 2 期。
② 郭超海：《中国共产党执政能力建设与舆论引导机制研究》，中共中央党校博士学位论文，2010。
③ 彭祝斌、邓崛峰：《论科学构建舆论引导机制》，《湖南大学学报》2010 年第 2 期。

健全舆论引导的多重机制，包括"科学制定舆论引导工作的总体规划""建立健全舆论引导工作领导问责机制""建立健全舆论引导工作奖惩制度""建立健全舆论引导工作通联制度"[①]。刘春波在其博士学位论文《舆论引导论》[②] 中也尝试提出舆论引导机制的科学构成，他认为健全领导机制、完善监测机制、加强预警机制、构建反馈机制以及明确问责机制等五大机制是舆论引导机制的基本构成要件。

2. 新媒体环境下舆论引导机制发生变化的研究

相关研究认为，当前我国的舆论引导也面临转型的时代挑战。具体表现为：其一，由被动的舆论宣传到积极的舆论引导。在新的舆论环境中，只有按照"走转改"的要求才能真正了解到人民群众所思所想、所需所急，才能把握民情舆论，特别是在突发舆论事件中把握好舆论引导的脉搏。其二，由单一性舆论引导向多元化、立体化转化。传统媒体在现实社会中要成为舆论引导的主体，在虚拟的网络社会中、在各种信息接收传输的新媒体平台上，也要积极抢先占领舆论阵地。其三，由单一媒体形态向全媒体形态转型。传统媒体的舆论引导必须努力适应全媒体的传播形态，更好地为舆论引导服务。[③] 面对时代变革，特别是网络舆论影响力的日益凸显，有学者提出了网络舆论引导机制创新的路径选择，一是"依法治网"结合"以德治网"，营造良好的网络环境；二是加强政府监管，提高网络舆论引导效率；三是加强网络媒体行业自律和责任，提高网络从业人员的专业素质；四是从技术层面对网络舆论实行有效把关。[④]

3. 对突发事件中舆论引导机制的研究

喻发胜、赵振宇认为，相对于日常的舆论引导，突发事件的舆论引导具有特殊性，主要表现为引导对象特殊、社会背景特殊、媒介环境特

[①] 雷跃捷、唐远清：《论如何建立健全舆论引导工作格局和工作机制》，《现代传播》2007年第2期。

[②] 刘春波：《舆论引导论》，武汉大学博士学位论文，2013。

[③] 乔保平等：《媒介融合：广播电视舆论引导的转型与突破》，《郑州大学学报》2014年第5期。

[④] 杨琳瑜：《网络舆论引导机制创新的路径选择》，《云南行政学院学报》2010年第2期。

殊。因此要通过建立四重机制来增强对突发事件的舆论引导能力，分别是：强化信息共享，构建舆情监测机制；提高研判能力，构建舆情预警机制；提高应对能力，构建事件处置与舆论引导联动机制；强化监察评估，构建舆情问责机制。[①] 焦俊波在其博士学位论文《突发事件舆论引导机制研究》中指出，突发事件舆论引导的两个前提是该不该引导和能不能引导。突发事件舆论引导的原则是，从意识上说是引导的而非控制的；从目标上说是和谐的而非同质的；从手段上说是并重的而非偏颇的；从信息上说是及时、真实、公开的而非拖延、虚假、掩盖的；从时机上说是主动出击而非被动还击的。[②] 李伟在其博士学位论文《新媒体时代群体性事件舆论引导研究》[③] 中指出，群体性事件发生后，依托新媒体平台，大量虚假消息进入公众视野，扰乱人们的视线、煽动人们的情绪，对群体性事件急转直下的变化起到了推波助澜的作用，新媒体成为群体性事件恶化升级的"助推器"。对新媒体上的群体性事件的舆论引导不是一种盲目行为，必须遵循一定的客观规律，比如适应超越律、多向互动律、内化外化律、协调控制律等。只有遵循以上规律，群体性事件的舆论引导才会跳脱随意化的状态，取得事半功倍的效果。

（二）聚焦媒介融合背景下舆论引导格局的转型

张涛甫认为，有什么样的舆论表达格局，就有相对应的舆论引导格局。当前，在舆论表达格局转型的强大外部性冲击之下，一元化的舆论引导格局也开始逐渐释放出一些弹性，坚固的路径依赖渐渐松动，舆论引导格局开始艰难转型。但未来的中国舆论引导格局尚存在不少变数与不确定性，中国社会力量的顽强生长和新媒体的巨大技术活性是其中的关键性因素。[④]

---

① 俞发胜、赵振宇：《新形势下突发事件舆论引导机制的构建》，《新闻记者》2010 年第 10 期。
② 焦俊波：《突发事件舆论引导机制研究》，华中科技大学博士学位论文，2013。
③ 李伟：《新媒体时代群体性事件舆论引导研究》，中共中央党校博士学位论文，2013。
④ 张涛甫：《当下中国舆论引导格局的转型》，《当代传播》2014 年第 3 期。

1. 从技术变迁的角度研究舆论引导格局的转型

崔耀中认为，互联网是社会观念和思想的显示器和晴雨表，给引导社会舆论、凝聚社会共识带来严峻挑战，因此应该切实加强网上舆论引导，加快形成以主流网站为主要载体的传播社会主义核心价值体系的网络舆论阵地，进而为"舆论引导新格局"的形成做出应有的贡献。[①] 王首程在《微博对舆论引导格局的新构建》一文中谈到，由于微博突出的传播时效和舆论发酵、发动功能，其正在带动网络、手机等新兴媒体实现由舆情发酵地向舆情发源地的转变，从而打破了原有的媒体传播和舆论引导格局。[②] 有学者则鉴于新媒体社会影响力对传统舆论引导格局的挑战，提出当务之急是要重点扶持和打造一批具有较大公信力、广泛影响力和强大生命力的强势民间综合性门户网站。政府应考虑通过资金、政策等方面的支持，把那些受众广泛、影响力大的地方新闻网站，甚至是那些浏览量大的商业网站纳入扶持的视野，形成一批"政府管得住、网民信得过"的强势新闻网站或新闻频道，并以它们为阵地，传递主流声音，主导和引导网络舆论。[③] 事实上，加强媒体融合，形成传统媒体舆论引导的复合效果正逐渐成为当前我国学界的基本共识。对此，有研究者指出，传统主流媒体应该大力建设旗下的各类新媒体，建立有影响力的网络媒体，采集网络信息，"抽取舆情要素，发现舆情热点，挖掘舆情敏感话题，研判舆情态势，将网络所反映的民意有选择地纳入报纸版面，将虚拟环境中的舆情转变为现实环境中的舆情"[④]。

2. 从制度政策的角度研究舆论引导格局的转型

童兵教授认为，组织制度的创新是建构舆论引导新格局的突破口之一，其中执政党、政府以及传媒需要有相应的法律授权，又需要相应的法律限权；这类法律的制定和执行，必须符合新闻传媒运作规律和舆论

---

① 崔耀中：《论互联网与"网络舆论引导新格局"》，《北京日报》2008 年 10 月 13 日。
② 王首程：《微博对舆论引导格局的新构建》，《广州大学学报》2011 年第 8 期。
③ 朱伟光等：《简论舆论引导新格局的构建》，《光明日报》2009 年 12 月 2 日。
④ 邓文忠：《善谋善断善为：加强党报引导力与传播力的思考》，《理论探索》2010 年第 6 期。

运行规律的特点和要求；舆论引导工作组织制度的建构应该符合舆论运作的实际，应该有利于传媒正确实施舆论引导，并且为传媒能动地运作预留相对宽大的空间；组织制度是通过特定岗位的领导干部和各级主管人员的依法操作才有效的；组织制度本身也应该受到监督等五个方面的因素会对媒体舆论引导组织制度产生重要影响。[①] 李智则从更为具体的制度层面提出了舆论引导格局如何在媒体融合的背景下实现转型，他认为遇到重大突发事件，应直面媒介融合的现实，切实落实重大突发事件新闻发布制度，保证信息的真实、畅通，并利用媒介融合背景下多媒体的共存和互相融合，开创舆论引导的新格局。[②]

三 研究存在的问题

综合来看，目前舆论引导格局和机制的研究存在以下不足。

(一) 缺乏对概念的严谨界定

当前围绕建立健全舆论引导的格局和机制所展开的研究中，尽管研究视角和研究内容日趋丰富，但一个前提性的问题却被众多研究者所忽视，那就是对何谓舆论引导机制和何谓舆论引导格局缺乏明确的、严谨的内涵界定。这个问题严重地阻碍了研究者在相同理论视域下的有效沟通和学术对话。如果不同的研究者对于核心概念的界定存在较大的分歧，那么相关研究成果也难以获得学界同仁和业界的普遍认可，这无疑是一种学术资源和学术精力的巨大浪费。因此，在今后的研究中，应当首先从更为科学的角度对关键概念进行界定，以统一基本的学术认知，为建立健全舆论引导机制和格局奠定科学的学理基础。

(二) 研究对象选取存在不平衡

当前，在舆论引导的研究中，对政府主管部门、主流媒体、社交媒体的研究比较集中，但对于都市类媒体则涉猎甚少。随着媒体市场化程度的加深，都市类媒体的舆论引导资源必须加以整合和充分运用，"并

---

① 童兵：《舆论引导新格局的建构：体制和机制》，《当代传播》2014 年第 11 期。
② 李智：《应重视媒体融合语境下的舆论引导》，《中国广播电视学刊》2009 年第 5 期。

根据其自身的特点进行定位，使其形成鲜明的特色"。① 从某种程度上看，都市类媒体介于主流媒体和社交类媒体之间，在表达上更为灵活，在舆论引导格局中应占有独特地位。都市类媒体应摒弃主流媒体的宏大叙事，从小视角着手，由小细节说大主题，做到"硬新闻软着陆"。② 今后，应当加强对舆论引导中不同媒体类型的分类研究，在对受众及其需求进行细分的基础上，展开更为多元和更为全面的研究，以最大限度地优化舆论引导机制、完善舆论引导的格局，争取舆论引导的最佳效果。

(三) 宏观研究多，中观和微观研究尚显薄弱

从目前舆论引导的整体研究态势来看，宏观层面的研究成果居多，但中观和微观层面的研究相对薄弱，而体现出"宏观、中观和微观研究相结合特点的研究就更缺"③。舆论引导的宏观研究取向与我国新闻宣传特殊的历史传统和体制机制密切相关，党和政府在舆论引导政策的制定和执行等方面发挥着极为重要的作用。但随着我国舆论环境的变化，以及国家—社会关系的调整，中观层面和微观层面的舆论引导亟待学界给予更多的理论观照。比如尽快建立舆论引导的评价评估体系，"对舆论引导主体的话语权、引导力，对主流媒体的覆盖面，对舆论引导的有效性，对受众是否认可主流媒体所作的舆论引导和认可的程度"④ 形成可供实际操作的检测指标、测量方法和评估体系。再比如建立舆论引导的案例库，对重大突发公共事件进行典型案例的剖析与比较，从而为建立健全舆论引导的机制和格局提供最有说服力的材料支撑。

---

① 范以锦：《都市类媒体：构建舆论引导新格局的重要一员》，《今传媒》2008 年第 8 期。
② 高春梅：《舆论引导：都市报的"介入"和"担当"》，《新闻战线》2013 年第 12 期。
③ 丁柏铨：《已经做的和尚需做的——近年来舆论引导格局研究述评》，《新闻记者》2012 年第 4 期。
④ 丁柏铨：《已经做的和尚需做的——近年来舆论引导格局研究述评》，《新闻记者》2012 年第 4 期。

第三节　核心概念界定

一　舆论引导格局的定义

"格局"一词，最基本的含义为规范、构造、样式等，引申义为局面、局势、态势，强调构成一个系统的各个要素或部分在整个系统中的地位、作用及相互关系。学术研究领域常常在这一意义上使用"格局"的概念，如"经济格局""政治格局""权力格局""传媒格局"等。以"经济格局"为例，当今世界经济格局可以大致概括为由发达国家和地区与发展中国家和地区（包括中等收入国家地区和贫穷落后国家地区）构成，前者包括美国、日本、欧洲等国家和地区，后者包括亚洲、非洲、拉美洲等一些国家和地区。这里的国家和地区并不是指单纯意义上的地理概念，而是作为整个世界经济格局中的不同主体而存在。对世界经济格局的分析也重在研究这些主体在整个格局中的地位、作用、力量对比和相互关系。对"政治格局""权力格局""传媒格局"的分析也与之类似。

"舆论引导"研究也应在这个意义上借鉴和使用"格局"的概念。本文认为：

舆论引导格局，是指舆论引导工作系统中不同主体在整个系统中的地位、功能、作用及相互关系。

这个定义首先强调舆论引导是一个工作系统，这个系统中有多个不同主体存在且具备各自的功能，并发挥各自的作用。其次，这个定义也指出了不同主体在发挥各自作用的同时相互影响、相互作用。概言之，不同主体在舆论引导中的各自地位、功能、作用及相互关系构成了完整的舆论引导格局。需要指出的是，这个定义中所说的"主体"并不是指舆论的主体，而是指有意识、有目的、积极主动实施舆论引导行为的主体，即舆论引导主体。

当前我国舆论引导格局中，主要的舆论引导主体有党和政府、大众传媒、社会组织、意见领袖等。

（1）党和政府：主要指中央和地方各级党委和政府新闻宣传主管部门，如各级党委宣传部和广电局、网络办等政府相关部门。党和政府在整个舆论引导工作格局中居于主导地位，负责制定和确立舆论引导的指导方针、宗旨和原则并通过必要的法律和行政手段确保这些方针、宗旨和原则得以实施及舆论引导工作有效开展。

（2）大众传媒：包括党报党刊、电台电视台、都市类媒体、网络等新媒体等。这是舆论引导实施过程中最重要、最核心、最有效的力量。这其中，以党报党刊、国家通讯社、电台电视台、重点新闻网站等为代表的主流媒体，是中坚和骨干，具有重要的引领、带动和示范作用。

（3）社会组织：各种民间组织、基金会、非政府组织（NGO）等，通过互联网等媒体发起各种社会公益活动（如"大爱清尘"），通过互联网、移动互联网不断扩大影响力，吸引更多公众关注并参与其中，已经成为舆论引导的一支重要力量。

（4）意见领袖：通常在一些特定的群体中具有较大知名度和影响力，对群体舆论乃至社会舆论具有较大的影响力。特别是当前以微博、微信等社会化媒体中的一些"网络大V""网络公知"为代表的网络意见领袖，粉丝数动辄几百万甚至上千万，在网络舆论传播中的影响力日益增大，已经成为新媒体时代网络舆论引导的重要主体，在整个舆论引导格局中正扮演着越来越重要的角色。

二　舆论引导机制的定义

《辞海》对"机制"的解释为："原指机器的构造和动作原理，生物学和医学在研究一种生物的功能（例如光合作用或肌肉收缩）时，常借指其内在工作方式，包括有关生物结构组成部分的相互关系，及其间发生的各种变化过程的物理、化学性质和各种相互联系。阐明一种生物功能的机制，意味着对它的认识已从现象的描述进到本质的说明。"

《现代汉语词典》从形容词和名词两个词性分别解释"机制"。形容词"机制"，指用机器制造的。例如机制纸、机制煤球。名词"机制"有四个释义：1. 机器的构造和工作原理，如计算机的机制。2. 机体的构造、功能和相互关系，如动脉硬化的机制。3. 指某些自然现象的物理、化学规律，如优选法中优化对象的机制。也叫机理。4. 泛指一个工作系统的组织或部分之间相互作用的过程和方式：市场机制，竞争机制。

归纳起来，机制多用于描述一个系统的构造、原理、规律、工作方式等。在构造、原理、规律这些含义上，机制与机理几乎同义。《现代汉语词典》对"机理"的解释为：名词，机制（名词）1、2、3义项。也就是说机理包含在机制的含义中。同时，广义的机制在很大程度上也包含了"格局"的含义，或者说"机制"与"格局"在概念的内涵和外延上有重叠或交叉。

由于上文已经界定了舆论引导格局，所以，这里在界定舆论引导机制时剔除"机制"含义中与"格局"重叠或交叉的部分，即"构造""样式""结构"等含义，在第4个义项即"泛指一个工作系统的组织或部分之间相互作用的过程和方式"的意义上借鉴和使用"机制"的概念。本文认为：

舆论引导机制，是指维系舆论引导工作系统运行的一整套程序规范、制度安排和执行措施。

任何一个系统运行都要有一定的程序、规范、制度和具体措施、方式，舆论引导工作也不例外。舆论引导机制主要包括：

党和政府层面：新闻阅评机制、信息公开机制、新闻发布机制、法律规范机制、行政监管机制、技术保障机制等；

大众传媒层面：重大突发事件快速反应机制、议程设置机制、舆情工作机制（监测、研判、预警、公关机制等）、多媒体融合机制、自律机制、人才培养机制等；

社会（公众）层面：自组织机制、行业自律机制、社会公众监督机制等；

意见领袖层面：舆情聚合和扩散机制、自律和他律机制等。

|第一章|

新形势下建立健全舆论引导新格局与
新机制的背景研究

第一节 当前我国开展舆论引导工作的宏观背景

一 境外意识形态在全球传播时代对舆论引导工作的挑战

广义的意识形态指建立在一定的经济基础之上的价值观念和思想体系。"从意识形态在人类社会生活中的历史作用来看，任何社会均有一些思想观念承担着意识形态的功能，它们体现个人与国家和社会生活秩序之间的共同点，这一共同点又以思想观念的方式被一定社会的个体所普遍认可，从而成为维系一定社会团结的思想纽带以及一定政权和社会秩序合法性的思想根据。"① 当前在我国，这个"思想纽带以及一定政权和社会秩序合法性的思想根据"，主要指与我国社会主义初级阶段经济基础和现实国情相适应的一整套政治、法律、文化等上层建筑和社会意识形式，也就是以马克思主义和社会主义为主要内涵的主流意识形态。因此，这里所说的"境外意识形态"并不是一个单纯的地理区域

---

① 潘中伟：《论意识形态认同中的权利问题——兼论我国当前意识形态认同的引导路径》，《郑州轻工业学院学报》（社会科学版）2010 年第 5 期。

概念，而是指主要来自境外或西方国家的、与当前我国主流意识形态相悖的一些非马克思主义、反马克思主义、非社会主义、反社会主义的思想、理论、主张或价值观。当前在我国比较有影响的境外意识形态主要有以下几个方面。

（一）以西方价值观为参照体系的"普世价值"论

一般认为，普世价值是不同文化背景、不同历史传统、不同宗教信仰、不同种族、不同民族的人普遍认可和接受并共同致力于实现的、符合全人类根本利益和长远利益的价值，如自由、民主、平等、博爱等。客观地讲，普世价值是存在的，但其在很大程度上是一种抽象意义的存在。实行自由、民主、平等、博爱等当然是全人类共同的价值追求，但在不同历史时期、不同国家和地区、不同社会制度和社会发展阶段，这些价值实现的具体条件、方式、途径、程度不尽相同，因此不应该把"普世价值"当作统一的标准和模式去生搬硬套地衡量不同发展水平国家的政治、经济、文化制度，更不应该将西方国家的一些价值观作为普世价值强加给世界其他国家。当下一些人所宣扬的"普世价值"，"根本不是一般意义上的人类共同价值，而是专指西方政治理念和制度模式。他们一方面把西方制度模式说成是'普世价值'，一方面把中国一切不好的东西都归咎于制度和体制，鼓吹中国只有接受'普世价值'才有前途"①。

（二）"宪政民主"论

党的十八届三中全会通过的《中共中央关于全面深化改革若干重大问题的决定》强调"维护宪法法律权威"，指出宪法是保证党和国家兴旺发达、长治久安的根本法，具有最高权威。要进一步健全宪法实施监督机制和程序，把全面贯彻实施宪法提高到一个新水平。建立健全全社会忠于、遵守、维护、运用宪法法律的制度。坚持法律面前人人平等，任何组织或者个人都不得有超越宪法法律的特权，一切违反宪法法

---

① 秋石：《巩固党和人民团结奋斗的共同思想基础》，《求是》2013 年第 20 期。文中关于"宪政民主""历史虚无主义""新自由主义"等的论述也参考了这篇文章。

律的行为都必须予以追究。党和国家历来强调宪法是国家的根本大法，具有最高的法律效力。一些人攻击我国"有宪法，无宪政"、"共产党一党执政不具合法性"、"党大于法"，主张按照西方的标准和模式建立所谓的"宪政民主"制度，实际上是企图从根本上否定我国的宪法。

（三）历史虚无主义

历史虚无主义否定、诋毁、贬损或嘲讽中国共产党领导全国各族人民为民族独立、国家富强、人民解放而进行的革命和斗争，主张对历史"重新评价"。这种主张实际上是否定党的领导、否定社会主义革命和建设所取得的成就，进而从根本上否定社会主义道路。历史虚无主义有明确的政治诉求，即"反对四项基本原则这一立国之本，力图扭转现代化建设和改革开放的发展方向，把中国纳入到西方资本主义体系中去"[①]。为实现这一政治诉求，历史虚无主义者在阐述其主张时常常片面引用史料、断章取义甚至歪曲事实，表现出明显的与辩证唯物主义和历史唯物主义背道而驰的唯心主义倾向。

（四）新自由主义

新自由主义是 20 世纪后半叶在西方国家产生的一股经济学和政治学思潮。新自由主义主张个人主义至上，反对社会主义；主张私有化，反对公有制；提倡自由放任的市场经济，反对任何形式的国家干预；鼓吹实现以美国等超级大国为主导的全球一体化。新自由主义在很大程度上是国际垄断资本主义理论体系的重要组成部分。以美国为首的西方国家在全世界大肆兜售这一主张。一些人借此攻击我国的国有企业与社会主义市场经济，鼓吹国有企业私有化、实行放任自由的市场经济。公有制为主体、多种所有制经济共同发展的基本经济制度，是中国特色社会主义制度的重要支柱，也是社会主义市场经济体制的根基。公有制经济和非公有制经济都是社会主义市场经济的重要组成部分，都是我国经济社会发展的重要基础。新自由主义实质上是主张私有化，否定社会主义

---

① 梁柱：《历史虚无主义思潮评析》，《红旗文稿》2009 年第 9 期。

基本经济制度和社会主义市场经济体制。

（五）"新左派"思潮

这股思潮质疑改革开放、质疑中国特色社会主义的社会主义性质。改革开放30多年来，我国经济社会发展取得了举世瞩目的成就。但改革本身付出了必要的成本和代价，改革过程中也遇到了一些困难和问题。一些人因此质疑改革本身，认为"改过了头""背离了社会主义方向"，认为中国特色社会主义是"国家资本主义""权贵资本主义"，而不再是社会主义。也有人因改革遇到阻力和困难，就提出所谓"改革停滞论""政治体制改革滞后论"等。甚至有人提出按照西方模式进行所谓"全面彻底的改革"。

（六）其他非社会主义、反社会主义、非马克思主义、反马克思主义的意识形态

除了上述非马克思主义的意识形态，还有一些反社会主义、反马克思主义的意识形态也必须引起高度重视和警惕。如以"法轮功"为代表的邪教组织所谓的"弘法"，"三股势力"（宗教极端势力、民族分裂势力、暴力恐怖势力）煽动民族分裂及实施暴力恐怖活动等。

中华人民共和国成立以来，境外意识形态对我国的渗透和影响一刻也没有停止过。在互联网、移动互联网等新媒体技术高度发达的今天，境外意识形态的渗透和影响比以往更迅速、更深入、更强烈。例如，"法轮功"邪教组织早在1996年就开始利用互联网进行所谓"弘法"活动，到2001年前后，其在25个国家和地区，使用13种语言文字，在全世界共开设了上千个网站、网址进行联系，并充分利用它们进行邪教宣传。再如，"美国之音"中文网站从1997年10月1日开始就利用电子邮件发送广播稿件。任何一个中国网民如果想要索取每日新闻，只需要向某一邮件地址发送申请即可。现在，"美国之音"中文网站每天都向18万中国网民发送电子邮件信息。[①] 此外，一些西方国家利用Face-

---

① 吴玉荣：《互联网上意识形态的多样性及引导对策》，《当代思潮》2003年第6期。

book、Twitter、YouTube 等新媒体手段宣传其价值观。2011 年，VOA、BBC 开始压缩中文广播节目，开办中文网站，增加微博等新媒体方面的人力、物力和资金投入。上述这些情况都为当前我国舆论引导工作带来了新的挑战。

二 转型期的社会矛盾使舆论引导工作形势更加严峻

当前我国正处在社会发展重要的转型期，改革也进入了深水区和攻坚期，经济社会各个层面发生了前所未有的深刻变化，社会利益格局重新调整，各种社会资源和社会利益重新分配，一系列复杂的社会矛盾集中凸显。总体上看，当前我国社会矛盾主要集中在以下几个方面。

（一）党群、干群关系紧张，"官""民"对立较为严重

改革开放 30 多年来，社会主义市场经济体制已经确立，经济发展取得了长足进步，但政治体制改革相对滞后。"由于缺乏配套的收入分配机制、利益协调机制、救助补偿机制等制度性保障措施，致使社会弱势群体的合法权益也无法得到有效实现和维护。同时，普通民众的利益表达与政治参与渠道相对狭窄或运行不畅，进一步拉大'民'与'官'之间的张力。"① 贪污腐败严重，公权力被滥用，城市化过程中与民争利、与民争权的现象多有发生，百姓对政府的信任感下降。最直接的表现就是近年来不断增多的群体性事件，如"宜黄拆迁事件""苍南城管打人事件"等。有统计表明，"近年来，每年因各种社会矛盾而发生的群体性事件多达数万起甚至十余万起"②。

（二）经济社会发展不均衡，两极分化相对严重

由历史形成并长期存在的城乡二元制社会结构，各地区资源禀赋、发展程度的差异，加上"市场经济发展的累积效应，以及个体自然禀赋、发展际遇等的差异，逐渐放大为社会财富占有的多寡，从而导致社

---

① 黄建军：《当前中国社会矛盾的根源及化解之策》，《延安大学学报》2014 年第 1 期。
② 陆学艺等：《2013 年中国社会形势分析与预测》，社会科学文献出版社，2012，第 13 页。

会利益结构的快速分化"①。总体来看，我国经济社会发展很不均衡，城乡之间、区域之间、阶层之间差别较大，两极分化相对严重，导致低收入群体容易滋生不满情绪，进而引发与中高收入群体的对立、矛盾和冲突。

（三）民生问题突出

尽管近年来经济总量大幅增长，但随着人口增加，城市化进程的加快，社会公共产品和公共服务有效供给相对不足，公共产品短缺导致的民生问题成为经济社会发展的突出矛盾。主要表现为：（1）由公共产品有效供给不足导致社会资源紧张引发的矛盾，如医疗资源紧张造成的看病贵、看病难引发的医患矛盾甚至医患冲突；教育资源紧张导致的入学难等问题。（2）由公共产品质量存在缺陷或问题不能满足公众需要引发的矛盾，如近年来频发的食品安全问题（假羊肉、地沟油、毒大米等）、环境问题（茂名 PX 事件、兰州水污染事件等）。这些事件中政府相关部门监管和应对措施有时难以让公众满意，导致公众对政府的不信任甚至发生群体性事件。（3）由上述两个原因加上城乡二元结构、户籍制度等原因导致公共产品分配不公，如异地就医医保报销难，流动人口子女入学难，机关事业单位与企业单位人员在社会保障方面存在区别等，这些政策区隔构成了制度性歧视，在很大程度上损害了社会公平与正义。

在网络媒体高度发达的今天，这些社会矛盾在互联网上得以集中体现和反映，并成为一个又一个舆论焦点和热点。2016 年度社会热点舆情事件中，教育文化、医疗卫生、突发事件、网络治理、交通管理是排名前五位的事件类型②。对这类舆论积极正确地加以引导可以在很大程度上缓解社会矛盾，否则将进一步激化矛盾甚至引发社会动荡，影响社会稳定。转型期凸显的各种复杂的社会矛盾，让当前舆论引导工作面临

---

① 李友梅：《社会的生产：1978 年以来的中国社会变迁》，上海人民出版社，2008，第 48～49 页。

② 新华网网络舆情监测分析中心：《以舆情治理为契机，提升社会治理能力——2016 年度社会热点事件网络舆情报告》，2017 年 1 月。

更加严峻的形势。

三 新媒体的背景给舆论引导工作提出了新课题

据中国互联网络信息中心的统计，截至 2017 年 12 月，中国网民规模达 7.72 亿，互联网普及率为 55.8%。其中，手机网民规模达 7.53 亿。中国网民人均每周上网时长达 27 小时，相比上年增加了 0.6 小时。① 互联网、移动互联网的迅速普及和发展，使舆论主体、舆论客体、舆论本体、舆论的生成和传播扩散机制及舆论的影响与效果都出现了一些新情况，主要表现如下。

（一）舆论主体复杂化且数量异常庞大

这里所说的复杂化并不是指主体身份构成复杂，而是指主体动机复杂。操作容易、即时方便、交互性强等网络技术特点让更多的网民可以随时随地参与到网络舆论中。于是，在网络舆论中除当事人，当事人亲属、朋友、同学或有过共同遭遇和经历的人等与事件直接相关的主体外，还常常出现与事件本身关系不大甚至毫无关系的"非直接利益相关者"。这些人或出于同情，或出于道德正义感、社会责任感，或纯粹为了跟风、起哄、围观，有意识或无意识中参与到网络舆论中，成了网络舆论主体的一部分，参与和推动舆论的生产、传播与扩散。也正因如此，舆论主体数量有时会异常庞大。如 2012 年度 20 件网络热点事件中，排第一位的"钓鱼岛与反日游行"主要网站发帖转帖超过 1.7 亿，居第二位的"伦敦奥运"超过 7500 万，居第三位的"神舟九号天宫一号对接"近 4000 万，居第四位的"天价切糕事件"超过 3000 万，第五位的"黄岩岛风波与南海局势"超过 1800 万②。

（二）舆论客体多样化、焦点化

舆论客体也称舆论对象，是指舆论涉及的话题。新媒体的舆论话题较以往任何时候都更加丰富多样。贪污腐败、明星绯闻、食品安全、重

① 中国互联网络信息中心：《第 41 次中国互联网络发展状况统计报告》（2018 年 1 月）。
② 参见唐绪军主编《中国新媒体发展报告（2013）》，社会科学文献出版社，2013，第 47 页。

大突发事件、国际争端、社会思潮等，只要是网友感兴趣的话题或事件，都有可能进入公众视野并成为舆论的焦点或热点。多样化的舆论话题中也呈现出焦点化特征，即讨论最多、意见最大、反响最强烈的往往是人民群众最直接、最关心、最现实的利益问题，如医疗、就业、教育、环境等民生问题，以及贪污腐败等社会公众深恶痛绝的社会丑恶现象。

（三）舆论表达情绪化

互联网、移动互联网的技术特点为每个个体参与网络舆论提供了可能性。网络时代被称作"自媒体时代"，这是一个人人都有"麦克风"的时代，人人都可以随时发言并自由地表达意见。新兴的移动互联网，以微博、微信为代表的社会化媒体是当下网络舆论的主要载体。这些新媒体的技术特征决定了网络意见要在有限的空间（如微博 140 个字为上限）进行碎片化的表达。因此，网络意见大多是直观、感性、情绪化的，而不是经过深思熟虑的理性表达。有时网民甚至直接用网络表达不满情绪。有调查表明，超过 40% 的人倾向于选择在网上发帖、发微博等方式表达对社会的不满[1]。

（四）舆论生成、传播机制的交互性可能引发"蝴蝶效应"

网络中信息、意见、观点的传播主要通过发帖、跟帖、回帖、转帖等形式进行，网络舆论也在这样一种交互作用中不断酝酿、生成、发酵、传播、扩散。特别是微博、微信等社会化媒体，能够在最短时间内、在数以万计甚至数以亿计的群体中实现信息、意见、观点的共享与扩散，在这一过程中群体的情绪有时会被迅速调动起来，意见、观点在短时间内大量聚集、叠加甚至出现乘数效应，爆发出核聚变式的巨大能量，引发大范围的舆论震荡，即通常所说的舆论"蝴蝶效应"。

（五）舆论领袖的影响作用明显增强

网络舆论主要通过关注、转发、分享等方式生成、传播和扩散，一

---

① 刘志明主编《中国舆情指数报告（2013）》，社会科学文献出版社，2014，第 89 页。

些网络舆论领袖即所谓的"大 V"发表的内容更容易受到关注和被转发。因此，网络舆论领袖在网络舆论生成和传播中的作用越来越明显。以何炅为例，2014 年 4 月 30 日，新浪微博网站显示他的影响力排名第一，粉丝数为 46079705。他发一条微博，将有 4600 多万人同时收到，这些人中再有一些人转发，他们的粉丝又可以收到，这样意见到达的终端恐怕要以亿来计数。这种"病毒式"传播方式几乎在瞬间形成星火燎原之势。据对新浪微博 2011～2012 年 30 起热点事件的舆情统计，被转发量超过 500 次以上的微博热帖只有 7584 条，而产生这些热帖的微博用户仅有 2158 个，也就是说影响新浪微博舆论导向的只有 2000 个左右的意见领袖。其中，被转发评论最多的 9 个微博用户发布了 1330 条帖子，占发帖总量的 17.5% 和评论总量的 20%[①]。

（六）网络"广场效应"可能导致网络"群体极化"现象进而引发"网络群体性事件"

从理论上讲，网络是一个任何人在任何时候都可以随意进出的虚拟广场。网络的匿名性使得进入广场的人更容易也更可能出现与日常生活中完全不同甚至完全相反的言论与行为，极易产生无意识的群体心理，即心理学上所说的"广场效应"。在广场效应的作用下，"群体只知道简单而极端的感情；提供给他们的各种意见、想法和信念，他们或者全盘接受，或者一概拒绝，将其视为绝对真理或绝对谬论"[②]。人们极易受到某种情绪、观点、意见的影响、感染甚至左右，在"集体无意识"心理的支配和作用下共同持有一种较为集中的意见、观点或倾向，导致"群体极化"现象，进而引发针对某个特定事件的大面积网络围观或参与，即所说的"网络群体性事件"。如"李刚事件""石首事件""邓玉娇事件""雷政富事件""表哥事件"等。

（七）"把关人"缺失可能导致舆论局面出现混乱甚至失控

与传统媒体不同，网络传播特别是微博、微信等社会化媒体的传播

---

① 唐绪军主编《中国新媒体发展报告（2013）》，社会科学文献出版社，2013，第 41 页。
② 〔法〕古斯塔夫·勒庞：《乌合之众：大众心理研究》，冯克利译，中央编译出版社，2005，第 36 页。

过程中，"把关人"相对缺位。这一方面为意见、观点的充分、自由表达提供了更大的可能与空间，但同时也可能导致舆论局面出现混乱甚至失控。如网络流言、谣言、人格侮辱、人身攻击、淫秽色情等内容大肆泛滥。另外，失控的网络舆论可能被别有用心的人操控和利用，实现其不可告人的目的。如一些人雇用网络"水军"捏造事实、陷害竞争对手、导致他人名誉及经济利益受损；再如境内外一些个人或组织利用网络大肆散布污蔑、诋毁党和政府的言论以混淆视听、蛊惑人心等。

（八）舆论的社会动员作用日益强大

"无论哪个时代，公共舆论总是一支巨大的力量。"① 这种力量一方面表现为马克思所指出的舆论是社会中一种"普遍的、隐蔽的和强制的力量"②，即一种精神上、道义上的影响力、约束力和强制力，如古语所说"众口铄金，积毁销骨"；另一方面表现为，作为意见和观点的舆论，在酝酿、积累、发酵到一定程度时，可以转化为现实的舆论行为甚至是社会运动。这就是舆论的社会动员作用。"病毒式传播"、意见领袖的积极参与使得新媒体时代舆论形成、传播和扩散更迅速、更广泛、影响力更大，舆论的社会动员作用更明显、更强大。互联网、移动互联网、社会化媒体的即时性、便捷性、参与程度高、交互性强等特点为观点、意见在数以亿计的舆论群体中传播、扩散、发酵提供了最大限度的可能与便利，舆论群体不断扩大，参与热情不断高涨，越来越多的人开始从线上走到线下，从家庭走进社区，从电脑前走上街头。舆论引发的社会运动越来越多。如近年来发生的一些群体性事件以及"阿拉伯之春""占领华尔街""太阳花学生运动"等社会运动，都有新媒体参与动员。再如境外恐怖分子利用互联网传播宗教极端思想和恐怖手段，策划、煽动、组织实施暴力恐怖袭击等。新媒体背景下舆论的社会动员作用引发的社会运动有些已经严重危及国家安全、民族团结和社会稳定。

---

① 〔德〕黑格尔：《法哲学原理》，范扬、张启泰译，商务印书馆，1963，第 210 页。
② 《马克思恩格斯全集》第 1 卷，人民出版社，1995，第 385 页。

新媒体的迅速兴起和普及、新媒体背景下舆论呈现出的这些新特点引发了舆论引导格局前所未有的深刻变化，使舆论引导形势更加复杂和严峻，从而为当前和今后一个时期的舆论引导提出了许多新课题、新挑战、新任务，主要有：

（1）要把舆论引导纳入推进国家治理体系和治理能力现代化的整体战略中。党的十八届三中全会提出，全面深化改革的总目标是完善和发展中国特色社会主义制度，推进国家治理体系和治理能力现代化。必须更加注重改革的系统性、整体性、协同性。舆论引导本身就是国家治理体系的重要组成部分，舆论引导能力在很大程度上也是国家治理能力的重要组成部分。从这个意义上讲，舆论引导水平是衡量国家治理体系和治理能力现代化水平的重要尺度。舆论引导直接关系到国家治理体系和治理能力现代化进程，必须把舆论引导纳入这一整体战略中。要让加快发展社会主义市场经济、民主政治、先进文化、和谐社会、生态文明的一系列顶层设计和制度安排与舆论引导相互协调、相互配合、相辅相成、相得益彰，从而为舆论引导创造民主、科学、和谐的制度环境。

（2）培育和践行社会主义核心价值观，巩固马克思主义在意识形态领域的指导地位。这是舆论引导的指导思想、出发点和归宿，任何时候都不能动摇和改变。当前，马克思主义在意识形态领域的指导地位面临着前所未有的巨大挑战。因此，倡导富强、民主、文明、和谐，倡导自由、平等、公正、法治，倡导爱国、敬业、诚信、友善，积极培育社会主义核心价值观，用社会主义核心价值体系引领社会思潮，凝聚社会共识，巩固马克思主义在意识形态领域的指导地位，仍然是新形势下舆论引导的首要任务和根本宗旨。

（3）遵循新媒体传播规律，不断增强舆论引导的实效性。以互联网、移动互联网为代表的新媒体具有鲜明的数字化、移动化、社会化等特征，传播速度快、信息容量大、覆盖范围广泛、交互性强、参与程度高。这些都是传统媒体无法比拟的技术优势与特点。正是这些技术特点给新时期舆论引导带来了巨大挑战。挑战的背后也蕴藏着新的机遇和可能。深刻认识、把握并严格遵循新媒体传播规律，充分利用新媒体技术优势，扬长避短、趋利避害，对增强舆论引导实效性具有重要的现实意义。例如遵循网络的"黄金四小时媒体"规律，在新闻事件特别是重大突发事件发生时，第一时间公开发布权威信息，不给流言、谣言任何可乘之机；再如，发挥社会化媒体的互动性优势，对人民群众反映强烈的热点、难点、焦点问题，不遮掩、不回避，正视问题、直面矛盾，真实反映公众诉求，及时回应社会关切。这些都对掌握舆论引导的主动权，增强舆论引导实效性具有积极作用。

（4）充分发挥网络舆论领袖在舆论引导中的正面、积极作用。新媒体时代网络舆论领袖可能产生的影响有时不可思议。粉丝数是网络舆论领袖影响力最重要的指标之一。粉丝数越多，影响力越大。近年来，随着微博客用户群体的迅速扩大，产生了一批粉丝数大于 10 万的"大V"账号，这些"大 V"账号在互联网上发挥着越来越大的影响力。新浪微博、腾讯微博中，10 万以上粉丝（听众）的超过 1.9 万个，100 万以上的超过 3300 个，1000 万以上的超过 200 个[①]。这些网络舆论领袖能够产生巨大的舆论能量，然而这种能量可能是正能量，也可能是负能量，其后果和影响可能是积极的，也可能是消极的。消极影响如"秦火火""立二拆四"等网络名人散布谣言、捏造事实、进行人身攻击等。积极影响如 2011 年 1 月 25 日，中国社会科学院于建嵘发起的"微博打拐"。他在新浪微博设立的"随手拍照解救乞讨儿童"微博仅仅开博 10 余天，就吸引了 57 万多名网民关注。几天时间里 1000 余张网友拍摄的乞讨儿童照片被发布在微博上，多名儿童被解救。因此，探索和研究能够充分发挥网络舆论领袖积极作用的方法、途径与机制，使其更多地释放、传递正能量，将使新媒体背景下舆论引导取得事半功倍的效果。

（5）巩固和加强传统媒体在舆论引导中的主体作用，探索多媒体、全媒体融合互动舆论引导机制。报纸、广播、电视等传统媒体一直是舆

---

① 金可、单心语：《网络名人共谈社会责任》，《北京日报》2013 年 8 月 12 日。

论引导的主力军和中坚力量。随着新媒体的迅速兴起和普及，新媒体舆论的影响越来越大，传统媒体在舆论引导中的主导地位开始受到一定程度的影响和冲击。那么，在日益发达的新媒体面前，传统媒体真的一筹莫展、无所作为吗？传统媒体真的被边缘化了吗？事实并非如此。调查显示，在人们非常信任或比较信任的媒体中，排名前三位的分别是电视（81.1%）、报纸（70.3%）和广播（53.9%），网络排在第四位（50.4%）；对媒体的重要度评价中，电视居首位（选择比例为83.4%），其次是报纸（67.6%）、网络（63.6%）、广播（44.7%）；从媒体影响力指数上看，排在第一位的是电视（83），其次是报纸（69）、网络（64）、广播（50）。[①] 与新媒体相比，传统媒体在重要性、权威性、公信力等方面优势明显。此外，传统媒体还具有信息渠道、传播平台、媒介品牌、人才资源等方面的优势。因此，在巩固和加强传统媒体舆论引导主体作用的基础上，充分发挥传统媒体自身优势，实现与新媒体有机融合（如传统媒体运用微博、微信等新媒体平台主动设置议程、积极开展舆论引导；传统媒体对新媒体热点话题积极关注、参与和介入，客观报道的同时给予及时回应等），不断探索多媒体、全媒体融合互动的舆论引导机制，是新媒体时代提高舆论引导能力的重要路径。

（6）形成正面引导和依法管理相结合的新媒体舆论工作格局，建立健全多渠道、全方位、立体化舆论引导机制。业务层面提高舆论引导水平和能力的实践重在疏导。舆论引导同时需要法律、制度、技术等层面的防范和治理。特别是在新媒体技术高度发达的今天，舆论引导要疏堵结合，惩防并举，双管齐下。美国、英国、德国、日本、韩国等国家都有比较成熟的新媒体传播法律规范。自1994年接入国际互联网以来，20多年来我国一直非常重视网络法律法规建设，相继出台了《中华人民共和国计算机信息网络国际联网管理暂行规定》《全国人民代表大会常务委员会关于维护互联网安全的决定》《中华人民共和国电子签名

---

① 参见刘志明主编《中国舆情指数报告（2013）》，社会科学文献出版社，2014，第134～135页。

法》《互联网新闻信息服务管理规定》等一系列法律法规。2013 年，
《最高人民法院、最高人民检察院关于办理利用信息网络实施诽谤等刑
事案件适用法律若干问题的解释》正式发布，进一步加强了对微博、
微信等新媒体传播的法律规范。除法律规范外，还要探索建立健全包括
行政监管、行业自律、技术防范、道德教育、社会监督等在内的多渠
道、全方位、立体化舆论引导机制。特别是针对网络新媒体的具体操作
中，要进一步建立健全网络舆情监测机制、网络舆情研判机制、网络突
发事件处置机制、网络危机公关机制等。

（7）进一步加强新媒体舆论引导人才队伍建设。舆论引导的实践
主体是人，舆论引导工作最终要靠一支专业化的人才队伍来完成。传统
媒体在长期舆论引导实践中培养了一批经验丰富的舆论引导方面的专门
人才。但新媒体时代对舆论引导提出了新的、更高的要求。新媒体舆论
引导专业人才首先要具备强烈的政治意识、大局意识、责任意识，始终
拥护并坚持中国特色社会主义理论体系并以此作为指导思想；其次，要
严格遵守国家宪法、法律法规和新闻宣传工作组织纪律，具有高尚的道
德情操；第三，要具备扎实的新闻传播理论功底和较强的新闻业务素
质，特别要充分了解和熟练掌握新媒体技术特点及传播规律，不断学
习、探讨和研究大数据、云计算、数据可视化等新知识、新理论、新方
法，及时应对新媒体时代舆论引导面临的新形势、新问题、新挑战。要
进一步建立健全科学化、制度化、规范化的人才培养长效机制，引入竞
争、奖惩、淘汰、退出等操作机制，培养一批优秀的网络记者编辑、网
络评论员、网络舆情分析师等专业人才，使其成为新媒体时代舆论引导
的生力军。

第二节 "阿拉伯之春"事件中社交媒体舆论
运行机制研究

自 2010 年底开始，在北非和西亚的阿拉伯国家以及其他地区的一
些国家，陆续发生了以"民主"为主题、要求推翻本国专制政权的一

系列反政府运动,被称为"阿拉伯之春"(Arab Spring)、"阿拉伯的觉醒"(Arab Aweakening)或"阿拉伯起义"(Arab Revolt)。"阿拉伯之春"发生的原因十分复杂,我国国内对此的分析主要集中在政治专制独裁、经济发展受挫、贫富差距扩大、社会问题严重、思想文化积弊、社交媒体推动、国际社会干预等方面。其中,以"脸谱"(Facebook)和"推特"(Twitter)为代表的社交媒体被认为对事态发展起到了极为关键的作用,以至于西方媒体也将"阿拉伯之春"称为"社交网络革命""脸谱革命"或"维基革命"。那么,社交媒体在"阿拉伯之春"事件中究竟发生了怎样的作用?"阿拉伯之春"事件中舆论形成和舆论引导有什么样的表现?遵循着怎样的规律?下面对这些问题展开研究。

一 "阿拉伯之春"事件概况

从 2010 年底开始,由突尼斯开始,一场大规模的反政府示威抗议活动席卷阿拉伯世界,重塑了阿拉伯地区的政治版图。其中,突尼斯和埃及多年的独裁政权被迅速推翻,约旦、巴林、利比亚、叙利亚和也门等国相继发生军警与示威民众冲突的流血事件。利比亚、叙利亚等国的反对派武装和政府军发生了激烈的拉锯战。

(一)突尼斯

突尼斯人口约 1040 万人,近年来因经济增长速度较快,成为北非地区最有发展活力的国家。2010 年底,"维基解密"网站曝光了美国驻突尼斯大使一份题为《突尼斯的腐败:你的就是我的》的机密电文,文中称,在突尼斯,只要是总统家族成员看上的,无论现金、土地、房屋甚至渡船,最终都得落入他们手中。"维基解密"还曝光了大使的其他电文,揭露了突尼斯政府的高层腐败、僵化政体以及民众对本·阿里妻子及其家族的憎恶。

电文被披露之后不久,12 月 17 日,26 岁的突尼斯商贩穆罕默德·布瓦吉吉因遭受警察和市政官员的粗暴对待,以自焚表示抗议,不治身亡。这一事件激起了突尼斯普通大众对布瓦吉吉的同情,也激起了突尼斯民众长期以来对失业率居高不下、物价上涨以及政府腐败潜藏的怒火，人们走上街头示威游行，控诉政府的腐败与专制。冲突很快蔓延到全国各地，形成了全国范围内的大规模社会骚乱，并造成多人伤亡。2011 年 1 月 14 日晚，突尼斯总统本·阿里在采取一系列措施均告无效后，逃往沙特阿拉伯，结束了他长达 23 年的执政。这是进入 21 世纪以来，阿拉伯国家中第一场由民众起义导致推翻现政权的革命，由于茉莉花是突尼斯国花，这次政权更迭也被称为"茉莉花革命"。

（二）埃及

埃及是四大文明古国之一，也是非洲重要的阿拉伯国家，土地面积 100 万平方公里，人口超过 8000 万人，总统穆巴拉克执掌埃及内政外交长达 30 年。然而，从 2011 年 1 月 25 日"警察日"起义到 2 月 11 日穆巴拉克总统"被下台"，埃及革命只用了 18 天，超过突尼斯的"茉莉花革命"，成为中东集权政府倒塌的多米诺骨牌中的第二块，也是最快倒塌的一块，这在中东近现代史上极为罕见。

1 月 15 日，起义的前 10 天，"4 月 6 日青年"运动在"脸谱"网站群组里发表了题为《我们会以我们自己的方式庆祝"警察日"》的文章。"警察日"为 1 月 25 日，是为纪念在 1952 年抵抗英占领军的埃及警察而设立的一个纪念日。2011 年 1 月 25 日，抗议者在全国汇集，其中有 4.5 万人在开罗市中心的解放广场集会，此外，还有 2 万多人在其他地区呼应。1 月 28 日，集会人群即增长到几十万人，围观市民和起义的同情者也走进解放广场，成为运动中的一分子。2 月 2 日，穆巴拉克的支持者开始采取暴力的方式向示威者进行反击，一部分穆巴拉克的支持者骑着马和骆驼，手持剑、鞭子、棍棒、石头或小刀等出现在开罗市中心，仿佛刚刚复活的马穆鲁克的骑兵。后来这些暴力事件被 BBC 称为"骆驼之战"。起义者继续占据解放广场并高喊："穆巴拉克，我们不走，你走！"2 月 10 日，穆巴拉克在电视上表态将交权给副总统苏莱曼。2 月 11 日，苏莱曼宣布穆巴拉克辞职，权力由军方临时接管。

（三）利比亚

利比亚的示威活动起始于 2011 年 2 月 15 日，起因于"阿布·萨利姆大屠杀"死难囚犯家属的抗议活动。1996 年 6 月，利比亚安全部队打死了位于利比亚首都的黎波里的阿布·萨利姆监狱中的 1270 名囚犯，近年来，死难囚犯的家属组织起来通过法庭为自己的亲属讨说法，并不断上街示威。2 月 15 日，卡扎菲政权再次逮捕了死难者家属的代理律师，点燃了利比亚的火药桶，在班加西，死难者家属上街抗议，与此事无关的数千名当地人也走上街头。

示威活动逐步演变为暴力冲突。2 月 19 日，班加西的反对派控制了该市的国际机场，事态开始引发国际社会关注。班加西的反对派迅速组织起来，成立"利比亚全国委员会"，卡扎菲政权逐渐失去国际社会的支持。3 月 19 日，北约部队开始空袭卡扎菲军队，从空中配合反对派武装的行动，摧毁了卡扎菲的大部分军事力量。7 月 15 日，美国和北约等 39 国及国际组织承认利比亚反对派政权。10 月 20 日，卡扎菲受伤后被反对派武装从下水道搜出，在遭受殴打后被当场射杀。10 月 31 日，北约宣布结束在利比亚的战争，反对派宣布"解放"利比亚全境，并公布包括恢复国家政治生活在内的重建进程表。

（四）其他阿拉伯国家

2011 年 1~2 月，位于阿拉伯半岛南端的也门也爆发了示威抗议活动，要求总统萨利赫下台，此后也门局势一直动荡不安，抗议示威游行不断。11 月 23 日晚，萨利赫在沙特签署协议，将权力和平移交给副总统，也门长达 33 年之久的"萨利赫时代"就此落下了帷幕。

叙利亚的抗议活动始于 2011 年 3 月 6 日，叙利亚安全部队在德拉市逮捕了 15 名在墙壁上书写反对政府言辞的儿童。3 月 15 日，叙利亚大马士革、阿勒颇、哈塞克、德拉以及哈马等城市的街头爆发了大规模反政府示威活动，报道称有数千人被捕。4 月 22 日，叙利亚出现了最大规模的抗议活动，多个省市举行了名为"伟大星期五"的游行示威抗议活动，政府的镇压行动也从当天开始升级。随后，叙利亚内战愈演愈烈。

除了埃及、突尼斯、利比亚、也门和叙利亚，其他的阿拉伯国家也都受到了不同程度的影响，爆发了不同程度的示威游行，但大都因政府的让步或示威规模不大而逐渐平息。①

二 "阿拉伯之春"事件中舆论生成、扩散的机理和影响

在"阿拉伯之春"事件中，多个阿拉伯国家先后发生具有明显的自发性和内生性的革命，这场革命不同于以往自上而下的精英改良或军事政变，完全是一场自下而上的公民运动。这场带有革命性质的运动不仅事先没有任何迹象，而且起初缺乏统一的组织、宗旨、口号、纲领和目标，呈现明显的盲动性和草根气质，只是在对抗与磨合中逐步形成更高、更清晰和更统一的政治诉求——变革政权②。与以往的抗议活动相比，在此次阿拉伯地区的革命中，有哪些因素是不同于以往的呢？本文难以对此复杂的问题作全面的研究和分析，而把研究的关注点聚焦在传媒这个领域，以此观察近年来兴起并迅速得以普及运用的社交媒体在此次运动中发挥的重要作用。

关于舆论的形成过程，刘建明在《社会舆论原理》一书中指出，可"直接从社会矛盾、个人意见、重大事件及意见领袖这四种因素的互动中观察到舆论形成的四个阶段"③。在"阿拉伯之春"事件发生的新媒体背景下，这些因素已经发生了转化。我们在对突尼斯和埃及这两个率先发生冲突并产生政权更迭的国家的舆论形成过程的梳理中，也揭示了这些变化。

（一）突尼斯剧变的舆论形成过程

1. 社会矛盾的长期积累

引发突尼斯社会矛盾的首要因素是经济结构失衡带来的高失业率，

---

① 部分资料来自百度百科，http://baike.baidu.com/link? url = 4URQOYLufJ5YLy - 5A - ob-BvKDJjqa7auQJSi7yD43Es_ VHRxFWjg7tjhqnonk - _gFj5TuiGgwQeAaip7hGgRZ2_；部分资料来自马晓霖主编的《阿拉伯剧变：西亚北非大动荡深层观察》，新华出版社，2012。

② 马晓霖主编《阿拉伯剧变：西亚北非大动荡深层观察》，新华出版社，2012，第3页。

③ 刘建明：《社会舆论原理》，华夏出版社，2002，第38页。

尤其是年轻人的高失业率。突尼斯全球竞争力排名居非洲国家之首，在革命发生以前，突尼斯十年间的经济平均增速达到 5.68%，然而经济结构失衡，主要依靠出口和国外投资。欧洲经济的不景气，直接打击了突尼斯的出口经济和支柱产业旅游业，物价上涨，经济困难，导致失业率居高不下。2010 年，突尼斯官方公布的失业率约为 13%，中立机构估算在 20%，15 岁至 36 岁就业骨干群体失业率高达 30%，部分行业甚至高达 60%[①]。突尼斯的人口平均年龄是 30 岁，年龄在 14 岁以下人口占 23%。同时，突尼斯又是一个高等教育发展水平较高的国家，在 18 岁至 24 岁的青年人中，有 20% 的青年得以接受高等教育，却仅有 1/4 的受教育青年能够找到工作。

腐败问题是突尼斯社会的另一个痼疾。突尼斯总统本·阿里在执政期间努力稳定政局，加快经济与社会全面改革，使突尼斯取得了令人瞩目的成就。然而，本·阿里长期大权独揽，突尼斯的一切事务，大到国家发展的方针政策，小到普通士兵的晋升，都由总统一人说了算。对于反对力量则采取严厉镇压、无情打击的手段，奉行所谓的"面包政策"，即"虽没有自由、没有民主，但是政府保证民众生活好过"。由于集权连任和实行专制统治，滋生了极为严重的腐败，总统家族以及第一夫人莱拉的家族，都凭借本·阿里的特权积累了大量的财富，据估计其家族资产高达 55 亿欧元。不少批评者指责政府官员任人唯亲和大搞裙带关系，致使普通百姓没有"后门"就找不到工作，造成青年的高失业率。

2. 民众意见的积聚

本·阿里家族长期以来的贪污腐败行为，早已引起突尼斯人民的不满，个人意见通过沟通和交流扩展为议论圈，甚至引发人们的抗议活动。2008 年 1 月到 6 月，在加夫萨矿区就发生了一系列由失业问题导致的集会、静坐、罢工等抗议运动，这是突尼斯自 1984 年"面包暴动"以来发生的最严重的抗议活动。政府严格封锁消息，禁止记者进入该区

---

① 马晓霖主编《阿拉伯剧变：西亚北非大动荡深层观察》，新华出版社，2012，第 3 页。

域，并成功地控制了主流媒体关于事件的报道，主流媒体称抗议者是被恐怖主义和极端主义劫持的无知暴徒。关注此事的革命积极分子通过家庭录影带等秘密途径传递了一些关于起义的信息，并将视频上传到"脸谱"上，经由在国外的突尼斯人的帮助，最终上传到 Dailymotion 和 YouTube 等视频网站上，然而即便是在网络上也鲜有人关注此事。由于得到的支持力度有限，并且遭受到政府的强力镇压，抗议活动以失败告终。

突尼斯民间的意见和议论，也可以通过"维基解密"曝光的美国驻突尼斯大使的电文窥见一斑。2010 年底曝光的大使电文中说，"权力核心贪污日趋严重，连一般突尼斯人都知道，民怨四起，甚至憎恨第一夫人莱拉和她家人，反对派私下都嘲笑她"；"突尼斯政权已经岌岌可危，他们听不进来自内部和外部的任何批评或建议，他们依靠警察和安全部队维护自己的统治，统治集团内部的腐败，突尼斯人民对此深恶痛绝"；"突尼斯人民对莱拉和她的子女们的仇恨已经到了无可比拟的程度，老百姓私底下谈论并挖苦他们，就连接近政权的核心人物也对这个家族颇有微词。而普通百姓因为失业和物价上涨而积聚的愤怒却在与日俱增"。[①]

在本·阿里的严厉统治下，网络处于严密监控状态，在国外流行的许多交流工具在突尼斯国内都被禁用，只剩下"脸谱"没有被禁。通过"脸谱"网站以及翻墙软件，高德斯撰写的外交文件被许多突尼斯国内民众所了解，这令突尼斯人震怒。他们进一步了解到本·阿里家族的腐败，与此形成鲜明对比的是自身遭遇的失业问题和民生物资价格上涨，这些都进一步助长了人们的反政府情绪。因此，在偶然事件发生之前，人们对于总统家庭腐败和经济问题的议论已经达到了一个高潮，只是慑于政府的威权统治而没有爆发。

3. 偶然事件的激发

2011 年 12 月 17 日，突尼斯西迪布吉德地区 26 岁的蔬菜水果商贩

---

① 马晓霖主编《阿拉伯剧变：西亚北非大动荡深层观察》，新华出版社，2012，第 133 页。

穆罕默德·布瓦吉吉因遭受城管粗暴执法，去市政厅求助申诉无门，以自焚这一极端方式结束生命来表达愤怒。事实上，之前已经有数起自焚事件，却只引起小规模的地方抗议活动。布瓦吉吉作为一名普通商贩的自焚事件，何以成为引爆突尼斯革命的导火索？在这一事件的传播过程中，有几个关键性的要素。

第一，"燃烧的布瓦吉吉"——影像的力量。布瓦吉吉与其他自焚事件区别开来的一个重要因素是，布瓦吉吉的自焚过程被录制了下来。在穆罕默德·布瓦吉吉自焚的那天下午，他的一个远房表兄阿里·布瓦吉吉（也是一个反对派活动家），在得知布瓦吉吉自焚的消息后来到现场，用手机拍下了自焚现场和随后的抗议活动的照片和视频。阿里深知影像的威力，他相信影像就像武器一样能够帮助人们推翻一个政权。他将照片和相关的视频发布到"脸谱"网站，并得到了迅速传播，激起了人们的共鸣。

第二，"白色谎言"——赋予燃烧的身体以政治意义。阿里编造了一个关于布瓦吉吉事件的"白色谎言"，布瓦吉吉从一个未毕业的高中生摇身变为失业的大学生，以售卖水果为生，此外，布瓦吉吉脸上还挨了女城管法蒂娅一巴掌。在阿拉伯文化中，男性被女性扇耳光是不能容忍的。由于这两个因素的加入，布瓦吉吉不再是为了生存而斗争的未受教育的穷人的代表，而是代表了所有权力和自由被否定的突尼斯年轻人。他们本该有着很好的工作，却到了宁愿选择死亡而不是继续过着这样的生活的时刻，布瓦吉吉被塑造成为了正义、尊严和自由而抗争的烈士。事实上，在突尼斯抗议活动的动员过程中，为了"食物"还是"尊严"，这两者之间有着极大的区别，尤其是对于突尼斯经济发达地区的年轻城市中产阶级来说，为了尊严而斗争，更加切合大多数突尼斯人的诉求，因而成功地打破了地域和阶级的鸿沟，将全国各地的社会阶层都成功动员起来。

第三，新媒体和传统媒体协同作用。在布瓦吉吉自焚的12月17日，信息通过一个由手机用户（普通人、积极分子和自由记者）、社交媒体用户、地方电台和卫星电视组成的混合网络进行了充分的扩散。

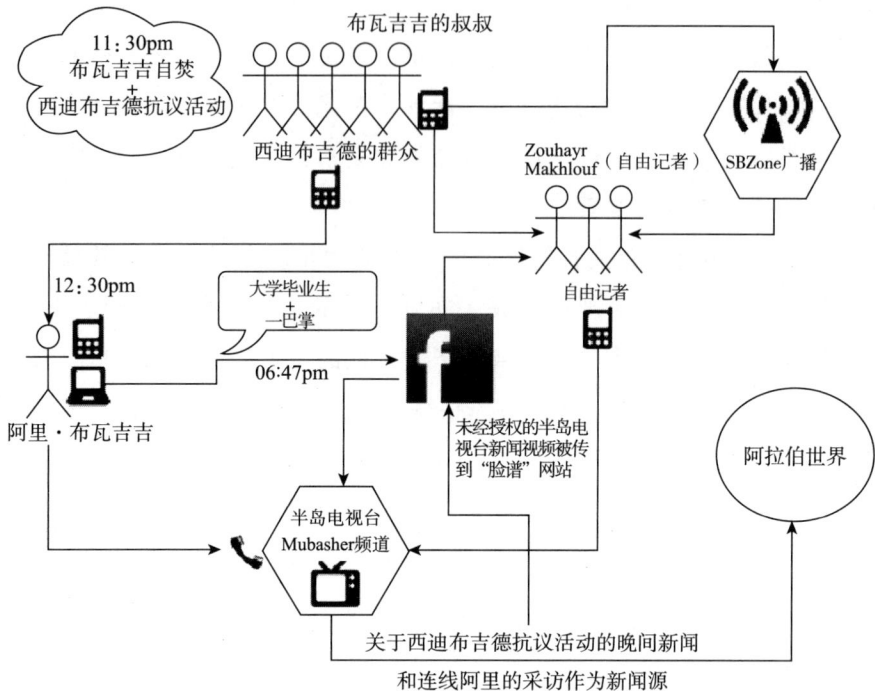

图 1 - 1　2010 年 12 月 17 日的信息传播示意①

通过图 1 - 1 可以看出 12 月 27 日当天的信息传播流程。上午 11 点半，布瓦吉吉在市场大楼前自焚。半小时之内，途经的群众通过手机告知亲友这个消息。布瓦吉吉的叔叔通知了好几个人，其中包括一名叫 Zouhayr Makhlouf 的自由记者，他当即决定前往西迪布吉德来报道这一抗议活动。然而由于他的电话被政府窃听，他在自己的房子前被拦住、殴打并没收相机。随后，Zouhayr Makhlouf 在家通过邮件、"脸谱" 网站来散布这一新闻，也通知了卡塔尔半岛电视台的记者。

西迪布吉德的人们也通知了其他自由记者，由积极分子 Chorabi 创办的 "SBZone 电台" 在其中发挥了重要的作用。"SBZone 电台" 与西迪布吉德地区乃至全国的自由记者都有着广泛的联系，他们通过网络、

---

① Merlyna Lim, Framing Bouazizi: "Whitelies", hybrid network, and collective/connective action in the 2010 - 11 Tunisian uprising, http://jou. sagepub. com/content/14/7/921.

电话、短信和在线广播散布这一消息。

半岛电视台从自由记者那里得知发生在西迪布吉德的事件，立即高度关注。半岛电视台记者被突尼斯政府禁止进入，不过从 2008 年 11 月开始，半岛电视台建立了一个公民记者入口，可以采用来自公民的视频、图像和新闻。半岛电视台的记者发现了阿里在 17 日下午 6 点 47 分发到网上的关于西迪布吉德抗议活动的视频，当即采访了阿里，并在 Mubasher 频道播出这一新闻。当晚，未经授权的半岛电视台的报道出现在"脸谱"网站上，并在阿拉伯世界首次传播。由于突尼斯主流媒体的缺席，布瓦吉吉事件的主要新闻源来自公民记者也就是阿里的报道，并被一再转播。

4. 舆论的形成——人人都是意见领袖

"局部舆论演化为社会舆论依靠意见领袖的引导……在公众中活动、耸立在公众之上，提出指导性见解，具有广泛社会影响的人，叫意见领袖，又称作舆论领袖。"[①] 突尼斯长期严格的新闻审查制度，使得传统意义上的意见领袖形成缺少合适的土壤，而社交媒体的出现则使得每个人都可能成为意见领袖。因为社交媒体的优势在于用户之间进行内容的创作，然后通过平台进行传播，每个用户既是信息源又是信息传播者，网络成为人们获取信息、相互沟通、参与社会事务的主要渠道。社交媒体突破了政府的新闻管制，使得突尼斯人民拿起手机、相机记录影像，上传到 YouTube 等视频网站上，并进一步吸引半岛电视台等传统媒体跟进深入报道。

除了没有传统意义上的意见领袖，突尼斯运动也是一场没有革命领袖的革命[②]。在这场运动中没有明确的组织者，没有统一的反对党来组织和领导群众，在运动之初，甚至没有统一的诉求和运动纲领，人们依靠手机、新媒体和传统媒体组成的混合网络进行组织和联络，并将信息传递到突尼斯全国、阿拉伯地区和国际社会，使得持各种不同政见的人

---

① 刘建明:《舆论学概论》，中国传媒大学出版社，2009，第 46 页。
② 谢凌岚:《突尼斯：一场没有领袖的革命》，http://view.news.qq.com/a/20110201/000012.htm。

组织起来开展抗议活动。

在此，我们对从 2010 年 12 月 17 日布瓦吉吉自焚到 2011 年 1 月 14 日本·阿里辞职期间的社会事件和媒体事件进行列表，来分析媒体和社会运动之间的互动关系。

表 1 - 1 突尼斯运动大事记①

（时间段：从 2010 年 12 月 17 日布瓦吉吉自焚，到 2011 年 1 月 14 日本·阿里逃亡）

日期	社会事件	媒体事件
2010. 12. 17	布瓦吉吉自焚； 西迪布吉德抗议活动（此处是指西迪布吉德地区的中心城市）	阿里在"脸谱"网站发布自焚照片和抗议视频； 半岛电视台首次报道（阿拉伯语）； 未经授权的报道视频传到"脸谱"网站
2010. 12. 18	西迪布吉德的抗议运动持续	网名为 @ chady2009 的用户将半岛电视台未经授权的视频链接发布到"脸谱"网站，"推特"上首次出现以"西迪布吉德"作为标签的推讯； 路透社首次报道（英语）； Asswara 首次报道（法语）
2010. 12. 19		Lina Ben MHenni（一个突尼斯女孩）首次在博客圈里发布； France 24（即法国 24 电视台）对事件进行报道（法语），这也是首个报道的西方电视台，"优兔"（YouTube）网站也进行了报道
2010. 12. 20	突尼斯发展部长 AL Juwayni 抵达西迪布吉德，宣布一个新的 1000 万美元的就业计划	SBZone 广播在"推特"上以"西迪布吉德"为标签发布推讯； 半岛电视台英文频道首次转播，其中结合了来自"优兔"网站的视频（抗议者提供的视频成为主要的视频来源）
2010. 12. 21	西迪布吉德的抗议运动持续不退	英国《金融时报》（Financial Times）首次转载（英语）； 摩洛哥 eMarrakech 首次转载（法语）
2010. 12. 22	Houcine Falhi 和 Lahseen Naji 触电自杀；Ramzi Al - Abboudi 自杀；抗议活动漫延到 Menzel Bouazaine	
2010. 12. 23	抗议活动扩展到西迪布吉德地区的其他城市	《洛杉矶时报》和 CNN 首次转播（英语）； 一个突尼斯女孩在"全球之声倡议计划"上首次报道

---

① Merlyna Lim, Framing Bouazizi: "Whitelies", hybrid network, and collective/connective action in the 2010 – 11 Tunisian uprising, http://jou. sagepub. com/content/14/7/921.

续表

日期	社会事件	媒体事件
2010.12.24	El－Hardri 和 Ammari 被 Bouazaine 的警察杀害；在 Thalla、Kasserine、Al－Miknassi 和 Regueb 发生大规模抗议活动	瑞士 RTS 广播首次转播（德语）； 荷兰广播首次转播（荷兰语和英语）； Kapitals.com 首次转载（法语）； BBC 首次转播（英语）
2010.12.25	抗议活动漫延到 Kairouan、Ben Guardane、Sfax	阿尔及利亚 Tout Sur L'Algerie's 首次转播（法语）
2010.12.26		没有接入网络服务的手机拍摄了大量关于抗议活动的音频、视频资料；有网络服务的笔记本电脑进行传输
2010.12.27	突尼斯首都发生 1000 人以上的抗议活动；突尼斯总工会在加夫萨地区集会；300 名律师在首都集会	安哥拉通讯社首次报道（法语）
2010.12.28	总统本·阿里看望了在 Ben Arous 一家医院住院的布瓦吉吉	总统站在难以辨认的布瓦吉吉旁边的照片在"脸谱"和"推特"上产生了病毒式传播；总统首次在电视上发表评论，对抗议者提出谴责； 法国《世界报》首次报道（法语）； 《卫报》首次报道（英语）； 《波士顿环球报》首次报道（英语）
2010.12.29	突尼斯首都发生抗议活动；抗议活动扩散至 Monastir、Sbikha 和 Chebba	Nessma TV 首次报道； 突尼斯私人电台 Express FM 和商业电台 Shams FM 首次报道； El Nuevo Empresario 首次转播（西班牙语）； 瑞士 Neue Zürcher Zeitung 首次转播（德语）
2010.12.30	一名名叫 El－Hadri 的受伤抗议者死亡	
2010.12.31	绝大多数地区都发生抗议活动。多地的律师相互声援；西迪布吉迪和邻近城市的网络和电力供应被切断	安全部队的暴力行动通过"脸谱"网站散布，DailyMotion 和"优兔"网等进行转帖
2011.1.1		黑客团体"匿名者"发起行动，攻击突尼斯政府网站
2011.1.2		
2011.1.3	Thala 地区的学生抗议活动演变为暴力冲突	政府入侵积极分子的邮件和"脸谱"账户
2011.1.4	突尼斯律师协会宣布大罢工；布瓦吉吉死亡	半岛电视台向西迪布吉德的人们发放大量智能手机
2011.1.5	布瓦吉吉的葬礼在西迪布吉德市举行，5000 名哀悼者参加；政府对该地区实行了管制并封锁消息	有关葬礼和随后游行的视频被传到网上，半岛电视台进行了播出

续表

日期	社会事件	媒体事件
2011.1.6	突尼斯 8000 名律师中的 95% 参与罢工；西迪布吉德的初中和高中开始罢课；一位名叫 El General 的政治说唱歌手被逮捕	El General 批评总统的说唱歌曲的视频在 "优兔" 上病毒式传播
2011.1.7	数千名教师继续罢工；政府逮捕了博客作者和网络积极分子；在 Saida 和 Regueb，警察开枪射击	
2011.1.8	在 Thala、Regueb、Kasserine 等地，新闻被管制；政府将这些地区隔离起来并进行交通拦截	人们把存有暴力视频的存储卡放进拖鞋里，扔到阿尔及利亚的边境，转送到突尼斯市并上传到网上；意大利 TVRAI 报道了突尼斯警察殴打一名记者和他的摄影师；政府首次在媒体上承认有抗议者被杀害
2011.1.9		
2011.1.10		
2011.1.11		
2011.1.10		《纽约时报》首次转载；本·阿里第二次发表电视讲话，承诺提供就业岗位，并称抗议者为 "恐怖分子"
2011.1.11	抗议活动在突尼斯市郊区进行	
2011.1.12	宵禁之后，抗议活动在突尼斯市中心进行	
2011.1.13	一名高级军队指挥官因拒绝射杀抗议者而被枪决；军队开始转向人民一边	本·阿里第三次发表电视讲话，承诺向民主方向改革
2011.1.14	本·阿里宣布国家进入紧急状态；突尼斯市爆发大规模抗议活动；本·阿里逃亡	总理穆罕默德·加努希在突尼斯国家电视台宣布临时代理总统职务；很多全球性的西方媒体首次转载

通过表 1-1 可以看出，在布瓦吉吉自焚后的五天内，抗议活动主要集中在西迪布吉德地区，然而，有关布瓦吉吉自焚和西迪布吉德抗议活动的消息，已经被记者、博客作者和普通突尼斯市民通过 "推特" "脸谱" 和博客网站不断进行传播，半岛电视台以及美国、英国、法国等国家的媒体也对此事进行了报道，抗议者提供的视频成为半岛电视台英文频道的主要视频来源。西迪布吉德地区的失业大学毕业生、教师、无照商贩和在校学生首先发起了抗议活动。在这一阶段，社交媒体打破了政府对于信息传播的垄断，成功地将西迪布吉德地区抗议活动的信息传送出去，使得其他地区的人们产生认同感，相继组织抗议活动，反抗

政府的独裁和腐败。

随着信息的传递，突尼斯内陆地区的农村贫困人口、劳工积极分子、工会组织人员纷纷走上街头抗议；随后，突尼斯市的城市中产阶级、律师、追求自由和尊严的网络积极分子也联合起来反对不公待遇。借助混合网络信息传播的推动，抗议活动沿着这样的路线图扩散：西迪布吉德地区→对于经济和社会严重不满的内陆城市→城市中产阶级和网络积极分子居住的沿海地区。

突尼斯的媒体报道和社会运动产生了一个积极的互动。这里的媒体报道并非突尼斯的传统主流媒体，而是由社交媒体、手机媒体、传统媒体等共同组成的混合网络。当突尼斯国家电视台将布瓦吉吉自焚事件引发的抗议活动称为"孤立事件"时，人们在"推特""脸谱"上发布的有关抗议活动的大量信息和视频却揭示了截然相反的事实。

突尼斯有着相当严苛的新闻管制制度，而混合网络突破了国家的信息封锁，实现了信息的快速传递，同时也打破了地域、经济、社会、文化和阶级等壁垒，实现了新媒体和传统媒体、传播者和受众、活动积极分子和消极旁观者的巧妙融合。抗议活动信息通过这一混合网络扩散到突尼斯各地、阿拉伯地区乃至国际社会，对于生活水平、警察暴力行为、高失业率和人权状况恶劣等问题早已心怀不满的突尼斯人纷纷参与进来，以抗议活动来进行声援，网络和西方媒体的报道即时跟进。进而，抗议活动漫延到突尼斯全国，最终使总统本·阿里逃亡到沙特阿拉伯。

（二）埃及剧变的舆论形成

1. 社会矛盾的积累

埃及近年来的经济发展在中东国家中成绩不俗，作为新兴市场国家，埃及被列入"金砖五国"之外的"新钻十一国"行列。然而，人民并未充分享受到国家经济发展的成果，失业面扩大，社会的贫富差距拉大，此外，通货膨胀的加剧也直接引起了人们的普遍不满。

埃及政府公布的 2007～2008 财年失业率为 8.9%。埃及国家统计局统计数据显示，埃及 2009 年第一季度的失业人口为 234.6 万，失业率达 9.4%①。在埃及失业人口中，90% 的失业者是 29 岁以下的青年，失业青年中受过高等教育的学生所占比例很高。

社会贫富进一步加大。美联社 2010 年 5 月 6 日的报道称，埃及 8000 万人口中，有 40% 的人仍生活在贫困线以下或接近贫困线（联合国的贫困线标准为每天的生活花费不足两美元），贫富两极分化日趋严重，社会财富越来越集中在少数富人手里，贫困人口缺少政府与社会的救助与帮扶。20% 的富人集团拥有社会财富总量的 55%，60% 的贫困人口拥有的财富仅占 18%。在穷人阶层中，政府下层公务员占据了相当的比重，他们中具有大学学历的月收入为 130 埃镑（约合人民币 280元），而一个埃及家庭平均每月的生活支出是 400 埃镑（约合人民币850 元）。

在失业和两极分化的情况下，人们还面临着高通货膨胀率。据埃及统计局的数据，2008 年 6 月埃及城市通货膨胀率升至 20.2%，达到近 20 年的最高水平。近年来，肉类、房子等商品的价格无所不涨，人们怨声载道，抗议游行不断，甚至有人发起了不买肉的抵制运动。埃及社会矛盾不断积累，正如"不吃肉"运动的组织者所言："埃及人民现已成为遇火即着的干柴。埃及的社会和平正面临威胁。……一场反饥饿的革命正在酝酿。"②

2. 民众意见的集聚

长期以来，埃及人民对于生活质量非常不满，并组织了一系列的社会抗议活动，包括从 2005 年一直持续到 2007 年的"受够了"运动，2005 年的反对政府冷漠对待苏丹难民的抗议活动和法官抗议活动，2006 年的反对警察迫害面包车司机艾穆德·埃尔 - 卡比尔（EmadEl - Kebir）和反对性侵犯的抗议活动，2008 年与 2009 年的"四·六"大罢工等。其中影响最大的是"受够了"运动，这是埃及自 1977 年发生"面包骚乱"以来的第一次民主运动，它通过静坐、示威游行等方式传

---

① 马晓霖主编《阿拉伯剧变：西亚北非大动荡深层观察》，新华出版社，2012，第 141 页。
② 姬贺礼：《埃及成"遇火即着的干柴"？》，《青年参考》2010 年 5 月 11 日。

达政治信息，明确喊出了"受够了"的政治口号，并传达出"不要第五个总统任期、不要家族继承"的信息。"受够了"运动在埃及开创了一个先例，当人们对国家政策和现实问题有所不满时，倾向于通过抗议活动来表达不满，而且这种行为具有明确的政治取向。当民众的要求以静坐、游行示威、群众集会等方式得以表达时，各种抗议活动就具备了影响国家政策和政治发展方向的潜力①。"受够了"运动能够在埃及这样一个军警和安全力量随处可见、政治自由有限、自1981年就开始实施戒严法的威权主义国家中发起一系列挑战当局的政治抗议运动，实属不易②。

3. 偶然事件的激发

2010年6月6日，埃及亚历山大城28岁的小贩哈利德·赛义德（Khaled Said）被两名便衣警察殴打致死，成为"一·二五革命"爆发的远程导火索。根据埃及警方的说法，赛义德是在吸食毒品时发生窒息；而据人权组织的说法，赛义德是因为拍摄了官员拥有非法毒品的视频而死（此视频后来被上传到YouTube网站上）。在他死后的第五天即2010年6月11日，谷歌公司北非与中东执行官瓦伊勒·加尼姆（Wael Ghonim）申请了一个"我们都是哈利德·赛义德"的"脸谱"账号，上传了停尸房里赛义德血迹斑斑、浑身伤痕的尸体照片，同时转载了赛义德在YouTube网站上的生活视频。这种视觉上的强烈反差和对警察腐败、滥用暴力的宣传，让许多"脸谱"用户对赛义德的遭遇深表同情，同时对埃及警方的腐败愈加愤怒，这构成了"一·二五革命"爆发的"远程"导火线。自2010年6月起，埃及每个星期都有抗议活动发生，虽然到了秋季抗议活动有所减少，人们对于政府的不满却日益增加。

4. 舆论的形成——意见领袖的引领

突尼斯抗议运动的成功激发了埃及群众尤其是网民和年轻人的抗议

---

① 周明、曾向红：《埃及社会运动中的机会结构——水平网络与架构共鸣》，《社会学研究》2011年第6期。

② 周明、曾向红：《埃及社会运动中的机会结构——水平网络与架构共鸣》，《社会学研究》2011年第6期。

热情。2011年1月15日，"4月6日青年运动"在"脸谱"网站的群组里发表了文章，标题为《我们会以我们自己的方式庆祝"警察日"》，凡在"脸谱"上加入该组织的人都可以看到此文。与此同时，"我们都是哈利德·赛义德""脸谱"用户的35万名粉丝也收到关于1月25日在埃及进行抗议活动的邀请，三天之后，共有5万名粉丝在网上选择了"会"参加抗议活动。通过"脸谱"与"推特"等网站，抗议集结地点被秘密通知到潜在参与者那里。1月25日，在没有政治组织直接组织和领导的情况下，"我们都是哈利德·赛义德"的"脸谱"用户与"四·六青年运动"的成员开始走上开罗街头进行抗议，其中有4.5万人在开罗市中心的解放广场集会，同时有2万多人在全国各地对首都进行呼应。

埃及国内的情况与突尼斯有所不同，在埃及有着多年的社会运动和政治示威经验，有工人权利组织、"四·六青年运动"及穆斯林兄弟会等公民社会组织和反对派力量，也有"我们都是哈利德·赛义德""四·六青年运动"等粉丝众多的"脸谱"用户，因而，同为新媒体环境，埃及革命中体现了意见领袖在网络和现实中的引领作用。在"脸谱"上，"四·六青年运动"和"我们都是哈利德·赛义德"群主页，以及一些名人主页，不但成为人们会面以及发动年轻人参加抗议活动的平台，更成为短信、电子邮件、"推特"和"脸谱"帖子的信息来源。随着抗议活动的深入，当更多人通过社交媒体发布公民新闻、传递革命声音的时候，这些人从某种意义上都可称之为意见领袖，从而扩大了意见领袖的范围。

埃及的示威人群毫不避讳地称自己为"脸谱青年"，意为完全依靠"脸谱"和"推特"组织起来的人。借助社交媒体，一个简单干脆的口号——"穆巴拉克下台"被塑造出来并且广为传诵，对国内政策和社会福利等多方面的不满情绪被抽象、提炼成了这个通俗易懂、简单明晰的口号。有学者称，"一·二五革命"中出现了"信息瀑布"。"信息瀑布"是指"当某个人在观察到他之前许多人的行为后，不管自身的信息而追随那些人的行为且这种追随是最优选择的时候，就意味着出现了信息瀑布"。①"脸谱"用户在"一·二五革命"中率先发起的社会抗议活动，启动了"信息瀑布"的形成过程，激发了埃及民众表达反对穆巴拉克政府统治的私有偏好，使人们意识到"希望穆巴拉克辞职"这一偏好的广泛性及其具体分布。

抗议人数持续增多，除了"我们都是哈利德·赛义德""脸谱"用户与"四·六青年运动"的成员之外，其他反对派力量也参与进来，1月28日达到约10万之众。当政权安全受到威胁的时候，为了限制示威者相互串联，1月28日，埃及政府关闭了开罗市的地铁系统，并在全国大部分地区切断互联网，关闭手机短信传送服务。手机短信服务第二天得到了恢复，但互联网接入一直到2月2日才恢复。断网行动对于政府来说得不偿失，因为在示威者看来，断网恰恰表明政府的恐惧。这一行动也激怒了很多人，他们认为现在到了必须表明立场的时刻，同时也使得某些当时至多在互联网空间上抗议的人们加入街头抗议，抗议者的人数与日俱增。在断网期间，一方面，少数精通科技的学生和公民社会领导人通过卫星电话和拨号上网始终与以色列和欧洲保持联系，通过各种手段将抗议活动的信息上传到社交媒体；另一方面，半岛电视台等传统媒体的新闻报道、人们之间的口口相传、手机、固定电话等都发挥了重要的信息交流和沟通作用，使得"信息瀑布"真正形成。

随着抗议规模的扩大，穆巴拉克政府被迫向抗议者做出了一系列让步，包括宣布解散内阁，任命新的副总理和副总统等。然而，2月1日，100万名埃及民众涌向解放广场，继续要求穆巴拉克辞职，亚历山大城、苏伊士城等地也爆发了大规模的抗议活动。穆巴拉克虽然仍然拒绝辞职，但宣布不再参加于9月举行的总统选举。2月5日，执政党民族民主党的主要领导人集体辞职。2月9日，解放广场示威青年组成"青年革命联盟"，埃及工人展开全国性罢工。2月11日，在声势浩大

---

① Sushil Bikhchandani, David Hirshleifer, and Ivo Welch, "Learning from the Behavior of Others: Conformity, Fads, and Informational Cascades", *The Journal of Economic Perspectives*, Vol. 12, No. 3, 1998, p. 992, 转引自周明、曾向红《埃及"一·二五革命"中的信息瀑布与虚拟社交网络》，《外交评论》2012年第2期。

的示威浪潮下，执政 30 年的穆巴拉克辞去总统职务，逃离开罗，将权力转交给军方。

三 "阿拉伯之春"事件中的社交媒体舆论运行机制研究

社交媒体又译为社会化媒体，是以 Web2.0（互联网 2.0）的思想和技术为基础的互联网应用，用户可以借此进行内容创作、情感交流与信息分享[①]。相较于 Web1.0 技术而言，Web2.0 更注重用户交流与互动，用户既是互联网内容的浏览者，也是互联网内容的制造者、服务的提供者、信息的传播者和行为的创新者。

关于以"推特"（Twitter）、"脸谱"（Facebook）和"优兔"（You-Tube）为代表的社交媒体在"阿拉伯之春"事件中的作用和效果，目前有三种不同的观点：第一种观点是强效果论，以华盛顿大学的 Philip Howard 等为代表的学者认为，社交媒体在运动中产生了极为关键的作用，由于网络、手机和社交媒体的运用，人们以一种前所未有的速度和规模组织起来，建立广泛的网络并组织政治运动，因而产生了不同于以往的运动；第二种观点是有限效果论，美国和平研究所的 Sean Aday 等学者认为，新媒体和传统媒体协同发挥作用，很难将新媒体的作用从传统媒体中剥离出来，社交媒体主要产生了向国际社会发出声音的"扩音器"的作用；第三种观点是弱效果论，以 Malcolm Gladwell 为代表的学者认为，运动主要是由普遍的不满引起并经由传统的政治组织发动，在"推特"出现之前，革命和抗议活动就一直持续进行，因此无论社交媒体是否存在，运动都会产生并有可能成功。

在研究社交媒体的舆论运行机制以前，首先对突尼斯和埃及社交媒体的使用情况进行介绍和分析。突尼斯是非洲网络最普及的国家之一，在其 1040 万人口中，网络使用率达到 25%，其中 66% 的网络用户年龄在 34 岁以下。"脸谱"用户约有 200 万，占网民的绝大部分。突尼斯的

---

① 殷乐：《2010 年美国社交媒体发展报告》，载尹韵公主编《中国新媒体发展报告（2011）》，社会科学文献出版社，2011，第 332 页。

手机普及率约为93％，然而由于网络费用过于高昂，超过95％的手机都没有接入互联网服务。埃及人口8000万，互联网普及率为10％，其中70％的网民年龄在34岁以下。手机普及率为67％，很多手机在销售时就已经安装了"脸谱"的应用程序，埃及的"脸谱"用户达到500万。在以往的示威游行中，埃及人民已经多次使用社交媒体来进行社会动员和组织联络。事实上，埃及的抗议者之所以使用互联网和社交媒体来开展抗议活动，是因为互联网和社交媒体早已成为他们日常生活中的一部分。

（一）引发抗议运动

在本·阿里政府的统治下，突尼斯对新闻媒体和互联网实行严厉管制，严格限制外国记者入境采访，并对网络上的内容直接审查。发生于西迪布吉德地区的抗议运动与之前失败的抗议运动最大的不同是，布瓦吉吉自焚和抗议活动的视频当天就发布到"脸谱"上，并被半岛电视台转播，因而成功地将这一消息传递到西迪布吉德以外的地区。

埃及小贩哈利德·赛义德被警察殴打致死的事情也是由"脸谱"用户"我们都是哈利德·赛义德"上传到网上，激起人们的同情和愤怒，该用户也由此聚集了35万名粉丝。2012年1月，突尼斯革命成功的消息激励了埃及人民。由于认识到社交媒体在突尼斯人民推翻本·阿里政府中的巨大作用，埃及抗议者从一开始就通过"脸谱""推特"等社交媒体发动抗议运动。当"四·六青年运动"和"我们都是哈利德·赛义德"在"脸谱"上发动1月25日的示威游行时，得到了人们的纷纷响应，揭开了埃及抗议运动的序幕。

（二）实现社会动员准备

"脸谱"网站主要基于人际关系来设计，其相互关注者多是家人、朋友等"强关系"，通过"脸谱"来分享相互关注的事情。在参加有风险性的抗议活动时，这种"强关系"的示范作用可以带来安全感。因此，当人们在"脸谱"上发帖表明要参加抗议活动时，关注他的人也同样会走上街头抗议。而当其他地区的人看到"脸谱"上有如此多的人参加抗议活动时，也同样会接收到这样一个信号：是时候去参加抗议活动了。

人们将拍摄到的抗议活动视频发布到网上，也产生了极强的社会动员作用。每一次伤害和死亡，妈妈们在儿子被催泪瓦斯和实弹射击伤害之后的眼泪和尖叫，抗议和葬礼的情景，经由社交媒体的传递，在网络上成倍放大，更加点燃了人们心中的怒火。通过社交媒体记录不公平的社会事件，激发人们的愤怒情绪，使更多的人参与到抗议活动中来。

社交媒体对于抗议活动的实时报道进一步推动了运动的升级。通过社交媒体，人们得以了解抗议运动的实际情况，了解大多数人的政治诉求，也进一步激发了自身的民主意识。通过网络互动和交流，形成了强大的社会舆论，进而形成影响政治和社会进程的强大力量。

（三）启动协调联合行动

在抗议活动中，人们通过社交媒体协商抗议方式、时间、地点和宣传口号等，降低动员与抗议的风险，突破政府对信息的封锁。由于用户由一对一变为多对多，抗议活动在没有严密组织领导的情况下仍得以有序进行。

社交媒体的交互性使其在组织社会运动时能发挥独特的作用。抗议者通过社交媒体来发布当前的街头状况，给其他抗议者以建议。在突尼斯运动中，抗议者通过"脸谱""推特"甚至手机短信，来确定狙击手的位置、路障设置地点以及如何绕行进入示威地等。手机和网络协同发挥作用，由于手机多数没有接入网络服务，因而，短信或者电话报送的信息会通过电脑即刻发布到社交媒体上，接收到信息的人通过手机或其他方式通知参加抗议活动的人。

"我们都是哈利德·赛义德"的"脸谱"群主页成为埃及抗议者获取信息的重要来源，该网页还提供了一些实用的建议。比如关于抗议者需要注意的问题，就给出了以下建议：仅携带埃及国旗，不要有政治象征和暴力行为，不要扰乱交通，随身携带足够的水，不要带身份证件等。在"推特"上也有人贴出详尽的卫星地图图片，用箭头标明可以避免被政府武装袭击的路线图。在埃及政府断网之前，社交媒体上预先出现了防范建议，包括被逮捕或者被催泪瓦斯攻击时该怎样做，当网络被禁时如何使用替代方式传递信息。

（四）持续聚合并传播抗议信息

对于突尼斯来说，抗议信息的传递尤为重要。当大规模抗议活动在 Thala 和 Kasserine 地区发生时，警察封锁了道路，并通过残酷的屠杀来镇压抗议活动。虽然这些地区没有稳定的网络接入，警察却不能像在 2008 年的加夫萨矿区抗议活动中一样阻止信息的传播。人们用手机和相机记录警察的暴行，积极分子将存有视频和照片的存储卡装到拖鞋里，扔到邻近的阿尔及利亚边境。这些卡再被转到突尼斯市，被积极分子上传到网上。社交媒体突破了国界的限制，突尼斯抗议者在"推特"上发布的信息得到了来自世界各地网友的回应和支持。很多公民记者参与传递信息，他们"一手拿石头、一手拿手机"，随时拍摄周边发生的事情并发送到网上，使其他国家和地区的人都能了解到发生在当地的流血冲突事件。对于侨居海外的突尼斯人来说，"脸谱"网站是他们了解亲友情况的一个最主要的方式。社交媒体使得他们随时知晓正在发生的事情，从抗议活动一开始，"推特"和"脸谱"网站就充满了随时更新的抗议活动的照片、视频和亲历描述，真实世界和虚拟世界如此紧密地结合在一起。突尼斯侨民积极支持国内的抗议运动，侨居德国柏林的萨米·本·加比亚（Sami Ben Gharbia）就开设了 Nawaat.org 网站，聚合各种抗议信息，提供实用的建议。

埃及的积极分子负责将来自抗议者的报告传送给联合国人权观察员，并将抗议者拍摄的影像资料上传到社交媒体，这些影像资料会被英国广播公司、半岛电视台等国际新闻机构的记者采用。无处不在的摄像手机提供了丰富的关于抗议活动的照片和视频，抗议者拍摄的资料不仅包括解放广场的抗议活动，还有街头巷尾的示威游行，由于埃及人对自己国家的了解，他们提供的关于这些重要政治事件的新闻被认为是最可信的。特别是在 1 月 30 日，当设在开罗的半岛电视台办公室被勒令关闭、记者被吊销当地执照之后，来自抗议者拍摄的视频成为半岛电视台的主要视频来源。积极分子在解放广场建立了"媒体工作室"，大量搜集人们拍摄的视频和图片并上传到社交媒体。还有人专门负责将抗议者发布的推讯翻译成英文，转推给非阿拉伯语的用户。

在埃及政府切断互联网服务将近一周的时间内，抗议者们被迫寻求替代性的解决方案，诸如通过 FTP 账号将视频上传至国际新闻机构，或者通过固定电话拨号上网的方式来连通邻国的网络服务，虽然网速很慢，却也能够将本地发生的事情通过"推特"发布出去。他们还通过私运进来的卫星移动电话和拨号调制解调器来与全世界交流，这些设备是不依赖于埃及网络设施的。抗议者们也得到了来自国外的援助。谷歌公司和"推特"联合专为埃及断网状况推出了一个新的语音服务，只需给特定号码拨打语音电话，在没有网络的情况下，也可以发布和接收推讯。很多埃及抗议者是由其在国外的亲友电话告知这一新技术的。通过"推特"的联系，他们得到了更多来自国外的支持和援助，他们关于抗议活动的实时报道和提供的相关信息，也即刻影响到国际舆论。在抗议活动中，信息"滚雪球般扩大"，因为在"脸谱"和"推特"等社交媒体的信息传递中，信息不是从个人到个人，而是从一个人的网络到另一个人的网络，在社交媒体上发布的任何信息都会传递给数十、数百甚至上千人。

（五）广泛的沟通互动

在突尼斯和埃及运动中，社交媒体起到了非常重要的沟通作用：从单独的抗议者到社会公众，从用户生产的内容到主流大众媒体，从当地的抗议活动到国际社会的关注。正是通过社交媒体这一桥梁和媒介，才将这些要素有机地结合起来。人们利用手机、相机等拍摄抗议活动的视频和照片，通过社交媒体的传递，再被半岛电视台以及阿拉伯世界的传统主流媒体所引用，成为传统媒体的重要信息来源，进而被世界各地的主流媒体所报道。社交媒体成为重要的枢纽，通过与传统媒体形成的强大合力，突破了政府的新闻封锁和信息控制，使得过去被西方主流媒体所忽略的抗议活动和被阿拉伯媒体扼杀的内容得到了传播。

（六）推动网络公共领域的形成

"公共领域是国家与社会之间、公共权力领域与私人领域之间的中间地带，是公众参与公共事务、对公共事务进行讨论和批判，并对国家与社会之间的关系进行协调的公共空间。"① 网络公共领域在一定程度上是传统公共领域的延伸。突尼斯的社交媒体从一定程度上推动了网络公共领域的形成，通过对"推特"和博客的研究可见一斑。

由于"推特"用户具有较高的受教育程度和拥有个人资产，而且更多生活在大城市，因而"推特"成为实时传播抗议活动信息的一个关键载体。人们在发表推讯时，往往使用标签来突出关键词或主题，从"推特"标签的衍变可以看到人们所关注和讨论内容的变化。当抗议活动最初在西迪布吉德地区发生时，以"西迪布吉德"作为标签的推讯大量涌现，并出现了很多评论；随着抗议运动扩展到突尼斯全国，"推特"标签也从"布瓦吉吉""西迪布吉德"转为"突尼斯"。

突尼斯的博客圈提前数日预测了现实生活中将要发生的事情，通过浏览突尼斯博客圈的内容结构和链接，能够描绘出政治改革的思想进展轨迹。突尼斯的很多博客作者都是本·阿里政权的积极反对者，在抗议运动之前，对经济不满和要求推行民主的关键词和主题早已出现。

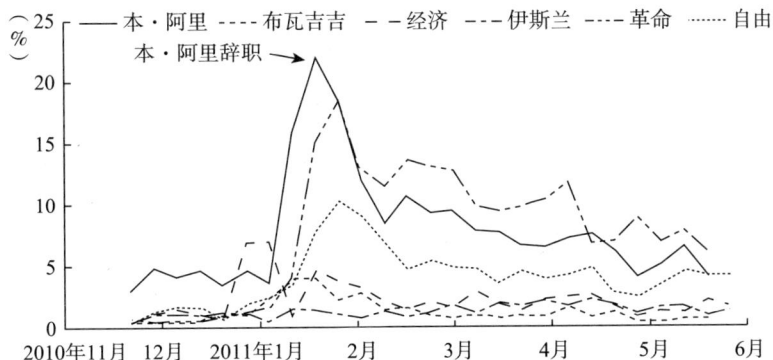

图 1-2　根据关键词不同，突尼斯博客政治帖子百分比②

注：本图代表内容含有六个关键词的博客的百分比，基于通过 eCairn 抓取的开始于 2010 年 11 月 20 日的数据进行分析。

---

① 熊光清：《中国网络公共领域的兴起、特征与前景》，《教学与研究》2011 年第 1 期。

② Philip N. Howard, *Opening Closed Regimes: What Was the Role of Social Media During the Arab Spring?*

图 1-2 追踪了 2010 年 11 月至 2011 年 5 月在突尼斯博客圈里六个最重要的关键词。正如"推特"流量曲线与街头抗议运动一致，突尼斯博客圈所讨论的话题也与政治自由的公共利益密切相关，通过博客圈关注的内容变迁，可以显示网上政治对话和线下运动之间的关联性。在11 月、12 月，博客的内容主要集中于经济衰退和本·阿里的独裁统治。在 2010 年 12 月 17 日，当布瓦吉吉自焚之后，突尼斯博客圈关于自由、革命和本·阿里的领导的内容激增。当 2011 年 1 月初布瓦吉吉死亡之后，话题更多地集中于他的悲惨境遇，之后在很短的时间内，关于自由和革命的讨论量急剧增长，只有少量博客谈论作为政治主题的伊斯兰，对于经济问题的关注也日渐减少。在 2011 年 1 月 14 日本·阿里逃离之后，关于革命和自由的主题的讨论达到了顶峰，因为他的继任者加努西被很多人视作旧政权的一部分。在 1 月的第三周，18% 的突尼斯博客是关于"革命"的，另有 10% 在讨论"自由"。据统计，该周街头抗议者人数有 4 万人至 10 万人，达到了一个相对的高潮。"革命"成为突尼斯博客的政治主题。2 月 27 日，至少有 10 万人参加集会，随后加努西被迫辞职。网上议论的峰值与街头示威运动一致，博客中的内容也直接反映了公众的情绪。这些足以说明，社交媒体推动了网络公共领域的形成，并进而对社会和政治产生了潜移默化的影响。

在埃及社会中既有传统的公民社会组织，又有在互联网环境下形成的虚拟网络公民社会。传统公民社会组织包括"行业工会、工会、商会以及宗教慈善机构、非政府组织"①，是在埃及经济、政治、社会等领域改革逐步深化的过程中初步发展起来的。互联网特别是社交媒体，为埃及人民提供了一个具备辩论、驳斥和动员等功能的网络公共政治空间，人们聚集在这里，以较为便捷安全的方式开展深入、充分的政治讨论，形成一致的观点甚至进行决策。人们通过社交媒体发表挑战社会和政治主流观点的意见，为民意的形成和运动的爆发培植了深厚的土壤。借助网络平台进行联络和动员，构成了一种虚拟化的网络公民社会，最

① 马晓霖主编《阿拉伯剧变：西亚北非大动荡深层观察》，新华出版社，2012，第 216 页。

终转向实体的组织化公民社会，并通过发布行动和指令，号召人们参与抗议示威活动，将舆论诉诸行动。在"一·二五革命"的最初阶段，传统的公民社会组织并没有发挥主导作用，而是由网络虚拟社会发展到线下，率先发起抗议活动。随后，传统社会公民组织在网络动员下参加抗议活动，联合施加强大的压力，最终迫使穆巴拉克政府辞职。

通过对突尼斯和埃及革命中社交媒体舆论运行机制的研究，我们发现，社交媒体在引发抗议运动、动员和组织、传播信息、营造网络公共舆论等方面都发挥了不可替代的作用，社交媒体从一定程度上推动了突尼斯和埃及的剧变。

第三节　台湾地区 2015～2016 年"选战"中"蓝""绿"阵营舆论博弈现象分析

纵观 2015 年 7 月至 2016 年 5 月台湾地区"选战"期间国民党和民进党的舆论博弈，具有舆论战中如何开展舆论布局和发挥舆论机制效能的典型田野案例价值。选战的结果众所周知，以国民党败选收场。在台湾地区"大选"期间，国民党和民进党的舆论战，除了日常双方利用代表各自阵营，即"蓝营"和"绿营"的媒体进行舆论攻防战，在一些重大的、突发性事件发生并影响选情的关键节点上，双方更是使出浑身解数，来作舆论造势，以引导岛内外舆论、影响台湾选民的判断。为研究这次台湾选战的舆论生态，本课题负责人于 2015 年 7 月初赴台，做了为期一年的田野调查，完整地观察了此次选战的全过程。根据对代表双方阵营的主要媒体和街头选战活动的观察研究，结合和普通民众及大学新闻传媒专业的专家学者的调研和访谈，笔者归纳了台湾 2015～2016 年大选期间，国民党蓝营阵线在运用舆论这个手段方面失误、民进党绿营阵线在舆论战中频频得手的一些现象，并就此做些初步的分析和研究，以供参考。

（1）民进党从选战一开始，就有计划、有组织地运用绿营的媒体，传播他们的选举政纲，运用舆论包括大众传媒舆论和街头广告、街头宣传造势活动，打出蛊惑和煽动民众情绪的口号。这些口号，是经过精心策划的，如抓住台湾选战前香港发生的"占中"事件，以此为舆论宣传的切入口，适时提出"选择国民党、台湾变香港"的打压国民党的竞选口号，煽动台湾民粹主义的思潮，以图加深台湾民众对大陆的疏离感甚至是恐惧感。而反观国民党，虽有蓝营媒体和民众的支持，但是提不出有利于舆论传播的朗朗上口的反制民进党的竞选口号，在开展舆论战的气势上，首先就输给了民进党。

（2）国民党和民进党双方运用舆论进行博弈时，在态度、力度、广度和效度等方面存在较大的差异。这次大选，由于时值国民党执政，所以从实际情况来看，国民党处于守势，而民进党要求实现政党轮替执政，早早就推出了党主席蔡英文作为竞选人，这样民进党明显处于攻势一方。面对民进党方面咄咄逼人的竞选舆论攻势，国民党阵营仓促应战，由洪秀柱自告奋勇，接过国民党交给的参选战旗。蓝营内部的纷争、不睦，让民进党有隙可乘，因此，绿营的媒体大肆炒作蓝营的内部矛盾，嘲笑洪秀柱的参选，丑化、矮化国民党，给民众灌输国民党已日薄西山、朝中无人的刻板印象。而反观国民党方面，代表其立场的媒体，对洪秀柱的支持和舆论宣传，始终不够积极主动，对绿营的打压和嘲笑，没有给予有力的回击。这样给民众造成了洪秀柱孤身奋战的印象。更难堪的是，洪秀柱参选不久，就有绿营的舆论放出风来，蓝营要拔柱换朱，可开始时，蓝营矢口否认。而到了选战进入白热化的关键时刻，国民党方面却突然换将。台湾民众对洪秀柱一介弱女子遭国民党如此对待的反应，自然是将同情给了洪秀柱，将不满和不屑留给了朱立伦和国民党。蓝营的舆论战在力度上软弱，在态度上摇摆，在广度上缺乏像绿营在媒体与街头竞选广告和活动中的铺天盖地的投入，因此，在效度上蓝营在岛内舆论和民意上始终处于下风。

（3）国民党蓝营对于民进党绿营所使用的制造舆论的手法缺乏清醒的认识，不但没有给予揭露和正面反击，相反被绿营的这种有违新闻舆论传播伦理道德规则的舆论炒作牵着鼻子走。国民党在舆论博弈这方面的失误，是造成国民党中途换下洪秀柱作为参选人的一个重要原因。

在整个选战过程中，绿营在操弄民意调查方面使用了很多的手法，一是频率密集，三天两头就会在绿营的媒体公布所谓的民调结果，以达到选战造势和左右民意的效果。二是这些所谓的民调，要么是代表着绿营立场的调查公司发布的，要么干脆就是代表绿营的媒体自己杜撰的。如代表着绿营的深绿报纸《自由时报》，常常在头版显要位置刊登自己做的所谓民意调查结果，以此来打压国民党候选人。

反观国民党蓝营阵线，不仅鲜有对绿营这种不按新闻舆论专业操守规则出牌的行为给予有力的揭露和回击，反而跟着绿营操弄的民意调查结果起舞，普通民众对于新闻舆论的专业运作知识甚少，难免被绿营的这些所谓"民调"所蒙骗，造成国民党在舆论博弈的过程中处于被动挨打的局面。

（4）在选战过程中，每逢发生有可能影响选战舆情的突发性重大事件，国民党蓝营和民进党绿营的舆论在应对这些突发性重大事件时，在态度、力度、广度和效度上，也是有明显差别的。绿营方面往往善于利用这些重大的突发性事件作为引发舆论的诱因，在抢占先机上下功夫，以获取舆论上的"首应效应"。并且娴熟老辣地操弄岛内的民粹主义思潮，以此作为向国民党当局发难的手段，打压国民党蓝营的选战舆论，造成有利于绿营的舆情环境。在整个选战过程中，有几个影响选战舆情的重要节点。这些都是和一些重大的突发性事件联系在一起的。如2015年7月开始的"反课纲事件"，2015年9月上旬原国民党主席连战偕夫人参加在北京举行的纪念中国人民抗日战争暨反法西斯战争胜利70周年纪念活动，2015年10月国民党中途撤换洪秀柱参选人资格、换朱立伦参选的事件，2015年11月上旬习近平与马英九会谈，这些重大的或突发性的事件，对当时的选战舆情产生了重大影响。但是，在这些事件中有可能给国民党蓝营选情带来利好和转机的机会，却由于蓝营在思想认识上的偏差和把握不当以及失误性的操作，而与其失之交臂。相反，恰恰给民进党绿营留下了舆论操控的空间和机会，这里我们以蓝营和绿营对"习马会"的舆论博弈为例，作详细分析。

2015年11月7日15：00，两岸领导人在新加坡香格里拉饭店进行了长达 80 秒的"世纪之握",这是 1949 年以来两岸领导人的首次会面。此次会晤建立在"九二共识"的政治基础上,对于两岸具有重大政治意义。

"习马会"消息一出,即迅速登上了国际和两岸媒体的头版头条,各大媒体都对此次会晤进行报道与评论。大陆与台湾的媒体在此次报道中就呈现出了不同的框架,大陆媒体对此次会晤赋予了更多和平的意味,台湾舆论界的情况如何呢?本研究以台湾的两大报纸《中国时报》与《自由时报》作为研究对象,采用框架理论的分析方法,截取"习马会"新闻报道的集中时间段 2015 年 11 月 4~11 日共七天的时间进行报道分析,并整理出《中国时报》120 篇、《自由时报》133 篇,对这253 篇文章进行分析。两家报纸都是台湾四大报纸之一,其中《中国时报》较倾向于国民党,在台湾是泛蓝的报纸,而《自由时报》倾向于台湾绿营,是深绿的媒体。本研究对两家媒体的消息来源、新闻议题、整体报道倾向进行了框架分析,其中对新闻议题类做了二级议题框架。整理和分析的结果如表 1-2。

表 1-2 《中国时报》与《自由时报》报道倾向表

数量（篇）	赞扬类	批判类	中立类	客观类	总数
《中国时报》	72	6	18	26	122
《自由时报》	0	123	2	18	143

从上面的分析结果可以看出,《中国时报》赞扬类的最多,批判类的最少,但是从整体来说,《中国时报》客观类与中立类报道占有一定比例,而且相对于《自由时报》多。而《自由时报》的报道倾向很明显,批判类的占据了主要的报道倾向,对"习马会"甚至没有一篇是持赞扬的态度。[①] 本研究的发现是:《中国时报》的态度和立场与大陆媒体的立场是相似的。即将两位领导人描述为两岸和平的开启者,并且

---

① 需要说明的是,《中国时报》的 122 篇报道中,援引岛外媒体报道 14 篇,《自由时报》的143 篇报道中,援引岛外媒体报道 11 篇,加起来一共 25 篇。

认为"习马会"是和平的信号，是政治进展的新里程碑。这场会面对等且尊严，建立在"九二共识"的基础之上，《中国时报》大量引用了蓝营与大陆学者的观点，从性质、影响等各个方面认为"习马会"是有益于台湾的。而《自由时报》的态度是认为"习马会"非法不透明，"暗箱操作"、践踏民意。《自由时报》从各个角度来批判"习马会"，马英九被称为"坡鸭总统""软弱马"，认为马英九"能力不足、高度及层次都不够"。"失去民意的马英九为了影响 2016 年的政治选举，出卖台湾，出卖'中华民国'，台湾丧失'一中各表'，没有了对等没有了尊严，对经济、军事也没有任何效果。"刊发抗议类的报道也打造出了台湾抗议不断的镜像。《中国时报》在报道"习马会"的立场上和大陆基本一致，也和蓝营的立场一致。但是在具体操作上，《中国时报》以恪守新闻专业主义精神的面目出现，在主体刊发正面评价"习马会"的基础上，也注意平衡报道原则，刊发一些保持中立甚至是反对和批评立场的报道。而反观《自由时报》，一篇赞扬的报道也不刊登，其批判和否定的文章数量占据绝对优势，体现了"政治正确"的优先考量。《自由时报》将自诩为台湾第一大报的身段放下，无视新闻专业操守的基本要求，以强势的舆论运作，来达到裹挟民意、制造话题、引导舆论、影响选情的目的。这种无视新闻专业主义精神的舆论运作，虽然终究会遭到新闻舆论规律的唾弃和淘汰，但在选情异常复杂，选战进入白热化阶段的敏感时期，尤其是在"大选"临近的关键时刻，绿营的这种操控舆论的伎俩，在短时期内还是发挥了作用。它让不知内情的民众对绿营内部貌似团结统一的形象产生了很大的认知效果，对绿营的选战舆论所谓的强势战斗力也产生了同样的认知效果，这些都符合绿营竞选的利益和期许。而反观国民党蓝营的舆论宣传，一味以温、良、恭、俭、让的姿态出现，让所谓的新闻专业主义操守捆住自己的手脚，在大是大非的问题面前，温温吞吞、畏首畏尾、投鼠忌器，缺乏旗帜鲜明的态度和立场以及一往无前的气势，同时，在批驳对手时，不温不火、不痛不痒。其结果是在舆论的博弈过程中，常常落入下风。这种在舆论引导胜负事关竞选胜败的关键问题上，国民党蓝营在思想上不能保持高度统一、在组织上不能保持紧密团结、在政治上不能始终坚持正确方向，由此带来的后果是：在蓝绿双方激烈的舆论博弈和厮杀中，蓝营的舆论生态在内部遭遇过多的杂音、噪音的干扰，在外部遭遇绿营严重打压的双重压力下，始终显现出无力疲弱的状态，这是造成国民党蓝营在选战中落败，以致最终丢失政权的一个非常重要的原因，其教训应当引起我们的高度重视。

第四节　新疆"7·5"事件中的舆论引导机制研究

一　新疆"7·5"事件中舆论生成、扩散的机理和影响

新疆 2009 年的"7·5"事件尽管属于突发公共事件①，但又与地震、矿难、食品安全等其他类型的突发公共事件有着本质的区别。事实证明，这起严重打砸抢烧暴力犯罪事件与国际恐怖主义组织有着千丝万缕的联系，是带有浓厚恐怖主义色彩的社会安全事件。因此，"7·5"事件在舆论生成和扩散机理等方面有其自身特殊的机理，对其进行研究，有助于本课题研究的开展。

（一）暴力恐怖事件中的舆论生成、扩散机理

1. 历史回溯意义上的多重舆论起点

就一般情况而言，突发性公共事件的出现与舆论生成的时间常常是一致的，即舆论的起点是单一的。而"7·5"事件的情况却比较复杂，能从历史回溯的角度找出更为隐秘、更为持久的多重舆论起点。

"21 世纪初，'颜色革命'一词在国际媒体的报道中突然出现，CNN 等西方媒体开始把镜头对准原苏联地区的国家。而当格鲁吉亚、乌克兰等国家开始大选或出现动荡时，CNN 会播出大量前方记者的直

---

① 国务院 2006 年 1 月 8 日发布的《国家突发公共事件总体应急预案》中，将"突发公共事件"分为自然灾害、事故灾难、公共卫生事件、社会安全事件等 4 类。

播报道，画面大多是：反对派领导人对当局的控诉、日夜不断的街头抗议、抗议者与警方的对峙，以及抗议者把鲜花插在防暴警察盾牌上……这样的新闻直播，在'革命'尚未发生时，就已经制造出了'山雨欲来风满楼'的舆论氛围，为亲西方的反政府力量做好了国际舆论准备。"①

从新疆"7·5"事件中，我们也能同样捕捉到多重舆论起点的线索和脉络。2005 年 3 月 17 日，热比娅赴美保外就医，她在出国前一再向政府保证，出境后绝不参与危害中国国家安全的任何活动。然而，热比娅出境后在一年内就走遍了美国的 50 个州，积极参与东突分裂中国的活动，为分裂活动造势。她在"世维会"二大上当选为主席，并筹备在美国召开"三大"，得到了美国国会部分议员和"国家民主基金会"的支持和资助。热比娅曾声称，将会在"三大"上筹划"新疆独立 50 年三步走"计划、制定针对中国 60 周年大庆为重点的渗透破坏活动等。② 2009 年 6 月 26 日，以热比娅为首的"世维会"终于等到了广东韶关事件。7 月 1 日，"世维会"慕尼黑支部号召维吾尔族人到世界各地的中国使领馆抗议，不遗余力地为"7·5"事件的爆发煽风点火。

由是观之，较之于单一的舆论起点，突发暴力恐怖事件的多重舆论起点能够积蓄更为持久的舆论负能量，聚集更为广泛的舆论关注，制造更为耸人听闻的舆论氛围。因此对类似"7·5"事件之前的多重舆论起点进行敏锐的监测、捕捉和梳理，将是未来舆论引导必须重视的工作之一。

2. 民族分裂主义分子充当"意见领袖"，造谣惑众

作为擅长为他人提供信息、对他人施加影响的活跃分子，"意见领

---

① 转引自曾婕、石长顺等：《重大突发公共事件中的广播电视舆论引导能力研究》，湖北人民出版社，2010，第 277 页。

② 1999 年 8 月，热比娅因危害国家安全罪被批捕。2000 年 3 月，乌鲁木齐中院以向境外组织非法提供国家情报罪，判处热比娅八年徒刑。服刑期间，热比娅个人提出保外就医申请，出于人道主义考虑，司法部门同意其申请。相关内容参照中国政协新闻网：《热比娅其人：从新疆首富到阶下囚》，2009 年 7 月 8 日，http://cppcc.people.com.cn/GB/34952/9612923.html。

袖"在人际传播和大众传播中的作用的确不容小觑。然而"意见领袖"一旦致力于从事暴力恐怖活动和民族分裂活动，其社会危害则是难以估量的。在"7·5"事件中，充当"意见领袖"的热比娅等人通过不断制造谣言，达到蛊惑人心的险恶政治目的。

在"7·5"事件之前，热比娅便依托"世维会"先后利用新疆喀什老城改造、伊犁河谷资源考察、双语教学、莎车县汉族教师猥亵维吾尔族女学生案等大肆造谣，煽动民族对立情绪，散布东突独立思想，在新疆及境内其他地方发动组织大规模闹事活动。2009年6月26日，广东韶关事件一出，热比娅更是直接授意"世维会"网站别有用心地捏造和刊登出了虚假信息："此次事件中一共有18名维吾尔族员工死亡，其中包括3名维吾尔族女孩，还有600多名维吾尔族人下落不明。"这一信息通过互联网大肆向境内外传播，谣言的影响越来越广。① 可以说，一个时期以来，热比娅以"意见领袖"的姿态制假、造假，混淆视听、煽动民族仇恨，致使一些不明真相的群众受到欺骗和蒙蔽。

总的来看，热比娅披着"宗教""民主""和平"的外衣进行分裂国家的行动。在这些"意见领袖"的口中，民族分裂活动被说成是民族矛盾、暴力运动被说成是非暴力运动，事实被赤裸裸地扭曲为别有用心的谎言。而在这些"意见领袖"的背后几乎都隐藏着境外组织和西方反华势力，他们将热比娅看做其在华寻求政治利益的代言人和发声者，不仅为其提供从事分裂国家的资金、负责培训人员、提供武器以及各种帮助，同时还精心策划和操纵国际舆论，颠倒黑白、嫁祸中国政府，以损害中国的国际形象。

3. 利用通信技术和新媒体实施情报搜集和舆论煽动

如果从全球视野来考察的话，今天通过充分发挥移动通信技术和互联网技术（比如"推特""脸谱网"等社交工具）以发展出类似"颜色革命"这样一套全新的政权更迭和颠覆的策略，已经成为以美国为

---

① 《乌鲁木齐"7·5"事件始末》，新浪网，2009年10月16日，http://news.sina.com.cn/o/2009-10-16/023616444515s.shtml。

首的西方国家的共识。美国"前国防部长拉姆斯菲尔德曾提出,'新军事变革'依靠的是高度灵活的作战分队,再加上实时情报和通信保障。我们看到的'颜色革命'就是该原则的民用翻版。从军事上看,作战分队依靠'智能头盔'提供的实时环境信息来控制周边环境;从民用上看,一帮年轻人可以通过手机联系聚集到约定地点"。①

在新疆"7·5"事件中,通信工具和网络更是为暴力恐怖活动的开展增添了隐蔽性、突发性和不可控性。具体来讲,"随着互联网技术飞速发展,多样化的网络应用发展迅猛,网民群体急剧增长,网上传播宗教极端思想、煽动暴恐犯罪、捏造散布谣言等违法犯罪活动也随之抬头,对新疆的社会安定团结大局造成不利影响"。②

——从2009年7月1日凌晨起,疆独分子便在清风网、露水网等21个维语网站和"我们的维吾尔"等100多个QQ群发表聚众闹事信息。并将2007年4月7号一名叫朵阿的红衣少年被一群人用石块殴打致死的视频录像加以剪辑,强调这是一个维吾尔族女孩,殴打她的人是汉族人。

——7月3日,这段伪造的视频通过互联网传入境内,为聚众闹事煽风点火、推波助澜。

——7月4日晚,一些网民在QQ群、论坛和个人空间发帖,呼吁7月5日17时在乌鲁木齐人民广场、南门聚集,响应"世维会"在境外组织的游行示威。

众所周知,包括QQ、MSN等在内的网络自媒体,越来越呈现出私人化和即时性的特点,而一旦这些网络应用为暴力恐怖分子所掌握,那么其社会危害性将是无法估量的。在此次新疆"7·5"暴力恐怖事件

---

① 〔美〕威廉·恩道尔:《目标中国——华盛顿的"屠龙"战略》,戴健、顾秀林、朱宪超译,中国民主法治出版社,2013,第31页。

② 《去年新疆发生近200暴恐袭击案东伊运组织加紧渗透》,西部观察网,2013年11月25日,http://www.guancha.cn/local/2013_11_25_188081.shtml。

中，公安部门已经发现了这一趋势，但一直苦于对这些网络传播的新形式没有更为有效的监管手段，即便是发现了违反法律法规的不当言论，也无法实行对其海量信息的准确过滤和甄别。值得一提的是，2014 年 7月 10 日，"新疆伊犁、博州、乌鲁木齐、阿克苏、吐鲁番、克州、和田7 地州市人民法院分别对 11 起涉暴恐音视频犯罪案件进行公开宣判，32 名被告人中 3 人被判处无期徒刑，其余 29 人被分别判处 15 年至 4 年有期徒刑。这批案件均为利用手机、互联网等存储、下载、传播宗教极端、暴力恐怖音视频，进而从事组织领导参加恐怖组织、非法制造爆炸物、煽动民族仇恨民族歧视、传授犯罪方法等犯罪的典型案件。"① 这无疑标志着司法机关已经逐渐掌握暴恐分子依靠各种新技术实施情报搜集和舆论煽动的手段，并已坚定决心予以打击。

另外，分裂分子大都借助境外网站从事煽动分裂活动，而监控境外网站是一个世界性难题，不仅存在技术难题和法律适用性问题，而且如果不能事先锁定具体网站，对多如牛毛的各类网站很难一一实施同步监控。对中国这样的发展中国家来说，如果事先不能根据情况锁定境外具体网站，难以同步监控可能煽动暴力活动和民族分裂活动的网站。② 鉴于此，今后我国舆论引导工作要想取得新成效、形成新格局，必须在媒介传播技术层面上有所突破，不仅要加强大众传媒的环境监测功能，更要提升专业网络监测、监控的技术水平，对各种形式的恐怖主义能够开展更为主动、更为隐秘的事前跟踪，谨防其从涉及民族宗教等敏感问题的舆论生成危机、扩散危机演变为现实生活中的暴力恐怖危机，从而避免人民群众的生命财产遭受到严重损失、避免形成大范围的社会恐慌。

4. 利用部分西方媒体进行偏见性的舆论传播

就在中国民众为新疆 "7·5" 事件感到震惊、愤怒和难过的时候，部分西方媒体却在持续不断地进行着不实报道和偏见性传播。

---

① 《新疆集中宣判 11 起涉暴恐音视频案 32 人获刑》，中新网，2014 年 7 月 10 日，http://www.chinanews.com/fz/2014/07‑10/6373976.shtml。

② 林凌：《"7·5" 暴力事件的网络舆论传播特点及引导策略》，《当代传播》2009 年第 5 期。

——2009 年 7 月 6 日，美国《纽约时报》在报道此次事件时配发了大量图片，其中一张图片说明称"受伤的维吾尔族人躺在医院中"，然而，照片中可以清晰地看到，病床墙上的床号上标明"32，刘永合"。

——同日，卡塔尔半岛电视台采访"疆独"头目热比娅，热比娅就拿出事先准备好的大幅照片，称"我的人民被围在中国军队中间，他们怎么可能发动攻击呢"。随后，有环球网网友发现，热比娅使用的照片竟然是今年 6 月湖北警方处理群体性事件的一张照片。而这张照片还被诸多外媒刊发。①

——美国 CNN 不惜笔墨描述防暴警察如何"围攻镇压示威者"，而对暴徒追杀无辜市民的事实则一笔带过，并且为其寻找所谓的理由。

——美国《华尔街日报》报道则称维吾尔族是"抗议者"，汉族是"暴徒"，甚至标题是"乌鲁木齐的起义"，副题是"北京镇压了穆斯林少数民族"。

——英国 BBC 甚至将中国政府公开透明的做法歪曲为"欲擒故纵控制媒体报道"。

——法国《费加罗报》称中国"自 18 世纪开始蚕食新疆"，并"在共产党上台后继续这样做"，还称赞"疆独"是"令人赞赏的精英"。一些媒体还刊登"世维会"主席热比娅的文章《维族人暴乱的真实故事》。

新疆"7·5"事件中，西方媒体通过"移花接木，改变事件性质""厚此薄彼，让自己支持的一方拥有更多话语权""玩弄文字，给中国贴上标签""拼凑材料，以不公正的背景材料来实现其不公正的目的"

---

① 相关内容参考《西方媒体刻意歪曲新疆"75"事件纪实》，西部商报新闻网，2009 年 7 月 14 日，http://www.xbsb.com.cn/xbsbnews/news/cnews/2009-07-14/9314.html。

等"招数"① 来抹黑中国，倾向性极为明显。从这些舆论的生成和扩散中，我们不难发现西方媒体对中国的成见之深并非短时间能够改变，其背后隐藏着更为深刻和复杂的政治目的和经济目的。这也是外媒对发生在中国的暴力恐怖事件进行不客观、不公正的舆论传播的根本原因所在。事实上，西方媒体在反恐报道上推行的双重标准、对恐怖事件定性的模棱两可等种种行径无异于纵容恐怖主义，是对新闻职业操守和新闻专业主义精神的"底线突破"。当外媒频频将对准我国的恐怖活动与"人权"和"民主"问题联系在一起的时候，中国民众和舆论应保持足够的理性，深刻认清暴力恐怖事件中舆论生成和扩散形成的影响，不为"舆论噪音"所干扰和左右。

（二）暴力恐怖事件中舆论生成和扩散形成的影响

1. 社会和谐稳定层面

近年来，发生在我国境内的各种暴力恐怖事件及其相关舆论的生成和扩散给社会的和谐稳定带来了极大的负面影响，特别是有关这方面的舆论扩散所造成的无形的传播效果，加剧甚至扩大了暴力恐怖事件本身的危害性。在很多情况下，由于信息传递的不及时和不充分，很多不明真相的民众容易在不实言论的裹挟下产生恐慌情绪，甚至还有可能对党和政府的某些举措产生误解，从而被别有用心的暴力恐怖分子所利用，引发各种新的对抗和冲突。2014 年 3 月 1 日 21 时 20 分左右，云南省昆明市昆明火车站发生了一起由新疆分裂势力组织策划的严重暴力恐怖事件，共造成 29 人遇难、143 人受伤。而就在人们沉浸在悲痛和表达对恐怖暴力行径愤怒情绪之中的同时，各种谣言也开始在网络上兴风作浪。比如：

> 3 月 2 日，一网名为"张芙珍"的网友在腾讯微博发表博文称："12 点多在美兰机场抓了两个新疆人，口供说，有人出 1 个亿

① 相关内容参考《"7·5"事件报道透露出西方媒体的"傲慢与偏见"》，中国网，2009 年 7 月 14 日，http://www.china.com.cn/international/txt/2009-07/14/content_18130812.htm。

让他们来海南暴乱，总共有 200 多个新疆人，下一步可能是三亚，海口，琼海，酒吧，求扩散！大家这几天都要小心啊。扩散出去！！！明天周一，强烈呼吁政府近段时间加强幼儿园、中小学周边及校内安保工作，为了孩子们的安全……"

3 月 3 日，一个网名叫"冰冰"的网友 9：51 在腾讯微博发表博文称："各位朋友，在海口博爱南有新疆人挟持人质，当场让警方暴毙太可怕了，新疆人到达了海口，所有可以看到这条信息的朋友请马上转发，并告诉自己家里人或没有微信的亲人，注意安全第一！！！"

3 月 4 日，网民"旧梦失职．凌乱一世浮沉"在腾讯微博发表博文，称"恐怖分子以（已）来昌江了，大家请注意，有 50 名新疆黑衣服的男子进入了昌江杀死正在逛街那些人，有的人受了伤正在医院拯救中。大家出门在外小心啊"。①

上述谣言的散布在很大程度上引发了社会的恐慌，公众在一时难以校验信息真伪的情况下，自发地选择了"宁可信其有，不可信其无"的"自保"策略，并出于关心在朋友圈里大为传播，对社会和谐稳定造成了不良影响。另外，如前所述当前暴力恐怖事件中舆论的生成和扩散已经广泛借助先进的通信技术和新媒体技术，其所酝酿和传递的舆论压力一旦未被及时疏散和宣泄，则会不可避免地导致社会动荡的产生。正是从这个角度出发，今后我们必须要对暴力恐怖事件中由舆论生成和扩散所引发的社会危害给予高度重视和科学应对，要在与"三股势力"尖锐的"舆论战"中进一步掌握主动权，并且不断增强危机意识和责任意识，牢牢把握舆论的主动权，以"舆论之盾"努力规避、降低暴力恐怖事件所带来的现实危险，全力维护社会的和谐稳定。

2. 国家和政府形象层面

我们正在努力向外树立中国改革开放的良好形象，以便营造更为有

---

① 相关谣言内容参考《海南 3 网民发布"恐怖分子来海南"谣言被查处》，中国网，2014 年 3 月 5 日，http://news.china.com.cn/2014 - 03/05/content_31677974.htm。

利的国际舆论环境。但从近几年的经验教训来看，暴力恐怖事件的舆论
生成和扩散过程一旦失控，则会给国外某些媒体和政客以可乘之机，联
手损害我国的国家形象和政府形象。在新疆"7·5"事件中，那些长
期试图"唱衰"中国、"抹黑"中国的"意见领袖"和"外媒"充当了
暴力恐怖事件舆论生成和扩散的幕后推手，他们不遗余力地将暴力事件
的发生归咎于中国政府，指责是中国政府的行为直接刺激和导致了当地
的动荡。不仅如此，"疆独"分子还擅长以"民主""自由"的名义在
舆论上对中国政府加以谴责，质疑中国政府处置恐怖主义的合法性。因
此，我们必须从维护国家和政府形象的高度来正视和剖析暴力恐怖事件
的舆论生成和舆论扩散的机理，在今后与暴力恐怖事件的舆论交锋中显
示出更为从容有度的应对姿态，积极掌握相关舆论生成和扩散的主动
权，避免恐怖主义、分裂主义和极端主义对我国的渗透和破坏。

3. 公众认知和态度层面

近年来，受极端宗教思想和分裂主义的影响，新疆各地暴恐事件
频发，并开始由新疆外溢到内地。现代国际关系研究院反恐研究中心
主任李伟认为，现在我国面临着严峻的恐怖威胁态势，恐怖袭击从局
部向全局扩散，活动数量高发，手段更加多变。2014 年 4 月 30 日，
乌鲁木齐火车南站发生一起严重的暴力恐怖袭击事件，暴徒在出站口
接人处持刀砍杀群众，同时引爆爆炸装置，造成 3 人死亡、79 人受
伤。2014 年 5 月 22 日 7 时 50 分许，有 2 辆无牌汽车在新疆乌鲁木齐
市沙依巴克区公园北街一早市冲撞群众，造成 31 人死亡、90 余人受
伤。而在暴力恐怖事件舆论生成和扩散的过程中，置身于负面舆论与
正面舆论、境外舆论与境内舆论、传统媒体舆论与新媒体舆论之间激
烈交锋的广大公众则成为各种话语权竞相争夺的对象。诚然，随着媒
介素养的提升，公众已再不是以往传播学中所认定的"乌合之众"或
者是"消极被动等待中弹的靶子"，但在一个信息爆炸的时代，公众
在真相识别的问题上仍然不折不扣地属于弱势群体。特别是在公共安
全事件突发之时，公众认知极易为各种信息所遮蔽，进而产生各种错
误的态度甚至是行为。从这个意义上说，暴力恐怖事件的舆论生成与

扩散对公众的影响甚巨。在新疆"7·5"事件中,有一部分不明真相的群众正是听信了境外分裂分子的谣言蛊惑才盲目地加入了打砸抢烧的行列中,而一些外国媒体和公众也是在不甚了解新疆历史的情况下才参与到了偏见性的舆论传播中。

二 新疆"7·5"事件舆论引导机制研究

新疆"7·5"事件后,中国政府和媒体在第一时间展开了新闻报道和舆论引导,多次召开新闻发布会,并邀请国内外媒体记者到事件发生地进行采访,积极引导国际舆论。中外媒体在新闻现场采访得到的大量资料,在处理危机、引导舆论的过程中成为确凿证据,发挥了重要作用。

1. 按照《政府信息公开条例》对突发公共事件信息公开的要求,及时展开全面报道和舆论引导,澄清谣言

热比娅曾在接受外媒采访时,将"石首事件"照片谎称为新疆"7·5"事件照片,而这些照片在新疆"7·5"事件发生一个月前就已刊登在一家网站上,实际是媒体在对湖北石首一起群体事件进行报道时配发的图片,和"7·5"事件毫无关系。"世维会"还将杭州萧山某交通事故现场照片说成是"7·5"事件暴力现场,并利用网络媒体具有公开性和渗透性、跨国性的特点,妄图制造社会动荡和纠纷,煽动不满情绪,破坏社会秩序。某些西方媒体违背新闻职业道德,出于政治目的刻意歪曲事实、混淆是非,给图片配假说明,或有意弱化图片说明等,进行别有用心的舆论造势。

面对境外"三股势力"① 这些预谋、有组织、有计划的污蔑和暴乱行径,中国政府在新疆"7·5"事件后积极应对,按照《政府信息公开条例》第十条、第十五条关于突发公共事件信息公开的要求,迅速开展舆论工作,通过政府公报、政府网站、新闻发布会、报刊、广播、

---

① "三股势力"是指暴力恐怖势力、民族分裂势力、宗教极端势力。2001年6月15日,上海合作组织签署《打击恐怖主义、分裂主义和极端主义上海公约》,首次对恐怖主义、分裂主义和极端主义作了明确定义。

电视等及时发布权威信息，公布了伤亡人数及现场照片并客观介绍了事件进展情况，在后来的国际传播过程中，外国媒体大量引用了中国官方媒体的报道。

以《人民日报》为例，7月7日，《人民日报》即在多版面，从多角度、大篇幅地刊发了对新疆"7·5"事件的新闻报道，标题如下：

《新疆"7·5"打砸抢烧严重暴力犯罪事件目击记》
《乌鲁木齐发生打砸抢烧严重暴力犯罪事件》
《"七·五"事件是有预谋有组织的打砸抢烧事件》
《新疆各界群众纷纷谴责"7·5"打砸抢烧严重暴力犯罪事件》
……

上述报道通过消息、通讯、社论、图片新闻等形式对新疆"7·5"事件进行了多方报道，在第一时间给突发事件定性，表明了中国政府和媒体的立场，新闻事实准确、详细，舆论导向明确。

从7月8日起，《热比娅用湖北石首照片掩盖暴乱真相欺骗世界（图）》《热比娅接受半岛电台采访用假照片歪曲事实（组图）》《热比娅用湖北石首照片欺骗世人攻击中国（图）》《热比娅：一个陷入自相矛盾的人》《热比娅接受外媒采访将石首照片谎称为"示威"证据》《"世维会"制造假信息、假视频等煽动民族仇恨》等消息、图文报道、通讯见诸各类媒体，有力地戳穿了热比娅将湖北石首事件照片、"世维会"将杭州交通事故现场称为中国军队在乌鲁木齐暴力镇压维吾尔族和平示威的谎言。

7月8日，《人民日报》海外版发表《从乌鲁木齐7·5事件看"人权卫士"真面目》，揭露以"人权卫士"自居的"人权观察""大赦国际""美国国际宗教自由委员会""自由之家""记者无国界"等境外人权组织，在乌鲁木齐"7·5"事件发生后，散布谣言，混淆是非，纵容暴力恐怖犯罪和支持分裂中国的行径，继续对国际舆论中的不利因素进行反击。

笔者通过搜寻《人民日报》图文数据库发现，新疆"7·5"事件后一个月内，相关报道达到260余篇，大量评论文章和图片报道对事件真相进行了充分展示，为舆论引导提供了事实基础。多种形式的新闻报道还原了全面、真实、详细的事件面貌，澄清了国内外舆论中的谣言。

2. 按照《中华人民共和国外国常驻新闻机构和外国记者采访条例》的要求，保障外国媒体记者采访权

2008年10月17日，《中华人民共和国外国常驻新闻机构和外国记者采访条例》开始施行，在新疆"7·5"事件的舆论引导工作中，中国政府和媒体按照这一条例的要求，在真实、及时传播官方信息和舆论的同时，保障外国常驻新闻机构和外国记者依法开展采访，并为其新闻采访报道业务提供便利，让外国记者进入新闻现场，规范有序地进行事实和舆论传播，预防对新闻事实的恶意捏造和失实报道。

虽然新疆"7·5"事件后中国媒体迅速报道了事件真相，但仍有一些国外媒体发布失实报道，刻意制造错误舆论，对此，中国政府采取了更为开放、自信的舆论引导策略。新疆"7·5"事件后，中国政府随即在乌鲁木齐市设置新闻中心，允许外国媒体前往采访，一些境外媒体记者在事件发生的次日就抵达乌鲁木齐。事件发生的第三天就有来自17个国家和地区超过80家媒体的100多名记者在乌鲁木齐展开了采访，外国媒体记者可以任意采访维吾尔族人或者汉族人。当地政府给予了大量支持。

这些举措在一定程度上赢得了外国记者的认同，国际舆论积极评价中国政府对外国媒体开放、透明的政策和努力为外国记者采访提供方便的诚意。中国媒体的真实报道和中肯评论被认同，并快速进入了国际舆论。大量外媒的真实报道为中国媒体开展舆论引导提供了极好的佐证：

《印度教徒报》报道，乌鲁木齐"7·5"事件发生的第二天，中国政府便组织境外媒体进入事发现场，让记者进行现场报道。除此之外，中国有关方面还建立了新闻中心，及时向记者通报最新信息。中国政府这种信息透明的作法反映了一种自信和开放的心态，也表明中国政府希望通过外国媒体的报道把事件真相告诉世人。

《印度尼西亚商报》总编辑邝耀章表示，中国政府此次对境外媒体开放而透明的姿态值得称道。他说，国际社会通过媒体看到中国政府通过采取适当措施，有效平息了乌鲁木齐"7·5"打砸抢烧暴力犯罪事件。世界透过媒体了解到乌鲁木齐"7·5"事件的真相，这会让更多的人支持中国政府应对此次突发事件的作法。近些年，中国政府在处理很多突发事件的时候，都表现出了开放的姿态。

美国全国广播公司的记者8日从乌鲁木齐发回现场报道说，中国对媒体的"处理方式显得熟练多了"。

俄新网总编辑、俄新社原驻华记者叶菲莫夫表示，乌鲁木齐"7·5"事件发生后，中国政府及时组织外国记者前往事发地采访，这对外国记者进行报道很有帮助，显示出中国的进步和开放。[①]

境内外媒体在事发地点的现场采访使得新闻报道的客观性、平衡性得以提升，中国媒体的报道和评论与外媒报道相互佐证，极大提高了中国官方媒体报道的公信力，官方权威信息迅速掌握了国际舆论话语权。这一策略对新疆"7·5"事件的国际传播和舆论话语权的争夺起到了重要作用。香港《文汇报》2009年7月10日的《维汉杂居地：我们是一家人》报道了暴乱中维吾尔族同胞救助汉族女子的事迹，路透社转载的"维汉两族非敌我关系，冲突属人民内部矛盾"[②] 的社评等见诸报端，说明中国官方媒体基于事件真相设置的关于民族团结、宗教自由、和平发展等报道议程取得较好的成效。

---

① 《国际舆论积极评价中国政府处理乌鲁木齐"7·5"事件开放透明》，中国经济网，2009年7月10日，http://www.ce.cn/xwzx/gjss/gdxw/200907/10/t20090710_19502229.shtml。

② 《港报社评：维汉两族非敌我关系，冲突属人民内部矛盾》，路透社，2009年7月9日，http://cn.reuters.com/article/wtNews/idCNCHINA-27220090709。

3. 谣言散布—聚众斗殴—暴恐事件升级中，舆情预警和研判机制乏力

2009 年 6 月 16 日，韶关家园网 "市民心声" 栏目有网民发了题为《旭日真垃圾》的帖子称：在韶关旭日玩具厂里 "6 个新疆的男孩强奸了 2 个无辜少女"。此帖文被转载到了许多网站，造成广泛的社会影响。然而，公安机关经过调查，并没有发现旭日玩具厂曾发生女员工被强奸案件。经警方调查，在 "市民心声" 栏目的发帖者是朱某某，朱某某对其在网上发布《旭日真垃圾》虚假信息的事实供认不讳，称其原为旭日玩具厂员工，辞职后再次应聘被该厂拒收，心怀不满发布了该帖文。① 6 月 26 日，旭日玩具厂发生一起新疆籍务工人员与当地员工的斗殴事件（简称韶关 "6·26" 事件），参与斗殴的 2 名维吾尔族员工死亡。

直至 28 日，网上造谣者才被刑拘，据记者报道韶关警方网络监督部门未对该网站做任何处理，自诩韶关门户网站的该网站也无任何积极辟谣化解舆论危机的举措。而网络上在对事件的大量讨论中，表现出令人忧虑的种种对立性、危机性舆情的苗头：

> "东柏林地下党" 说 "我跟我寝室新疆人讨论了此事，他说维语论坛里传的东西完全跟汉语论坛相反……"；
>
> "感冒的河马" 说 "看看这些帖子、新闻以及回帖，我预言以后这样的事情还会更严重地发生"。

从 "6·26" 事件到 "7·5" 事件，在将近十天时间里，"世维会" 借 "6·26" 事件大肆炒作并多次发动对中国使馆的暴力袭击。通过持续的造谣煽动，误导舆论，并以互联网、手机短信等串联策划非法聚集活动，用 QQ 群组织开会，制定恐怖暴力袭击计划，最终造成了 "7·5"

---

① 《广东韶关：斗殴事件中虚假信息散布者被警方查获》，人民网，2009 年 6 月 29 日，http://unn. people. com. cn/BIG5/14748/9556409. html。

事件。

从谣言网帖到聚众斗殴，再到大范围严重暴力恐怖事件，"6·26"事件一定程度上成为"7·5"事件的诱因。除事实和安抚性报道外，舆情研判对事件所反映的民族矛盾严重性没有给予及时预警和防范，舆论引导表现较为乏力，对事件反映的深层危机、发展倾向等引申议程跟进不足。

| 第二章 |

我国舆论引导格局与机制的现状研究

第一节　新闻宣传管理机构的舆论引导
格局和机制现状

一　新闻宣传管理机构的舆论引导格局现状

新世纪以来，随着经济社会和信息技术的迅速发展，都市类媒体异军突起，以互联网为载体的新兴媒体不断涌现，传统主流媒体一统天下的局面被打破，媒体格局产生了深刻而剧烈的变化，我国长期以来建立的传统的舆论引导格局面临着巨大的挑战。习近平总书记在党的十九大报告中指出："高度重视传播手段建设和创新，提高新闻舆论传播力、引导力、影响力、公信力。"① 习近平总书记为舆论引导新格局的构建指明了具体的方向，对于坚持正确舆论导向、把握舆论引导主动权、提升政府执政能力，具有非常重要的意义。

当前，我国舆论引导格局主要体现在：中共中央宣传部作为主管意识形态工作的综合职能部门，通过横向和纵向两个层面来开展舆论引

---

① 习近平：《决胜全面建成小康社会　夺取新时代中国特色社会主义伟大胜利——在中国共产党第十九次全国代表大会上的报告》，人民出版社，2017。

导。一是横向层面，通过国家新闻出版广电总局①，对新闻出版广播影视进行管理；通过国家互联网信息办公室，对互联网信息传播进行管理；通过国务院新闻办公室，做好对外宣传工作；直接管理或代管中央直属新闻单位如人民日报社、新华社、光明日报社等。二是纵向层面，通过各省、市、县级党委宣传部，对各省、市、县级的新闻出版广播影视、互联网等进行管理。

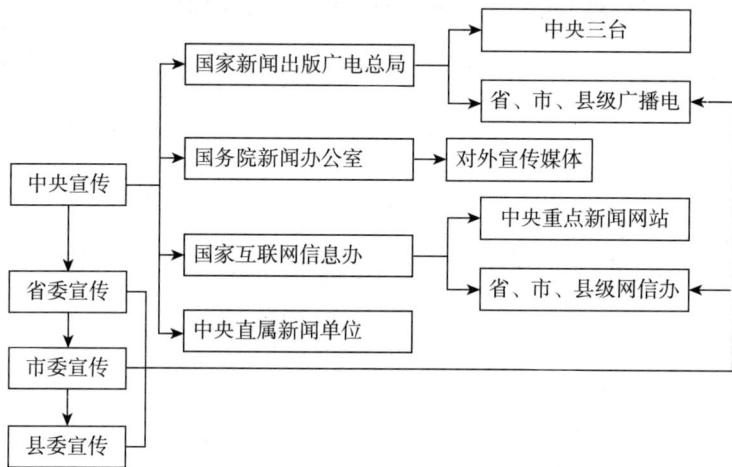

图 2-1　我国新闻宣传管理机构舆论引导格局

具体而言，中共中央宣传部、国家新闻出版广电总局、国务院新闻办公室、国家互联网信息办公室等部门各有其职责。

（一）中共中央宣传部（简称中宣部）

主要职能包括：（1）负责指导全国马克思主义理论的研究、学习和宣传。（2）负责引导社会舆论，指导协调中央的各新闻媒体做好新闻宣传工作，搞好舆论引导。（3）从宏观上指导精神文化产品的创作和生产。（4）规划和部署全局性的思想政治工作的任务。（5）受中央的委托，协同和会同有关部门对我国宣传文化系统重要岗位的领导干部

---

① 国家新闻出版广电总局在 2018 年 "两会" 后公布的国务院机构改革方案中加以调整，新闻出版与广播电视的管理职责分开。在国家新闻出版广电总局广播电视管理职责的基础上组建国家广播电视总局，作为国务院直属机构。而新闻出版的管理职能划归中共中央宣传部。——编者注

进行管理。联系宣传文化系统的知识分子，协助有关部门做好知识分子的工作。（6）负责提出宣传文化事业发展的指导方针。指导宣传文化系统制定政策和法规。同时还要按照中央的统一工作部署，做好宣传文化系统各有关部门之间的协调工作。（7）为中央领导和中宣部领导的决策和指导全局工作提供舆情信息的服务，并且要负责组织协调和指导宣传文化系统的舆情信息工作。（8）负责文化体制改革，包括新闻出版、广播电视业的改革和发展的调研，提出政策性的建议。[①]

（二）国家新闻出版广电总局

职能主要有：（1）负责拟定新闻出版广播影视宣传的方针政策，把握正确的舆论导向和创作导向。（2）负责起草新闻出版广播影视和著作权管理的法律法规草案，制定部门规章、政策、行业标准并组织实施和监督检查。（3）负责制定新闻出版广播影视领域事业发展政策和规划，组织实施重大公益工程和公益活动，扶助老少边穷地区新闻出版广播影视建设和发展。负责制定国家古籍整理出版规划并组织实施。（4）负责统筹规划新闻出版广播影视产业发展，制定发展规划、产业政策并组织实施，推进新闻出版广播影视领域的体制机制改革。[②] 此外，国家新闻出版广电总局还具体指导中央人民广播电台、中国国际广播电台、中央电视台的重大宣传工作；对各省、自治区、直辖市广播影视局进行管理；负责全国互联网等信息网络传播视听节目的管理工作。

（三）国务院新闻办公室（简称国务院新闻办）

组建于 1991 年 1 月。其主要职责为：推动中国媒体向世界说明中国，包括介绍中国的内外方针政策、经济社会发展情况，以及中国的历史和中国科技、教育、文化等发展情况。通过指导协调媒体对外报道，召开新闻发布会，提供书籍资料及影视制品等方式对外介绍中国。协助外国记者在中国的采访，推动海外媒体客观、准确地报道中国。广泛开

---

① 《中宣部新闻发言人介绍部门定位详解八大职能》，中国共产党新闻网，http://cpc.people.com.cn/GB/164113/12020201.html。

② 资料来自国家新闻出版广电总局网站，http://www.sarft.gov.cn/catalogs/zjjg/index.html。

展与各国政府和新闻媒体的交流、合作。与有关部门合作开展对外交流活动。国务院新闻办在推动中国媒体向世界报道中国的同时,还积极推动中国媒体对各国情况和国际问题的报道,促进中国公众及时了解世界经济、科技、文化的发展进步情况。国务院新闻办的工作目的是促进中国与世界各国之间的沟通了解与合作互信,通过组织新闻报道,为维护世界的和平稳定和推进人类进步事业发挥积极的建设性的作用①。

(四) 国家互联网信息办公室 (简称国家网信办、国信办)

成立于 2011 年 5 月,不另设新的机构,在国务院新闻办公室加挂国家互联网信息办公室牌子。其主要职责为:负责落实互联网信息传播方针政策和推动互联网信息传播法制建设,指导、协调、督促有关部门加强互联网信息内容管理。负责网络新闻业务及其他相关业务的审批和日常监管。指导有关部门做好网络游戏、网络视听、网络出版等网络文化领域业务布局规划,协调有关部门做好网络文化阵地建设的规划和实施工作。负责重点新闻网站的规划建设,组织、协调网上宣传工作,依法查处违法违规网站。指导有关部门督促电信运营企业、接入服务企业、域名注册管理和服务机构等做好域名注册、互联网地址 (IP 地址) 分配、网站登记备案、接入等互联网基础管理工作,在职责范围内指导各地互联网有关部门开展工作②。2014 年 8 月,国务院授权国信办负责全国互联网信息内容管理工作。③

二 新闻宣传管理机构舆论引导机制现状

由于网络和数字技术的裂变式发展,带来媒体格局的调整和舆论生态的变化,舆论形成机制日趋复杂,新闻宣传管理机构积极采取措施,加强舆论引导和监管,形成了一套富有特点、行之有效的舆论引导工作

① 国务院新闻办公室网站,http://www.scio.gov.cn/xwbjs/index.htm。
② 《国家互联网信息办公室设立》,新华网,http://news.xinhuanet.com/politics/2011 - 05/04/c_121375571.htm。
③ 《国务院授权国信办负责全国互联网信息内容管理工作》,人民网,http://politics.people.com.cn/n/2014/0828/c1001 - 25558140.html。

机制。

（一）完善政策法规，注重依法管理

多年来，国家有关部门在广播影视的宣传管理方面陆续颁布了一系列的法律、法规、规章、制度、规定和要求等，为各级广播影视机构把握正确导向、提高节目质量提供了依据。随着网络技术的发展，政府也相应出台了网络管理法规，对网络信息内容进行限制和监管，有效规制网络上的言论行为，防止其侵犯公民合法权益或社会公益。同时，为了保证网络管理法规的有效实施，建立起一支高水平的网络警察队伍，并通过技术手段监控有害信息，封锁敏感网站，及时发现系统漏洞，严格防范有害信息及言论的传播扩散，打击网络犯罪，强化网络安全。

（二）强化宣传引导，注重效果反馈

1. 通过召开各类宣传工作会议，下发宣传指令，统一宣传报道口径

主要包括两种方式：一是对于重大新闻事件（包括重大突发性事件、重大新闻事件、重大主题宣传等），通过召开吹风会的形式，引导新闻媒体反映党和国家的政治立场、政治主张和政治观点，形成舆论引导的合力。二是对于常规性的新闻宣传报道，一般通过新闻宣传工作例会和宣传通气会的形式进行引导。在年初和每个季度召开的新闻宣传工作例会上确定年度和各季度的宣传重点，而对于某一阶段的宣传重点工作则主要通过宣传通气会进行部署，把中央所要求宣传的事项发布下去。

2. 媒体依据新闻宣传管理机构的部署开展宣传报道

媒体根据要求制定宣传报道计划和方案，依此开展报道，在报道过程中不断进行总结和汇报，在宣传活动结束后提交宣传报道总结。

3. 建立新闻发言人制度

新闻发言人制度始于 1983 年，中宣部、中央外宣小组联合下发《关于实施〈设立新闻发言人制度〉和加强对外国记者工作的意见》以及《新闻发言人工作暂行条例》，正式建立新闻发言人制度，但该制度最初仅限于外宣领域。2003 年的"非典"事件推动了新闻发言人制度的建设，中央提出建立健全国务院新闻办、中央各部门、各省区市人民政府三个层次的政府新闻发布制度。2003 年 9 月，国务院新闻办举办了第一期全国新闻发言人培训班。在人人都有麦克风的自媒体时代，新闻发布的相对滞后给舆论引导工作带来了被动，因此，通过专业化的新闻发言人及时发布信息，能够实现良好的信息传播和舆论引导。

（三）加强舆情工作，注重合理疏导

1. 舆情采集工作

舆情信息工作事关宣传思想工作全局，是宣传思想工作的重要组成部分，能为领导决策和工作大局提供有价值的意见和建议，是党和政府切实解决人民群众最关心、最直接、最现实利益问题的重要民情渠道。舆情信息采集机制包括两种：一是传统的采集方式，如新华社的《内参清样》、人民日报社的《情况反映》，以及中央人民广播电台、中央电视台、光明日报社的内参等，及时反映情况，呈报给中央领导和决策机构。二是当前的网络舆情采集，如中宣部下设舆情局，负责采集舆情信息，及时引导舆情；广电总局采集每日网上动态，及时呈报，提供相关政策咨询。

2. 舆情监测工作

自 2003 年起，舆情监测成为各级党政部门的一项重要工作，开始进入制度化、规范化发展阶段。新闻宣传管理机构建立了全方位的综合舆情监测体系，通过互联网舆情监测工具，及时监测、汇集、研判网上舆情，引导舆论方向，化解舆论危机。

（四）完善监评机制，确保舆论导向

一是通过新闻阅评制度、收听收看制度和网络的监看监听制度，对舆论导向进行把控。中宣部以及各级党委宣传部主要通过新闻阅评制度进行新闻宣传宏观管理，舆论导向正确与否是新闻阅评工作的主要阅评任务，通过阅评意见开展表彰和批评，对各种新闻传播活动的舆论导向进行调节，为新闻单位把好舆论导向关提供依据。国家新闻出版广电总局以及各级广播电视局主要通过收听收看制度，对广播影视节目进行把关，其关注重点也是舆论导向。国信办和广电总局相关部门对网络和信息服务进行监督管理，对网络信息进行处置，对网络音视频进行监听监看，保障信息安全。

二是通过评奖制度，对新闻宣传工作进行引导。中宣部通过全国性的新闻奖项，即中国新闻奖和长江韬奋奖进行引导；广电总局则通过创新创优栏目评选等各类奖项进行引导。

（五）加强队伍建设，提升整体素质

媒体融合对媒体人提出了新的要求，通过建设一支政治素质和业务素质与不断变化的新闻事业相适应的新闻队伍，进一步发挥人才对新闻出版业繁荣发展的引领和支持作用，确保新闻宣传工作的领导权牢牢掌握在忠于马克思主义、忠于党、忠于人民的人手里，是提高舆论引导能力的根本。

新闻宣传管理部门采取多种措施，加强队伍建设。一方面，加强新闻媒体领导班子建设，把政治坚定、思想过硬、能力突出、熟悉新闻宣传工作、富有改革创新精神的优秀干部选拔到新闻媒体领导岗位上来；另一方面，加强教育培训工作，通过完善培训制度，改进培训方式方法，提高教育培训的质量和效果，进一步提升新闻队伍的整体素质。

2011 年 8 月，中宣部等五部委联合发起"走基层、转作风、改文风"活动，这是创新新闻宣传工作、落实"三贴近"原则的根本举措，同时也是加强新闻人才队伍建设、提升队伍素质的重要途径，引导广大新闻工作者在新闻宣传和舆论引导中提高思想认识，增强基层意识，增进群众感情。

三　中共中央宣传部的舆论引导机制

党的十九大报告指出，要"牢牢掌握意识形态工作领导权"，"建设具有强大凝聚力和引领力的社会主义意识形态"。作为意识形态工作的主管部门，中宣部开展舆论引导的方式主要是政策法规、宣传引导、舆情信息、新闻阅评、评奖制度和培训制度等，围绕着国家领导人重要讲话和中央的重要方针政策、重大战略部署，组织专题传达学习，研究制定具体措施，通过提出设想—下达计划—反馈执行，形成对媒体的管理。

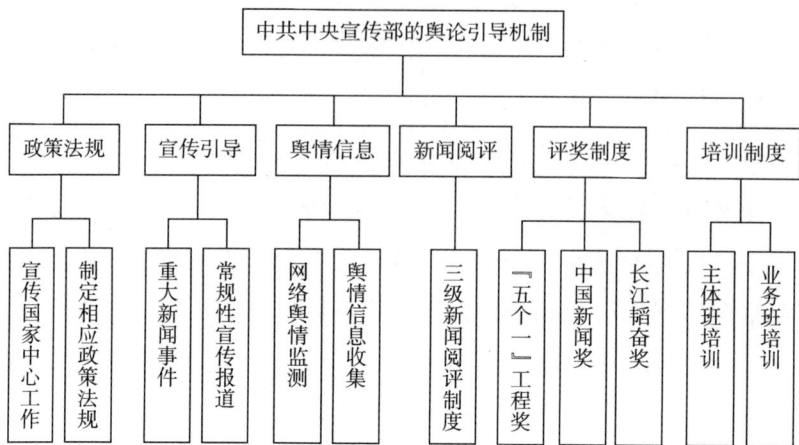

图 2 - 2 中共中央宣传部的舆论引导机制

（一）政策法规

中宣部的重要职责之一是负责提出宣传文化事业发展的指导方针，并指导宣传文化系统制定政策和法规。

一是及时传达、深刻阐释党和国家领导人的重要讲话、中央的重要方针政策和重大战略部署，围绕党和国家的中心工作作出宣传报道安排。如党的十八大以来，习近平总书记发表了一系列重要讲话，深刻阐述了党和国家发展中的一系列重大理论和实践问题。中宣部率先组织内部学习，中宣部部长刘奇葆同志亲自撰写了《关于中国特色社会主义理论体系的几点认识》等学习体会。随后，中宣部对宣传报道工作作出具体安排，加强集中宣传。中央级报刊、电台电视台集中报道，中央重点新闻网站和主要商业网站及时转发重点稿件，中央主要对外新闻单位和重点新闻网站认真宣传，并运用微博、微信、客户端等新媒体应用进行宣传报道，营造浓厚的舆论氛围。2013 年 8 月，全国宣传思想工作会议在北京召开，习近平总书记出席会议并发表重要讲话。中宣部起草了《中央宣传文化系统贯彻落实全国宣传思想工作会议精神重点任务分工方案》和《全国宣传思想工作会议重点工作项目责任分工方案》，深入贯彻落实习近平总书记对宣传思想文化工作的要求。

二是制定相应的政策法规，对新闻宣传工作进行引导。如十八大召开以后，中宣部于 2012 年 12 月发布《关于贯彻党的十八大精神 切实改进文风的意见》，要求宣传思想文化战线把改进文风作为宣传贯彻党的十八大精神的重要任务，作为改进工作、提高舆论引导能力的重要机遇。再如针对突发事件的报道，中宣部就发布了系列文件：1978 年，中宣部、中央外宣小组、新华社在发布的《关于改进新闻报道若干问题的意见》中提出，"突发事件凡外电可能报道，或可能在群众中广为流传的，应及时作公开连续报道"；1989 年，国务院办公厅、中宣部下发《关于改进突发事件报道工作的通知》，规定可分阶段发稿，先对最基本的事实作出客观、简明、准确的报道，然后再视情况发展作出后续报道，争取新闻报道的时效性；"非典"之后，中宣部于 2004 年下发《改进和加强国内突发事件新闻报道工作的若干规定》，要求中央和省级主要媒体要及时、准确、权威地报道突发事件。

（二）宣传引导

中宣部组织国家新闻出版广电总局、中央媒体以及各省、自治区、直辖市党委宣传部等，通过召开会议传达宣传工作部署，下达宣传指令，注重舆论引导的"时、效、度"。主要包括对重大新闻事件和常规性新闻宣传报道的舆论引导。

1. 重大新闻事件（包括突发性新闻事件、重大新闻事件、重大主题宣传等）

在有重大新闻事件（包括突发性新闻事件、重大新闻事件、重大主题宣传等）时，中宣部召集中央主要媒体，以及各省、自治区、直辖市党委宣传部分管媒体宣传的副部长等参加宣传吹风会，对宣传工作进行具体部署。这是中宣部舆论引导最重要的一种方式。在重大新闻事件的具体报道实施期间，会不断召开吹风会、碰头会，比如"5·12"汶川大地震发生以后，中宣部每天召开碰头会，将中央对报道的要求以及地方灾情部署下去。各省、自治区、直辖市党委宣传部分管领导也马上回去部署，以同样的模式，组织当地的重要媒体开展宣传报道，建构舆论引导格局。在重大新闻事件如奥运、两会期间，各省、自治区、直辖市党委宣传部分管媒体宣传的副部长等都会在北京听取宣传精神之后，部署指挥当地媒体报道，形成全国上下一盘棋的格局。

中宣部部署工作之后，各级新闻宣传管理部门和各大媒体按照中央的宣传部署和宣传报道方案，制定《××事项的宣传报道意见》，有计划、有步骤地进行策划并组织宣传，包括如何进行铺垫式报道，如何开展全面报道，如何进行收尾，收尾以后怎样开展回顾式报道等，拓宽报道覆盖面，增强报道力度。在报道过程中不断进行总结和汇报，宣传活动结束后提交宣传报道总结，如奥运宣传报道总结、"5·12"汶川大地震宣传报道总结等。

一般来说，重大主题宣传主要包括：每年的春节、元旦报道；两会报道；国庆报道；经济工作报道；党中央全会的报道；中国人民抗日战争暨反法西斯战争胜利 70 周年的报道等；重大新闻事件报道如奥运报道、世博会报道、APEC 会议报道等；重大突发事件报道如"非典"报道、"5·12"汶川大地震报道、"7·23"甬温线特别重大铁路交通事故报道等。

2. 常规性新闻宣传报道

一是通过年度和季度宣传重点的形式，传达给各新闻宣传管理部门和媒体。中宣部在每年年初制定全年宣传重点，各个季度初也制定季度宣传重点。比如 2014 年第四季度的宣传重点是：（1）"依法治国"四中全会精神的宣传；（2）群众路线教育实践活动总结的宣传；（3）经济形势的宣传（这是每年年底都要做的常规宣传）；（4）推进全面深化改革的宣传；（5）社会主义核心价值观的宣传，保持热度天天见、不断线，各报各广播电视要推出专栏专题；（6）改善民生的报道；（7）各民族团结发展的报道，特别是新疆、西藏，新疆建设兵团建设的发展成就；（8）重要的涉外报道，APEC 会议报道、港澳台报道、澳门回归十五周年的报道，应对香港占中的宣传；（9）中央文明委加强旅游文明的宣传，要求境内外搞文明旅游。

二是通过宣传通气会的形式将近期中央所要求宣传的一些事项发布

下去。宣传通气会每个月举办一到两次，具体由新闻局承办，主管部长主持。通气会的参加人员包括中央媒体的负责人、北京市委宣传部负责人、北京市主要媒体负责人，以及全国各地主要驻京的媒体（如《文汇报》、《南方日报》、上海文广集团等）。

这是中宣部的新闻宣传部署，各级新闻宣传管理机构和各媒体则根据中宣部的部署开展新闻宣传部署。如国家新闻出版广电总局开会传达中宣部的新闻宣传精神，并就如何传达精神制定具体方案。中央媒体以及各省、自治区、直辖市都按照中宣部的部署，传达精神，贯彻落实，制定实施方案，开展报道，营造强大的舆论氛围，形成浓厚的宣传态势，并进行事后总结。中央级媒体基本围绕党和国家的路线方针政策来制定宣传方案，省、市、县级媒体则结合当地的实际情况制定宣传策略。

这是改革开放以来各级媒体管理部门和主流媒体的舆论引导机制，实践证明是行之有效的机制。近年来新媒体的发展，对原有的舆论引导格局和机制产生了一些影响，比如说互联网网站有些不同的声音。中宣部要求各单位重视网络宣传，要求各主要媒体的网站、报纸、刊物都要配合宣传。因此，在召开宣传工作会议时，国信办、国务院新闻办的相关负责人以及新华网、人民网、央视网等网站负责人等也参加会议，部署落实会议精神。

（三）舆情信息

舆情信息工作关系到党和国家经济社会发展全局，能够为领导决策提供参考，是党和政府切实解决人民群众最关心、最直接、最现实利益问题的重要民情渠道，是党委、政府赋予宣传思想文化工作的重要职责。中宣部下设舆情局，负责采集并分析舆情信息，开展舆情监测工作。

一是网络舆情监测。网络技术的快速发展给传统的舆论引导工作带来了挑战，加强互联网信息管理成为重中之重。中宣部舆情局通过网络舆情监测系统，开展网络舆情的采集、分析、研判和预警，从而有针对性地开展舆论引导。

二是构建舆情信息收集机制，要求各级党委宣传部以及媒体挖掘宣传思想工作亮点，及时报送舆情信息，建立起遍布全国各级机构的舆情信息报送网络，畅通舆情信息收集报送渠道，增强舆情信息时效性。编发《舆情摘报》，采集全国各级机构报送的单篇信息和综合经验类信息，加强对舆情的深度分析和综合研判。为保证舆情信息的质量，中宣部还加强舆情信息工作队伍建设，加大对信息员的培训力度，着重强调舆情信息的特性、写作方法、报送角度及重要性，提高各地对舆情信息的快速反应能力。此外，中宣部建立健全舆情信息工作的考评激励机制，将舆情信息工作纳入宣传思想工作目标考核，每年评选"舆情信息工作先进单位""舆情信息工作先进个人"和"好信息"等奖项，有效促进了舆情信息工作的快速发展。

（四）新闻阅评

中宣部的新闻阅评小组成立于 1994 年。在 1996 年 8 月召开的关于加强新闻舆论宏观调控会议上，中宣部要求各地建立新闻阅评制度。因而，目前的新闻阅评主要由中宣部以及各级党委宣传部负责实施，在中央、省、地市三级开展。新闻阅评的阅评对象是主流媒体，阅评范围以新闻节目为主，兼顾其他内容。新闻阅评是有中国特色的社会主义媒介批评，"由党委宣传部门、政府主管新闻事业的各职能部门建立的一套完整的阅评制度"。[1] 新闻阅评是中宣部和各级党委宣传部对媒体的一种日常化管理，具备权威性，主要为肯定成绩、总结经验；发现问题，提出改进意见和建议。其评价意见能够有效传达并及时得到反馈。[2]

（五）评奖制度

新闻奖项作为新闻制度的一部分，体现了新闻宣传管理部门对于新闻事业的评价和期许，在新闻宣传工作中起到示范、导向和激励的作用。从 1992 年开始，中宣部设立"五个一"工程奖，引导和激励思想文化宣传战线出人才、出精品佳作。2005 年，中宣部根据中共中央办公厅、国务院办公厅《全国性文艺新闻出版评奖管理办法》的要求，

---

[1] 雷跃捷：《媒介批评》，北京大学出版社，2007，第 203 页。

[2] 郭光华：《新闻阅评：中国特色的媒介批评》，《中外媒介批评》第 1 辑，暨南大学出版社，2008，第 63 页。

制定了《全国性文艺新闻出版评奖整改总体方案》，将全国性的新闻评奖由原来的 14 个减至 2 个，分别是中国记协主办的"中国新闻奖"和"长江韬奋奖"，提高评奖的科学性、公正性和权威性，充分发挥正确的导向和示范作用，引导和激励新闻工作者创作生产更多更好的精神文化产品。

（六）培训制度

中宣部主要通过全国宣传干部学院，对全国宣传系统的领导干部和高层次人才进行培训。全国宣传干部学院是中宣部开展宣传干部教育培训的专门机构，开办任职培训、岗位培训、业务培训、专题培训等四种培训班次，建立了一套完整的教学体系，主要由现任部级领导干部、主管相关业务工作的局级领导干部、相关领域专家、基层优秀领导干部和先进典型为主组成的师资队伍开展授课工作，通过辅导报告、专题讲座、交流座谈、现场体验、案例研讨、情景模拟、学习论坛、拓展训练等多种方式开展教学工作。

全国宣传干部学院目前开设的培训班主要有两类：一是主体班，对各级宣传部负责人进行培训。如新任省委宣传部部长培训班、新任地市党委宣传部部长培训班、新任县委宣传部部长培训班、地方党委宣传部部长培训班、地市党委宣传部副部长（常务）培训班、县委宣传部部长培训班、西藏地区宣传干部培训班等。

二是业务班，开展各类业务培训。如行业类媒体负责人研讨班、全国出版单位总编辑培训班、媒体融合发展培训班、马克思主义新闻观培训师资班、文化体制改革和相关政策研讨班、舆情信息工作培训班、中宣部涉外报道专题培训班、中宣部机关学习党的十八大精神读书班、全国党报总编辑电台电视台台长研讨班、全国晚报都市报总编辑研讨班、经济报道研讨班、地方和行业国有大中型企业党委负责人研修班、地方和行业（系统）政研会负责人研修班等。[①]

---

① 资料来自全国宣传干部学院，http://www.npca.org.cn/xwzx/201503/t20150324_2520389.shtml。

此外，中宣部还通过视频形式开展各种专题培训。如中宣部办公厅在部署《2014年组织推动培育和践行社会主义核心价值观工作指导方案》时，就会同有关部门召开电视电话会议，对工作进行安排部署，并以视频形式对市、县委宣传部部长开展专题培训。

四 国家新闻出版广播电影电视总局的舆论引导机制

国家新闻出版广播电影电视总局（以下简称"广电总局"）主要采取政策法规引导、收听收看制度、正面引导激励机制和节目综合评价机制等多种方式，对广播影视节目进行舆论引导。

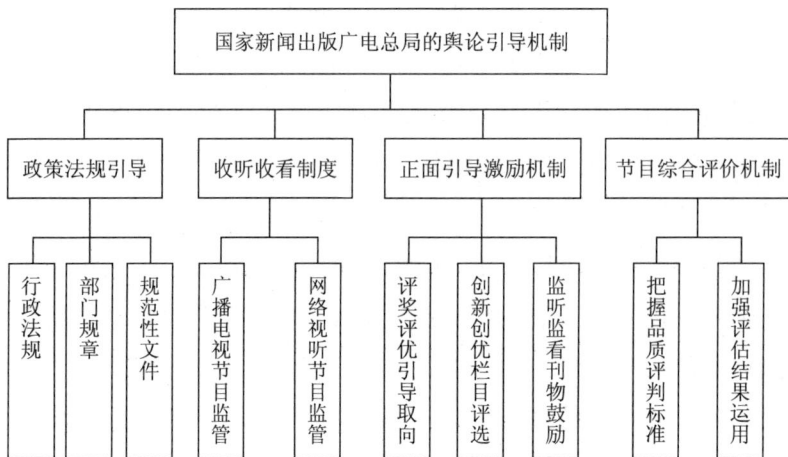

图2-3 国家新闻出版广电总局的舆论引导机制

（一）政策法规引导

广电总局的政策法规主要包括行政法规、部门规章和规范性文件。一是国务院制定的有关广播影视的行政法规，如《广播电视管理条例》《广播电视设施保护条例》《电影管理条例》《有线电视管理暂行办法》《互联网信息服务管理办法》等；二是广电总局制定的各类部门规章，如《广播电影电视立法程序规定》《广播电台电视台审批管理办法》《互联网等信息网络传播视听节目管理办法》《广播电视广告播出管理办法》等；三是广电总局针对当前节目中存在的普遍性倾向颁发制定的各类规范性文件，如《关于立即停止播出"瘦身大赢家"等31条违规广告的通知》《关于推荐2014年第一季度国产优秀动画片的通知》《关于加快推动下一代广播电视网标准应用的通知》等，这些都是从宣传管理实践中总结出来的广播电视节目标准。

为了推进宣传管理的法制化、规范化、制度化和科学化，为各级广播电视机构宣传管理工作提供有效工具和指南，广电总局制定《广播电视宣传管理手册》，将国家有关部门在广播电视宣传管理方面颁布的系列法律、法规、规章、制度、规定和要求等汇编成册，为广播电视系统宣传管理人员日常工作提供参考，为各级广播电视机构把握正确导向、提高节目质量提供依据。

（二）收听收看制度

1. 广播电视节目监管

国家广电总局负责广播电视节目监管的部门是宣传司和监管中心。近年来，广播电视宣传管理模式实现了以播前管理为主的模式向播前、播中、播后全程监管的模式转变，而且逐步加大播后监管的力度。国家广电总局以及各级广电行政部门都建立了收听收看机制，由专门的机构和人员监听监看辖区内播出的广播电视节目，发现问题后及时警示和处置。收听收看机制是现有体制下非常有效的管理方式，成为各级广电行政部门进行宣传管理的重要抓手。[①]

广电总局在实施舆论引导时，始终把舆论导向的管理放在第一位。广电总局曾提出，要反思节目中存在的导向性、倾向性、苗头性问题，确保政治导向、价值导向、审美导向正确。相关广播电视媒体也非常重视导向问题，认为"导向金不换"，导向是一，其他都是零。

广电总局在具体实施舆论引导时，主要通过监管中心及时发现广播电视节目中存在的问题，再由宣传司负责发文进行纠正、引导或调整。具体流程是：监管中心发现问题或好的典型，通过《监听监看日报》《监听监看清样》《监听监看周报》等呈报总局，由总局和宣传司相关

---

① 高长力：《关于广播电视宣传管理创新的思考》，《中国广播电视学刊》2014年第1期。

负责人进行批示。领导批示之后下发到省（区、市）广电局，然后由省（区、市）广电局传到所在台，省（区、市）电台、电视台会据此做出反应，得到正面表扬的会继续做好节目，而受到负面批评的则会按照总局的要求进行整改，制定整改措施。通过一个闭环监管的流程：发现问题—提出意见—总局批示—下发单位—处理整改—反馈总局，总局根据反馈情况继续处理。由监听监看机构发现问题，宣传管理部门针对问题制定节目标准和规范、调整宣传管理政策，再由监听监看机构检验效果、核查节目、反馈意见，实现广播电视宣传管理的良性循环。

在处理机制方面，2007 年，广电总局建立了全国广播电视红牌停播、黄牌警告、白牌整改机制，针对监听监看发现的重大问题采取相应的处理措施。2007 ~ 2014 年，广电总局共发出停播通知单近三十个，针对红黄白牌处理中存在的广播电视节目问题，陆续出台了一系列宣传管理规范性文件。①

在广电总局的指导下，各级广播电视局和广播电视媒体也陆续将节目监听监看工作纳入系统管理，及时利用各种手段对节目进行点评，监听监看工作成为各级广电行政管理部门进行宣传管理的重要抓手。按照"谁主管谁负责""分层管理"的原则，广电总局要求各级广播电视行政管理部门切实履行监管职责，对节目中出现的政治导向、价值取向、格调基调等方面的问题，视其性质和严重程度，及时警示，及时处置，要求各播出机构落实节目三审制度，严格节目把关。

除了政府监管，广电总局的监管体系里还加大社会监督和媒介批评的比重，构建全程监管、系统监管的完整体系。社会监督是指群众监督，采取的主要监督方式包括：一是听众观众投诉举报机制。广电总局设立听众观众投诉热线，并在官方网站开设听众观众投诉窗口，听取广大群众对广播电视节目的批评意见，及时进行整理反馈。各级广播电视行政管理部门大多都设立了投诉举报电话、信箱、网上投诉窗口等受众

---

① 何波：《如何提高新形势下广播电视节目监管水平》，《声屏世界》2014 年第 9 期。

意见和投诉的收集、受理、反馈机制。二是建立节目评议会制度。广电总局从 2013 年开始试行节目评议会制度，在需要对一些节目作出评价时，邀请来自社会各界的听众观众代表和专家发表意见。比如总局每个季度通过评议会择优选择一档歌唱类选拔节目安排在黄金时段播出。三是支持广播电视行业组织建立"听众观众委员会"，广泛听取社会各界对广播电视节目的意见建议，形成有效的社会监督机制。四是鼓励民间组织对广播电视节目的监督。

媒介批评主要指报纸、杂志、互联网等媒体对广播电视节目所作的各种评论，是媒体对广播电视宣传的舆论监督。[①] 广电总局鼓励支持媒体对广播电视节目开展科学理性健康的评论，真实反映群众呼声，促进问题解决，有效弥补政府监管的空白地带。宣传管理部门根据媒体反映的批评性意见，要求播出机构对节目进行整改，正确引导节目走向。

2. 网络视听节目监管

广电总局的网络视听节目监管主要是由网络视听节目管理司和监管中心负责。相对于传统广播电视节目来说，网络视听节目的监管难度要更大一些。

一是建立网络视听节目准入机制。国家广电总局于 2007 年底发布《互联网视听节目服务管理规定》，要求互联网视听节目服务单位必须取得信息网络传播视听节目许可证。据网络视听节目管理司统计，截至 2013 年 12 月，广电总局共发放了 608 个信息网络传播视听节目许可证，批准了 26 家网络广播电视台，7 家互联网电视集成服务机构，11 家互联网电视内容服务机构，并批准了 6 家 3G 手机电视集成服务机构、27 家手机内容服务机构。[②] 为了引导和规范网络剧、微电影等网络视听节目的健康发展，广电总局和网信办于 2012 年 7 月发布《关于进一步加强网络剧、微电影等网络视听节目管理的通知》，明确规定把"审核

---

① 高长力：《关于广播电视宣传管理创新的思考》，《中国广播电视学刊》2014 年第 1 期。

② 广电总局已发 608 个信息网络传播视听节目许可证，http://tech.163.com/13/1206/02/9FCJ8446000915BF.html。

权"下放给播出机构"自审自播",以顺应互联网时代内容的快速产生和推出。

二是加强网络视听节目监管。由广电总局监管中心新媒体司负责网络视听节目内容的监管,包括对 600 多个有网络视听节目许可证的网站以及一些非法网站进行排查,将发现的问题反馈给网络视听节目管理司。此外,监管中心与工信部和国信办有统一行动机制,比如"扫黄打非·净网 2014"专项行动,专门打击黄色网站,发现不良信息就立刻通知工信部,删除或者关闭网站。

(三) 正面引导激励机制

在宣传管理上,广电总局始终强调"两手抓",宏观上是"一手抓依法管理,一手抓正面引导",微观上是"一手抓收听收看,一手抓创新创优"。逐步形成一种"倡优抑劣"的机制,即对正确创作方向和优秀作品给予满腔热情的鼓励和引导,对错误导向和低俗节目则坚决遏制。在严格依法管理的同时,注重正面引导和激励,这种"两手抓、两手都要硬"的管理机制,被实践证明是一种科学全面的管理理论和有效方式。①

一是在评奖评优中体现正确的创作取向。比如广电总局 2013 年底下发通知,要求上星综合频道每年播出的新引进境外版权模式节目不得超过 1 个,并对原创节目在节目备案、进入黄金时段、各类评优评奖等方面给予优先考虑。二是通过创新创优评选工作,对好栏目进行鼓励。为了进一步促进广播电视节目健康发展,发挥优秀节目的引领示范作用,广电总局加强创新创优评选工作,每年对年度优秀广播电视栏目进行表彰,要求各级广播电视播出机构认真学习这些栏目的成功经验,不断探索新的创作领域,开发新的节目形态,努力丰富节目类型、深化节目内涵、提升节目品质,不断提升广播电视的传播力、公信力、影响力,满足人民群众多层次、高品位的精神文化需求。三是通过各类监听监看刊物,刊登广播电视节目评议稿件,对优秀节目及时提出鼓励。

---

① 高长力:《关于广播电视宣传管理创新的思考》,《中国广播电视学刊》2014 年第 1 期。

《监听监看周报》每周向全国广电系统通报一周典型问题，推荐优秀节目，同时结合广播电视节目中出现的典型性、倾向性、苗头性问题，编发"专家建议"和"宣传提示"，及时提醒警示，将问题遏制在萌芽阶段。

（四）节目综合评价机制

2012 年，广电总局印发《关于建立广播电视节目综合评价体系的指导意见（试行）》，要求各级广播电视播出机构建立广播电视节目综合评价体系，以已播出的节（栏）目为基本评价对象，在此基础上对频率和频道进行整体评价。各省级广播影视行政部门将省级广播综合频率和电视上星频道的评价情况，及时向国家广电总局备案。这是国家广电总局开展舆论引导的一项重要举措。广电总局要求着眼于节目品质建设，把握品质评判标准，坚持思想性、创新性、专业性、满意度、竞争力和融合力并重，实施全面分析、综合评价。加强节目综合评估结果的应用，将评价结果作为政府奖项评比参与资格，节（栏）目设立与退出、节（栏）目制作经费，以及相关人员晋级、职称评定和奖惩等的重要依据。

五　省级广播电视管理机构的舆论引导格局和机制——以江苏省新闻出版广播电影电视局为例

（一）舆论引导格局

我国省级广播电视管理机构在舆论引导格局中，处于承上启下、协调指挥的地位。它和国家广电总局接受中宣部业务指导一样，要接受省委宣传部的业务指导，与此同时，协调和指挥全省广播电视宣传机构的舆论宣传。形成了省委宣传部—政府广播电视管理部门—广播电视媒体的舆论引导格局。

省级广播影视局是各省的行政管理部门。国务院 1997 年颁布的《广播电视管理条例》中明确规定："国务院广播行政部门负责全国的管理工作。县级以上地方人民政府负责广播电视行政管理的部门或者机

构负责本行政区域内的行政管理工作。"随着政府行政机构改革的深
入，原本相对独立的广播影视行政管理和新闻出版行政管理实现了机构
合并，2013 年新组建的国家新闻出版广电总局正式成立。相应地，也
带来各省级行政管理机构的改革。以江苏省为例，2015 年 1 月 19 日，
原江苏省广播电影电视局和江苏省新闻出版局（版权局）正式合并，
成立江苏省新闻出版广电局。从新闻舆论管理的角度而言，行政管理部
门的权力实现了相对的集中化。新组建的江苏省新闻出版广电局中，具
体实施广播影视领域新闻宣传管理和舆论引导的内设机构是宣传管理
处，主要"承担广播电视宣传和播出的指导、监管工作。指导、协调
全省性重大广播电视播出活动"。①

（二）舆论引导机制

1. 广播电视舆情监督机制

早在 2002 年，国家广电总局发布《关于迅速建立健全广播电视宣
传监督管理机制的通知》，要求"设立省级广播电视宣传收听收看机
构"。2004 年 9 月，江苏省广播电视局成立直属事业单位江苏省广播电
视收听收看中心，主要承担对省级及各省辖市广播电视节目的监听监看
和评议任务；跟踪检查播出机构对反馈意见的整改情况等，旨在引导播
出机构把握正确导向、提高节目质量，为广播电视行政管理部门履行宣
传管理职能提供必要保证。换言之，收听收看中心为广电行政管理部门
实施舆情监督、舆论引导的重要机构。

（1）实施舆情监督的主要依据。收听收看中心主要依据国家广电
总局、江苏省委宣传部、江苏省新闻出版广电局的相关管理规定和要
求，对全省广播电视节目进行监管。国家广电总局宣管司于 2012 年将
有关节目宣传管理的文件进行系统梳理，汇编成《广播电视宣传管理
手册》，成为广电节目监管和舆情监督的重要指南。

（2）实施舆情监督和舆论引导的主要方法。收听收看中心的主要

---

① 江苏省政府办公厅：《省政府办公厅关于印发江苏省新闻出版广电局主要职责内设机构和
  人员编制规定的通知》，2015 年 4 月 29 日。

工作有两方面：一是对全省广播电视宣传中出现的亮点、广播电视节目中出现的创新点进行推广，从正面为全省广播电视机构进行积极引导。中心成立以来，主要围绕重大主题宣传和主要节目类型展开监评，在内刊《江苏收听收看》开设《践行社会主义核心价值观》《关注中国梦报道》《改革开放30年宣传纵览》《纪念新中国成立60周年》《纪念建党90周年》《走基层·转作风·改文风》《聚焦十八大宣传》等多个专栏，及时将全省广播电视节目中的相关主题报道情况进行归纳总结，把握主题报道的舆情动态。此外，中心还对全省新闻栏目创新，民生新闻发展走势，评论类、涉法涉案类、情感故事类、综艺娱乐类、婚恋交友类、选秀真人类等节目进行专项评议，全面掌握全省各类型广播电视节目的动态发展。二是对全省广播电视节目中出现的问题，尤其是违反相关宣传管理规定的问题，进行通报和批评，起到纠偏和警示作用。通过日常监评和专项抽查相结合的方式，及时发现节目中低俗、庸俗、媚俗现象，组织抽查暗访活动，涉及频率、频道400余次。重点对夜间广播节目、医疗专题、吸费节目等违规播出进行监评，及时纠正广播电视节目中出现的问题，净化舆论环境。

（3）监督反馈机制。针对收听收看中心发现的问题，负责全省新闻宣传监督管理的省局宣传管理处，视问题严重程度，要求相关播出机构进行相应的整改，对于特别严重的问题，根据宣传管理相关规定，给予警告、严重警告甚至停播的处分。对于一般的问题，要求相关播出机构出具出面整改意见，并进一步跟踪整改情况。

2. 广播电视节目评估体系

江苏省内一些广播电视台，为了强化对内部节目的管理和监督，实施节目综合评估体系，从内部加强对新闻舆论的监督和引导、对节目质量的综合把控。如江苏省广播电视总台的节目综合评估体系是对总台内部节目生产、运营和管理水平实施综合性的评估和考核，其目的是提升节目质量、提高管理效能，为科学决策、深化改革提供参考依据。自2008年起，总台开始推进节目综合评估体系的建设，并在此基础上，对自制节目实行评估后的末位淘汰制度。以总台广播传媒中心为例，评估的对象是中心所属频率除广告专题及广播购物以外的所有节目，评估内容包括节目质量和市场表现等方面，每档节目满分 150 分，由节目质量得分 60 分、市场表现得分 50 分、频率考评得分 30 分和节目附加得分 10 分这四个部分组成。评估体系以月度考核的方式为主，根据每档节目当月总得分，按照节目所属频率（事业部）计算出频率（事业部）当月节目平均分，以此作为频率（事业部）当月目标考核的依据及频率二次分配的参考。在年末的时候，根据月度考核结果评选年度品牌（优秀）栏目。而对于 3 次月度考核在节目总排名最后 5 位的节目或 2 次月度考核节目质量得分低于 36 分的节目实行末位淘汰。①

六　国家互联网信息办公室的舆论引导机制

自 1994 年接入国际互联网以来，我国互联网快速发展。互联网作为一个新媒体，给新闻舆论宣传工作带来了巨大的变革和挑战。我国开展互联网的舆论引导工作，是伴随着探索依法行政管理互联网的进程而逐步发展起来的。

（一）依法治网的工作格局

1. 依法治网起步阶段

据统计，我国现行法律中，专门针对互联网的法律、行政法规有 13 部，包括一部法律《电子签名法》和两部法律级别的文件《全国人民代表大会常务委员会关于维护互联网安全的决定》《全国人民代表大会常务委员会关于加强网络信息保护的决定》。除法律法规外，专门针对互联网管理的行政规章、规范性文件和司法解释有近 90 部，基本涵盖了不同层级、不同领域的互联网治理工作，弥补了我国互联网立法工作的空白。

2000 年 9 月，国务院印发《互联网信息服务管理办法》（以下简称《办法》），规范互联网信息服务活动，促进互联网信息服务健康有序发

---

① 此部分内容主要参照《江苏省广播电视总台广播传媒中心节目综合评估体系（2012版）》，内部资料。

展。2005 年 9 月，国务院新闻办公室、信息产业部下发《互联网新闻信息服务管理规定》（以下简称《规定》），规范互联网新闻信息服务，满足公众对互联网新闻信息的需求，维护国家安全和公共利益，保护互联网新闻信息服务单位的合法权益，促进互联网新闻信息服务健康、有序发展。《办法》和《规定》是当前我国互联网信息服务管理的基本遵循，明确了我国互联网管理的主体和责任。国家互联网信息办公室成立以来，拟对《办法》和《规定》进行重新修订。

2013 年 9 月，最高人民法院、最高人民检察院出台关于办理利用信息网络实施诽谤等刑事案件适用法律若干问题的解释，对利用信息网络实施诽谤、寻衅滋事、敲诈勒索、非法经营等刑事案件适用法律的若干问题进行具体解释，并对"秦火火""立二拆四""薛蛮子"等网络"大谣"进行严厉打击，有效遏制了网络空间存在的"九种乱象"（虚假信息乱象、网络侵权乱象、跟帖评论乱象、虚假低俗广告乱象、网络淫秽色情乱象、标题乱象、负面信息扎堆乱象、客户端服务乱象、新闻信息来源乱象）。

2. 依法治网发展阶段

2014 年 8 月 26 日，国务院下发关于授权国家互联网信息办公室负责互联网信息内容管理工作的通知，授权重新组建的国家互联网信息办公室负责全国互联网信息内容管理工作，并负责监督管理执法，旨在促进互联网信息服务健康有序发展，保护公民、法人和其他组织的合法权益，维护国家安全和公共利益。根据国务院令，国家互联网信息办公室陆续发布《即时通信工具公众信息服务发展管理暂行规定》（简称"微信十条"）、《互联网用户账户名称管理规定》（简称"账号十条"）、《互联网新闻信息服务单位约谈工作规定》（简称"约谈十条"）等法规条例，对依法依规管理互联网、规范互联网从业者和网民行为发挥了积极作用。

2013 年 3 月 28 日国务院办公厅发布《关于实施国务院机构改革和职能转变方案任务分工的通知》，对实施信息网络实名登记制度作出明确规定。近年来，关于网络实名制的实践探索一直在不断发展中。

3. 依法治网深化阶段

由于我国互联网发展迅猛，互联网管理体制一直存在"发展先行、管理滞后"的问题，造成了互联网管理工作"九龙治水"的局面。然而，网络空间不是法外空间，互联网治理逐步成为社会治理的重要内容。习近平总书记在中共十八届三中全会《中共中央关于全面深化改革若干重大问题的决定》的说明中提到，"面对互联网技术和应用飞速发展，现行管理体制存在明显弊端，多头管理、职能交叉、权责不一、效率不高。同时，随着互联网媒体属性越来越强，网上媒体管理和产业管理远远跟不上形势发展变化"。十八届三中全会《决定》提出，要坚持"积极利用、科学发展、依法管理、确保安全"的方针，加大依法管理网络力度，完善互联网管理领导体制。

党的十八届四中全会通过《中共中央关于全面推进依法治国若干重大问题的决定》，明确提出了全面推进依法治国的指导思想、总体目标、基本原则，提出了关于依法治国的一系列新观点、新举措。十八届四中全会后，中央网信办召开学习宣传落实党的十八届四中全会精神，大力推进依法治网、依法办网座谈会，全面推进网络空间法治化。依法治网成为我国互联网治理格局的新常态。

通过互联网治理工作的不断发展改革，可以看到，党和国家对互联网的认识、运用和管理是一个不断趋于全面、深刻、科学的发展过程，是一个不断体现时代性、把握规律性、富于创造性的探索过程。通过20多年的实践经验和理论探索，逐步建立完善了法律法规、行政管理、行业自律、技术保障相结合的管理体系，初步形成了分工负责、统筹管理的工作格局，建设了分级管理、属地管理、运行顺畅的国家、省区市、地市三级互联网管理体系。

（二）网上宣传引导机制

1. 网络新闻宣传导向机制

一是统筹安排网上宣传资源。建立完善重要稿件推送机制，督促重点新闻网站推送转载相关新闻。组织各级网信部门和网络媒体，围绕重点工作、重大活动、重要会议开展专题网上宣传引导工作。要求网站开设专题页面，集纳宣传报道。规范主要新闻网站宣传报道内容，印发季度网上宣传报道要点，定期召开会议安排近期网上宣传重点内容。

二是建设完善新闻发言人制度，定期不定期召开新闻发布会和通气会，发布重大信息、回应舆论监督。形成常态化新闻发布机制，主动公开信息，把握新闻发布的时机、方法、内容，建设网络新闻发言人队伍。

三是策划组织开展网络宣传主题活动，统筹传统媒体和新媒体资源。围绕重大时间节点、重要活动、重要会议，邀请传统媒体记者和新媒体记者采访采风，组织开展新闻采访和网络文化活动。建设网络宣传品牌，提升品牌影响力和舆论引导力。

四是建设网上宣传阵地。建设全国联动的网上宣传工作官方微博、微信公众号及微博群、微信群，形成不同层级、不同领域的宣传联动，拓展网上宣传平台和渠道。建立网络辟谣平台，调动媒体和网民打击谣言和不实信息的积极性，引导网民共同营造充满正能量的网络环境。建立辟谣平台管理预警机制和参与媒体横向沟通机制，分层次启动辟谣措施。

2. 网上舆论引导机制

一是组织日常评论引导工作。围绕中央中心工作，主动策划设置议题，组织正面稿件和评论。撰写网评文章，积极推送、转载相关网评文章。同时组织网评员在微博、论坛、贴吧等发声。建立国家、省区市、地市三级网评工作联动制度。与团委、妇联等各直属部门、各网站建立直联机制。制定网评工作量化指标，建立量化考核体系。对网评工作分级指挥、引导方法等进行具体规定，形成立体化、全方位网评格局。组织多种网评主题征文活动和网评宣传活动，吸引网民关注参与。

二是加强网络引导平台建设。分地区、分重点加强网评阵地建设，重点加强中央和省区市重点新闻网站的网评阵地建设，指导网站开设网评专栏或频道，组织网评员在网评栏目主动设置议题，引导舆论。在全国范围内与重要网站、论坛、贴吧开展联系，推送引导性强的网评文章。充分利用宣传账号、网评账号在重点网站、论坛转载新闻，进行跟帖评论，主动发声。创办微博、微信评论公号，集纳稿源，联动共享，强化移动互联网引导能力。

三是开展网评员队伍建设。

网评员选拔制度化。在全国范围内征集遴选网评员队伍，重点组建特约、核心和骨干网评员队伍。指导纪委、团委等各部门以及各地区组建基层网评员队伍。建设布局合理、上下协调、指挥有序的全国三级网评队伍。联合各有关部门建立志愿者网评员队伍。开展网上沟通联系，建立网上意见领袖和网评专家学者队伍，建设网评员专家库。

网评员管理制度化。建章立制，顺畅联络渠道。建立网评员个人档案和工作群组，加强沟通联系；开展活动，通过与不同网评员队伍开展参观考察、笔会活动等多种形式，紧密团结各类网评员；制定网络评论工作考评奖励办法，推动工作有序开展；建立网评员联络对接表，明确对接部门，负责开展日常活动、培训和管理，实现网评员分块管理。

网评员培训制度化。通过走出去、请进来等多种方式，提高网评员的政策水平和理论功底，提升业务技能。邀请不同领域的专家学者，为网络新闻发言人、网络评论员进行培训。组织网评员进行考察调研和实践锻炼，充分了解经济社会发展情况，通过多渠道、多角度提高网评员队伍素质和水平。

3. 重大和突发事件舆论引导机制

一是对重大事件在网上舆论引导提前策划。对每一项重大事件的网上舆论引导任务，均提前谋划，制定方案，有节奏、有重点地进行舆论引导。如党的十八大、全国"两会"前制定印发十八大期间网上舆论引导工作方案、全国"两会"期间网上评论引导工作方案等多个网上舆论引导方案和通知。执行重大网评任务期间，全国网评员多头行动，形成合力。同时，积极协调其他系统网评员加入重大任务网评工作中。

二是对重大突发舆情在第一时间进行引导。对网上重大突发舆情事件，按照国家统一部署，第一时间在网上进行引导。比如，新疆发生暴力恐怖袭击事件后，按照统一部署，第一时间组织网评员在网上与暴力恐怖势力进行斗争，开展舆论引导。针对网上突发舆情，加强工作联动，建设分类引导语料库，优化引导技巧，提高引导的时效性。

三是对热点网上舆情主动进行回应。正面回应方面，一方面做好网上回应。重大决策、重大活动、重大事件、重点问题应提前发布官方信息；针对网民发帖反映问题、提出质疑、进行监督或举报，在认真分析研判的基础上，利用相关媒体主动有针对性地进行回应，化解网民疑问，疏导社会情绪；对网上不实传闻，及时发布真相，澄清事实，驳斥谣言，防止传播扩散。同时建立现实回应调查制度，对网上关注的问题，明确责任，限时办理，及时答复，化解矛盾、依法处置，从根源上化解网上炒作。

（三）网络舆情研判应对机制

1. 网络舆情发现研判机制

建立覆盖各省区市、舆情直报点、相关部门、各新闻单位的舆情网络，重点舆情及早发现。健全完善网络舆情工作体系，形成专人联系、及时沟通反馈的联动机制，推动形成上下联动的舆情工作格局。

根据舆情发展情况和相关因素，研判舆情发展趋势，提出应对处置建议。加强社会舆情和网络舆情的联动，网上网下联动，指导基层加强舆情排查和预警评估能力，完善舆情研判体系。坚持和完善舆情会商制度，积极与有关部门和舆情发生地沟通协作，对重大舆情一事一商，一般舆情定期会商，细化沟通机制，提高研判水平。同时，积极与事发地、相关部门互通信息，共同研判舆情走势，确定应对措施。

2. 网络舆情预警报送机制

一是发现舆情及时预警，引起责任主体地区或部门重视，同时核实汇总情况，密切关注舆情发展变化，提前做好应对准备。对出现一定发展变化的舆情，联系属地或部门，告知具体发展脉络与研判情况，同时提出应对建议。

二是重大舆情专项通告，向事发地区党委政府及有关部门下达通告，提出处置工作建议，要求落实应对处置措施。必要时向事发地派出工作组实地指导开展工作。

三是制定网上舆情应急处置预案。根据网上舆情领域、地域、人群、级别等因素制定网上舆情工作预案。重大网上舆情发生时及时启动应急预案，指导有关地区和部门工作。研究网络传播、舆论发展规律，形成操作性、科学性较强的舆情预警评估办法，提高研判的准确度，提升舆情发展走势的总体分析水平和能力。

3. 网络舆情应对处置机制

一是建立网上舆情应对处置工作机制。把握网上舆情应对处置的方法、时机、尺度，分级、分类、部门联动开展应对处置工作。

二是进一步强化实际工作部门的主体责任，强化网信办督促协调和服务指导职能，推动实际责任部门积极、有效应对网上舆情。

三是建强应急队伍，完善全国统一、指挥有力、协调顺畅、处置高效的应急管理体系，以训代练提升应急队伍工作水平。

（四）网络管理机制

1. 网站属地管理和技术管理相结合

一是实行属地管理原则。按照谁主管谁负责的原则，规范属地新闻、论坛类网站资质审核和年检工作，制定可转载新闻网站名单，切实依法管好属地网站。制定网站管理办法和管理制度，强化督查落实，推进全国三级网信工作系统化、标准化、规范化建设。

二是抓基础管理。依法扎实开展网站备案审核、备案，IP 地址分配及备案工作，做好具有新闻舆论及社会动员功能业务的前置审批、备案、初审，把好网站准入关口。

三是加强微博客管理。严格按照国家法律法规要求，认真落实微博客网站准入、信息审核过滤、用户真实身份信息注册、公职人员及特殊用户微博客管理等各项措施，促进微博客健康有序发展。

四是建设互联网违法和不良信息举报中心并与各省区市对接，督促重点网站抓好举报工作。加强举报奖惩工作，有效利用社会组织和力量，发挥其在净化网络环境中的作用。

2. 开展各种专项行动

研究提出虚假信息、网络侵权、跟帖评论等网络信息传播的"九种乱象",针对"九种乱象"开展专项行动。协同公安、通信管理、文化、工商等部门,在全国范围持续开展"净网行动",打击整治非法生产销售和使用"伪基站"违法犯罪,"剑网2014",涉恐信息管理,整治互联网、手机等新兴媒体传播网络淫秽色情和低俗信息专项行动,加大网上"扫黄打非"力度,严厉打击违法违规企业和违法犯罪分子,查处非法网站。

3. 加强人员管理

一是加强网站从业人员管理。开展新闻网站的从业人员基本信息统计备案,建立互联网新闻信息服务网站数据库和从业人员信息库。将新闻网站采编人员纳入新闻记者证制度统一管理,落实日常监管和年审。

二是推出各商业网站严格落实设立总编辑等"四项措施",提出主流新闻网站和重点商业网站"带头把方向、带头抓管理、带头扬正气、带头树新风、带头守法纪、带头探规律、带头谋发展、带头建队伍"等。

三是加强网络执法,壮大网络执法队伍,完善执法程序,加强执法培训和监督,规范执法行为。

四是定期组织开展法律法规、信息管理、舆论引导等方面的学习培训,提高网站自身管理和建设水平。

4. 加强网络应急管理

一是不断提高应急管理预案的合理性和可操作性,制定应急指挥、应急响应、处置办法工作措施,逐步形成分级负责、纵横结合的重大网络舆情应急联动机制。

二是加强与涉网管理部门沟通协作,进一步畅通部门联络和合作机制,实现应急工作队伍的横向联合。

三是充分发挥国家、省区市、地市三级网信办作用,全国网信系统共同作战,实现应急工作队伍的纵向联合。

四是加强网络应急管理培训和模拟练兵,提升全国网信系统应急管理水平。

第二节　传统媒体的舆论引导格局和机制现状

一　传统媒体舆论引导格局的现状

在整个舆论引导格局中，传统媒体一直处于主导和核心地位。在长期的舆论引导实践中，传统媒体逐步形成了以党报党刊、通讯社、电台电视台为主，整合都市类媒体、网络媒体等宣传资源，统筹协调、分工合作、功能互补、覆盖广泛的舆论引导格局。

（一）党报、党刊

主要指中央及地方各级党委或政府相关部门的机关报刊。中央级党报党刊如《人民日报》《光明日报》《求是》等。各省、市、县党委也都有相应的机关报刊，如《北京日报》《河北日报》《吉林日报》等。党报党刊是中央及地方各级党委的一个重要工作部门，宣传、贯彻、落实各级党委的路线、方针和政策，正确引导社会舆论，是各级党报党刊最基本、最重要、最核心的工作内容。党报党刊是传统媒体舆论引导格局中的排头兵。

（二）通讯社

目前最有影响的国家级通讯社是新华通讯社和中国新闻社。新华通讯社简称新华社，是我国的国家通讯社，同时也是著名的世界性通讯社之一。新华社在全国除台湾省以外的各省区市均设有分社，在一些重点大中城市设有分社或记者站，在中国人民解放军、中国人民武装警察部队设有分支机构，在境外设有 180 个分支机构，每天 24 小时不间断用中文、英文、法文、俄文、西班牙文、阿拉伯文、葡萄牙文和日文等 8 种文字，向世界各类用户提供文字、图片、图表、音频、视频等各种新闻和信息产品。新华社编辑出版并公开发行《新华每日电讯》《参考消息》《瞭望》《半月谈》等 20 多种报刊，2014 年平均期发总量近 750 万份。中国新闻社简称中新社，是以对外报道为主要新闻业务的国家级通讯社,是以台港澳同胞、海外华侨华人和与之有联系的外国人为主要服务对象的国际性通讯社。拥有 46 个境内外分社,在北京、纽约、香港设立发稿中心。建有多渠道、多层次、多功能的新闻信息发布体系,每天 24 小时不间断向世界各地播发文字、图片、视频、手机短信等各类新闻信息产品。该社出版的杂志《中国新闻周刊》已成为国内最知名的时政周刊之一,并以英、日、韩、意等 4 种外国语出版。

(三) 电台、电视台

我国实行四级办广播电视的管理体制,中央、省、市、县都有广播电台、电视台。中央级广播电视机构为中央人民广播电台、中国国际广播电台、中央电视台。全国每个省(区、市)、市、县都设有广播电视播出机构。截至 2013 年底,全国共设播出机构 2568 座,包括电台 153 座、电视台 166 座、教育电视台 42 座、广播电视台 2207 座(其中含县级广播电视台 1996 座)。上述播出机构共开办 4199 套节目,其中广播节目 2863 套(中国国际广播电台的 65 种语言对外广播不计在内)、电视节目 1336 套。广播、电视综合人口覆盖率分别达到 97.79% 和 98.42%。[1] 与报纸杂志等媒体相比,广播电视的覆盖面相对更广,影响力相对更大。因此,电台电视台在传统媒体舆论引导格局中具有至关重要的地位和作用。也正因为如此,无论是管理层面还是实践操作层面一直都强调"新闻立台""导向立台"。

(四) 都市类媒体

包括都市报、电台、电视台中的娱乐、体育、综艺等非新闻、非时政类的频率频道。舆论引导虽然不是都市类媒体的首要功能和任务,但都市类媒体本身是传统媒体的一个组成部分,是传统媒体内容、功能的延伸和补充。随着近年来都市类媒体影响力的不断增强,其在舆论引导格局中的地位和作用越来越重要。以都市报为例。都市报主要指常说的"晚报系",一般由党报所属,归党报主管,各级党报基本上都办有都

---

① 参见杨明品主编《中国广播电影电视发展报告(2014)》,社会科学文献出版社,2014,第 3~4 页。

市报，如《北京晚报》《扬子晚报》《华西都市报》《楚天都市报》等。有的党报一家办有多家都市报，因此从全国范围看，都市报的发行量可能会超过党报。一些由都市报报道及引发的舆论对社会舆论的影响力越来越大，如前些年《南方都市报》报道的"孙志刚事件"等。

（五）整合网络媒体资源

随着互联网、移动互联网等新兴媒体的普及和发展，传统媒体不断整合网络媒体等新兴媒体资源，提高舆论引导的实效性。这种整合主要体现在两个方面。一方面是创办网站。中央及地方各级报纸、电台、电视台几乎都依托传统媒体资源创办了自己的网站，有的成了重点新闻网站，如人民网、新华网。人民网"强国论坛"是中国网络媒体创办的第一个网上时政论坛。人民网日均页面访问量突破 4 亿次。新华网已成为全球最具影响力的新闻网站之一，依托新华社遍布海内外的分支机构以及自有 29 个地方频道和海外公司，形成了全球化新闻信息采集网络，是中国网络媒体中传播力强、覆盖面广、资讯采集手段全、传播形态多样化的全媒体信息采集、加工和传播平台。截至 2014 年 12 月 31 日，新华网的 Alexa 国际互联网三个月综合排名第 71 位，中国互联网三个月综合排名第 11 位，居新闻网站之首。中科院《互联网周刊》发布的 2014 年中国互联网分类排行榜，新华网超过人民网、腾讯网、新浪网、凤凰网等，居综合新闻资讯网站首位。新华网拥有众多中国新闻奖和中国互联网站获奖作品和品牌栏目，《温家宝总理与网民在线交流》、"新华直播"等多篇报道和栏目荣获中国新闻奖一等奖；"第一回应""新华网评"等获评中国互联网站品牌栏目。

传统媒体整合网络媒体等新兴媒体资源另一方面体现在开办微博、微信，开发移动客户端，即常说的"两微一端"。近年来，随着微博、微信、移动客户端的普及和迅速发展，各级各类传统媒体几乎都接入了"两微一端"。人民日报新浪微博@人民日报粉丝数达到 5657 万，央视新闻中心新浪微博@央视新闻粉丝数 5367 万。①

①　数据截至 2018 年 3 月 18 日。

二 传统媒体舆论引导机制构成

当前我国构建舆论引导机制不仅要受到多方面因素的影响，而且也要接受多种主体的管理和制约。对于传统媒体来说，其舆论引导机制目前主要由六大子机制构成，分别是依法引导的机制、政府行政监管的机制、"党管媒体"的机制、阅评引导机制、评奖引导机制和考评引导机制。这六种机制在不同层面、不同角度、不同阶段对传统媒体的舆论引导机制发挥"合力"作用。

（一）依法引导的机制

党和政府相关部门依照国家相关法律法规规范舆论引导工作，同时对舆论引导中出现的违法违规现象进行强制性处罚。例如"法轮功"邪教组织、"三股势力"攻击广电卫星，在广电信号中插入煽动民族仇恨、分裂国家、反对党和政府的领导等内容，国家有关部门对此依法依规坚决予以打击处理。再如，对一些媒体从业者报道中的违法行为，绝不姑息。如前些年的"繁峙矿难记者收受贿赂事件""纸馅包子事件"及近年来发生的一些以曝光揭露要挟事主的媒体敲诈事件等。对一些可能误导舆论的媒体活动，相关部门也及时依法依规予以纠正，并针对实践中出现的问题不断完善、制定、出台相应的法律法规。如2010年，针对一些婚恋交友和情感故事类节目伪造嘉宾、欺骗观众，节目内容低俗甚至炒作拜金主义，宣扬不当的婚恋观、价值观等现象，国家广电总局依据《广播电视管理条例》等法规，下发了《广电总局关于进一步规范婚恋交友类电视节目的管理通知》及《广电总局办公厅关于加强情感故事类电视节目管理的通知》两份文件。文件中规定"严禁伪造嘉宾身份，欺骗电视观众""不得选择社会形象不佳或有争议的人物担当主持人""不得以婚恋的名义对参与者进行羞辱或人身攻击，甚至讨论低俗涉性内容，不得展示和炒作拜金主义等不健康、不正确的婚恋观……"。各地广电媒体主管部门和广播电视播出单位纷纷按照总局文件要求进行自查自纠，《非诚勿扰》《为爱向前冲》《缘来是你》《爱情来敲门》等一些存在相关问题的节目被要求限期整改。

（二）政府行政监管的机制

政府对舆论引导机制的把控，主要是通过行政手段来规范或引导舆论导向。在舆论引导机制中，国家新闻出版广电总局作为主管部门，负责：1. 拟订新闻出版广播影视宣传的方针政策，把握正确的舆论导向和创作导向；2. 起草新闻出版广播影视和著作权管理的法律法规草案，制定部门规章、政策、行业标准并组织实施和监督检查；3. 制定新闻出版广播影视领域事业发展政策和规划，组织实施重大公益工程和公益活动，扶助老少边穷地区新闻出版广播影视建设和发展、制定国家古籍整理出版规划并组织实施；4. 统筹规划新闻出版广播影视产业发展，制定发展规划、产业政策并组织实施，推进新闻出版广播影视领域的体制机制改革。依法负责新闻出版广播影视统计工作等重要职能。[①] 在当前的舆论引导实践中，广电总局通过出台一系列具体的管理措施，对各级各类新闻媒体的新闻宣传工作进行约束和管理。例如，2011 年国家广电总局下发《广电总局关于进一步加强电视上星综合频道节目管理的意见》（以下简称《意见》），《意见》共有八点：1. 坚持电视上星综合频道定位。2. 增强电视上星综合频道新闻类节目采制能力和播出总量。3. 扩大经济、文化、科教、少儿、纪录片等多种类型节目的播出比例。4. 建立科学全面的节目综合评价体系。5. 完善电视上星综合频道节目播出管理制度。6. 建立引进境外电视节目形态备案制度。7. 强化各级广播电视行政管理部门监管责任和播出机构的把关责任。8. 切实加强行业自律和社会监督。

《意见》强调，电视上星综合频道是以新闻宣传为主的综合频道。地方电视上星综合频道的主要任务是围绕中心，服务大局，宣传地方成就，展示区域特色，反映社情民意，引导社会热点，传播主流价值。电视上星综合频道要牢固树立马克思主义新闻观，坚持导向立台、新闻立台，坚持贴近实际、贴近生活、贴近群众，坚持团结稳定鼓劲、正面宣

---

① 主要参考国家新闻出版广播电影电视总局官网有关内容。

传为主，紧紧围绕党和国家工作大局，以及当地党委、政府中心工作，以宣传当地改革发展、服务当地人民群众为重点，营造健康向上、丰富生动的主流舆论，提高主流媒体的权威性和公信力、影响力。

《意见》要求，从 2012 年 1 月 1 日起，每个电视上星综合频道每日6：00 至 24：00 新闻类节目不得少于 2 小时；18：00 至 23：30 必须有两档以上自办新闻类节目，每档新闻节目时间不得少于 30 分钟。还要求各电视上星综合频道要开办一个弘扬中华民族传统美德和社会主义核心价值体系的思想道德建设栏目。《意见》下发后，全国各地广播电视行政管理部门和播出机构都积极贯彻，按照要求进行节目内容、节目时间调整，并开办思想道德建设栏目。《意见》是当前和今后一个时期广播电视媒体新闻宣传和舆论引导工作的指导性、纲领性文件。

（三）"党管媒体"的机制

在我国，"党管媒体"是最严格也是最有力的舆论引导机制构成。党管媒体体现在党和政府对媒体人、财、物的统一管理上，特别是对人的管理。中央及地方各级各类媒体的社长、台长、总编辑等，都是党委和政府相应级别的领导干部，其任免、考核、提拔、调动，都必须遵循"党管干部"的组织原则和组织程序。这样就首先确保媒体领导者拥护党的领导，始终与各级党委保持一致，遵守党的纪律和组织原则。这是媒体坚持正确舆论导向的重要组织保障。

其次，党管媒体体现在各级党委和政府及媒体主管部门对新闻从业人员及新闻队伍建设的统一管理。如 2003 年，中宣部、国家广电总局、国家新闻出版总署、中华全国新闻工作者协会联合发出《关于在新闻战线深入开展"三个代表"重要思想、马克思主义新闻观、职业精神职业道德学习教育活动的通知》。中宣部会同有关部门联合召开中央主要新闻单位开展"三项学习教育活动"座谈会，要求中央新闻单位率先开展"三项学习教育活动"，召开开展"三项学习教育活动"工作会议，对在新闻战线广泛深入开展"三项学习教育活动"工作进行动员和部署。此后几年，全国各级各类新闻单位一直持续开展"三项学习教育活动"。再如 2011 年，中宣部、中央外宣办、国家广电总局、国家新闻出版总署、中国记协等五部门召开会议，对新闻战线开展"走基层、转作风、改文风"活动进行部署。时任中共中央政治局委员、中央书记处书记、中宣部部长刘云山出席会议并讲话，强调新闻战线要深入贯彻落实中共中央总书记胡锦涛"七一"重要讲话精神，着眼于把握新闻舆论正确导向，着眼于提升新闻队伍能力素养，扎实开展"走基层、转作风、改文风"活动，有针对性解决突出问题，推动新闻宣传工作迈上新的台阶，为促进经济社会又好又快发展、全面建设小康社会作出应有贡献。这对整个新闻战线坚持正确舆论导向，提高舆论引导能力具有重要的推动作用。

再次，党管媒体还体现在各级党委政府对日常新闻宣传工作的具体指导。例如上自中共中央宣传部，下至各级省委、市委、县委宣传部，整个体系会以定期召开新闻通气会的方式来传达部署当前或今后一段时间的宣传重点。新闻通气会的机制既包括常年机制，比如每月或每周一次，也包括临时机制，比如全国两会、中共十八大、APEC 会议等重大新闻事件的报道过程中，每天都会召开新闻通气会。总的来看，"党管媒体"是一个富有中国特色的舆论引导机制，其在整个舆论引导机制构成中的影响范围最广，指向性也最强。

（四）阅评引导机制

同样作为一种自上而下的舆论引导机制的构成，新闻阅评制度不仅内嵌于党的宣传部门体系之内，遍布广播电视的行政管理体系之内，也广泛存在于各级各类媒体机构。新闻阅评员主要是由经验丰富的新闻工作者构成，按照报刊组、广播组、电视组等开展具体的工作。这项机制也成为当前我国舆论引导机制中重要的舆情反馈机制，对舆论导向的引导起到重要的校正作用。在各级各类媒体机构，阅评引导以内部审阅、评价的形式出现，有的媒体推行选题研判制度，前瞻性、预警性地对一些重大选题或者重大议题的舆论引导方向做出研判，规避政治风险。如《光明日报》每周例会、每天编前会讨论确立报道主题和报道方案，每期报纸实行版面（记者组）、部门、总值班（社领导）三级把关制，确保舆论导向正确。也有的媒体在报道之后进行分析和总结经验，不断改进舆论引导工作。如新华社《关于改进重大主题报道的实施办法》要求,"不定期开展重大主题报道讲评活动,以评代训,通过案例分析,有针对性地总结积累经验,不断改进创新重大主题报道的思路、方法"。并采取相应的激励机制,"社级优秀新闻作品、总编室通报表扬、总编室每周表扬稿等评选向重大主题报道倾斜。对重大主题报道的稿件由新闻研究所牵头按一定比例选出若干优秀篇目,报总编室审批后按照重点栏目稿件计入采编业务考核"。

（五）评奖引导机制

新闻评奖被新闻业界称为"导向中的导向"。通过新闻评奖,树立新闻业务的榜样和标杆,以引领正确舆论导向,这是舆论引导机制链条中重要的一环,也成为新闻舆论宣传的业务常态。在当前我国的新闻业,新闻评奖已是一种常态,并且已经形成了一个大的体系。这个体系的组成很丰富。从评奖的对象来看,主要为三大类,第一类是评选优秀新闻从业人员的,如我国目前评选优秀记者的最高奖项是一年一度的长江奖,评选优秀编辑的最高奖项是韬奋奖,这两项奖励都是由中华全国新闻工作者协会（简称"中国记协"）组织实施。全国大部分省市也有类似的优秀新闻工作者评选活动,如北京市优秀新闻工作者评选。此外还有不同媒体的专业类优秀人才的评选,如中国广播电视协会开展的奖励优秀播音员、主持人的"金话筒奖"等。第二类是评选奖励新闻媒体的。如 2006 年由新闻出版总署主管的《传媒》杂志社与中国报业网联合主办的首届中国传媒创新年会,评选出了"年度十大创新传媒奖"与"年度十大最具成长性创新传媒奖",前者由湖南卫视、广州日报报业集团、中央电视台、《南方都市报》、新浪网、北青网、东方卫视、Cgogo 手机搜索、航美传媒、《英语周报》十家媒体获得,后者由《华商报》、《京华时报》、《申江服务导报》、《精品购物指南》、《青年报》、《潇湘晨报》、《辽沈晚报》、齐鲁电视台、《都市快报》、《重庆商报》十家媒体获得。第三类是奖励新闻报道业务的,这类评奖在新闻评奖中分量最大,开展这项评奖的主体最多,影响面也最大。从评奖的主体来看,非常丰富,已形成了不同的评奖主体系统。具体说来，有如下的主体系统结构：一是各级党委宣传部系统的新闻宣传奖评选。中宣部设有"五个一工程"奖，对应的是各省（区、市）、市、县和解放军政治部宣传系统、国有大中型事业、企业宣传部门设立的新闻宣传评奖。二是"记协"系统的新闻宣传奖评选。如全国记协一年一度的"中国新闻奖"，对应的是各省市记协主办的好新闻奖，如广东新闻奖、浙江新闻奖等。三是各媒体专业协会系统的新闻宣传奖。如中国广播电视协会两年一度的"广播电视大奖"，对应的是各省市广播电视协会的广播电视奖。报纸系统有专业报刊协会的新闻奖。如中国报业协会党报分会组织实施的"中国城市党报新闻奖"，全国广播电视报刊协会组织的每年度的"广播电视报刊优秀新闻作品评选"等。四是一些部门和系统组织的本部门、本系统的新闻宣传奖。如全国人大新闻宣传奖、全国政协新闻宣传奖。五是一些系统和战线组织的本系统和本战线新闻宣传奖。如全国旅游好新闻奖、全国农垦战线新闻摄影奖等。六是各媒体内部组织的新闻宣传奖。这个从《人民日报》、新华社、中央人民广播电台、中央电视台、中国国际广播电台，到省、市、县各级报纸和广播电视台都有评选活动。从评奖的规范管理看，所有新闻评奖活动，都必须得到党委宣传部门的批准，纳入其管理系统中。从评奖频率看，有不定期的评选，有定期的评选，有年度的、季度的、月评的。最后，也是最重要的，从评选标准方面看，都毫无例外地把坚持正确的舆论导向放在最重要的位置，实行舆论导向不当一票否决的机制。如"中国城市党报新闻奖"的评选标准主要是："以中国特色社会主义理论为指导，坚持为人民服务、为社会主义服务、为全党和全国的工作大局服务，贯彻团结稳定鼓劲、正面宣传为主的方针，坚持正确舆论导向，落实'三贴近'要求。存在导向不当、有不良社会影响以及新闻要素不全、事实性错误等情况的作品，不得获奖。"新闻评奖机制作为舆论引导的奖励性机制，在舆论引导机制系统中，发挥着特殊的作用。（见图 2 - 4）

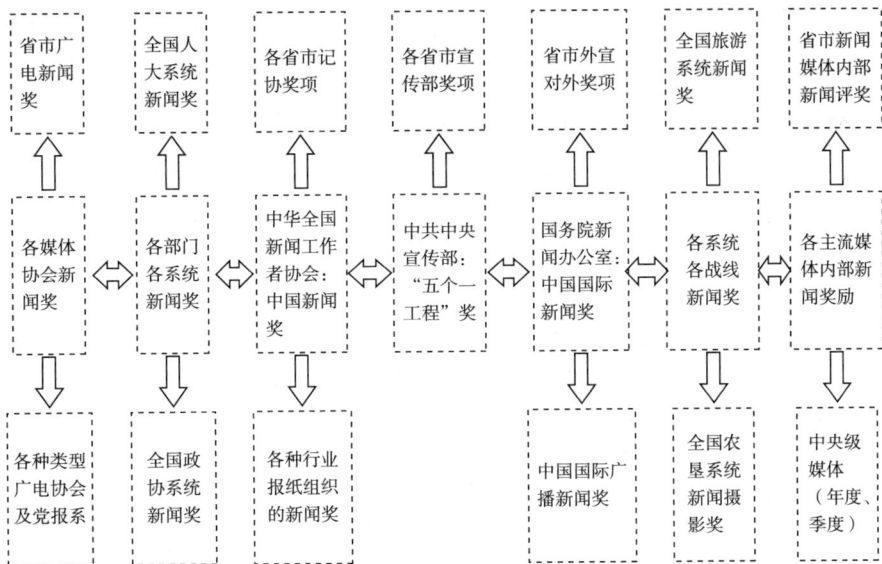

图 2-4　评奖引导机制体系

（六）考评引导机制

在新闻媒体的舆论引导机制中，还有一项重要的内部机制，就是考评引导机制。这项机制一般都设有专门的机构，大多设置在新闻媒体的总编室里。也有一些新闻媒体单独设置专门的考评机构。这项机制的主要任务是为报纸版面、新闻、广告等报纸产品，广播电视的节目、栏目和广告设置业务标准，以起到保证舆论引导正确和新闻生产的基本业务标准要求，以实行新闻生产的标准化运作。以北京人民广播电台为例，该台于 2001 年 11 月制定实施了考评制度，以"开展节目质量考评的实施办法"的形式开展全台广播业务的考评。实施办法的主要内容为：

考评的目的和宗旨是：以"严守宣传纪律，把握正确导向，深化专业办台，提高节目质量"的工作方针，推动全台宣传改革健康深入发展，促进宣传报道水平全面提高。

机构设置为："总台成立节目质量考评委员会，考评委员会由总编辑、副总编辑、总编室主任组成。总编辑任主任。下设考评委员会办公室，总编室主任任办公室主任。总编室成立节目质量考评科，具体负责对节目质量的考评工作。"

考评办法为："考评科每月对每一个需要考评的节目（栏目）抽出进行逐一审听，根据每个节目的质量要素达标情况进行打分，评定出应得分数。取考评分数之和的平均值作为每个节目当月质量结果。

"节目质量要素由各专业广播参照总台《关于确定节目质量要素的意见》进行确定，每年调整节目时，除提供节目表、节目方针外，同时提供每个节目的节目质量要素。

"考评质量结果分为三档：达标节目、基本达标节目和不达标节目。

"各档节目质量的标准是：每个节目的最高得分为 100 分。得分 80（含 80）分以上的节目为达标节目；得分 60（含 60）分以上至 79 分的节目为基本达标节目；得分低于 60 分的为不达标节目。

"考评科根据考评质量结果，每月分别写出各专业广播的考评报告，制作出节目质量考评排序表，提供节目质量考评明细表，一并报考评委员会审核。经考评委员会同意后印发各专业广播。"

实施办法还详细规定了质量达标的具体比例和奖惩办法。

在实施办法所制定的原则的基础上，还附有《关于确定节目质量要素的意见》，该意见对"通用类节目"的质量要素作了详细规定：

通用节目质量要素，适用于全台所有节目，也是考评科考评节目的重要依据和标准。主要包括以下内容：

（1）坚持团结、稳定、鼓劲、正面宣传为主的方针，牢牢把握正确的宣传舆论导向。

（2）牢固树立政治意识、大局意识和责任意识，认真贯彻执行党的各项理论、路线、方针和政策。

（3）新闻报道必须遵守真实的基本原则。

（4）开办新节目（栏目）须经编务会审核批准。未经编务会审批，任何部门和个人不得乱开新节目（栏目），包括下设的小栏目。

（5）任何节目所播内容都必须符合该节目的节目方针，不允许随心所欲、乱播乱放。

（6）播音员、节目主持人必须经过资格认定，持证上岗。主持节目时要报名字。播音员、主持人在播音或主持节目过程中、记者在连线报道或口头报道过程中要避免出现读错字音、断错句子、磕巴的现象。主持人须用普通话主持节目，不得用港台腔，杜绝脏话和不符合大众审美的语言出现在广播中。

（7）采编播人员及嘉宾在节目中的谈话和所发表的观点，必须和党、政府的政策相一致、相吻合，不得以发表个人观点为由，发表与党和政府主张相对立的错误言论。

（8）嘉宾的选择要考虑代表性、典型性和权威性。嘉宾参与的节目，对嘉宾的主要思想和观点必须清楚，在节目播出之前，要告之嘉宾节目意图、导向及有关宣传要求。不得片面追求名人效应，更不允许邀请上级已明确规定不允许邀请的人当嘉宾。

（9）严格遵守宣传纪律，准确把握宣传口径。各类专题节目（包括音乐、文艺专题节目），每期节目要有完整策划和明确的主题。

（10）严格遵守我台安全播音规定，节目播出声音要清晰、连贯，不得出现声音失真、劣播或空播等现象。

（11）严格遵守我台规定的审稿及节目重播重审制度。

（12）节目播出要准时、完整，严格按时间表运行，不允许提前或推迟开始，也不允许提前或推迟结束。

这套考评机制，为保证北京人民广播电台正常高效的业务运转，起到了良好的激励、监督和奖惩作用。

2011年7月，中央电视台开始正式实施《中央电视台栏目综合评价体系优化方案暨年度品牌栏目评选办法》，这是央视自2002年首次推出节目综合评价体系以来，在改进和创新评估体系方面的一次大的举动。对于这次央视节目综合评价体系的改版，有专家作了评论：

"随着新媒体冲击和传统电视竞争的不断加剧，市场压力下各种忽视社会效益、盲目追求收视率的现象时有发生，甚至发生污染样本户事件，节目的同质化和低俗化趋向抬头。社会舆论对于净化荧屏，倡导健康向上的社会风习，抵制庸俗、低俗、媚俗之风的呼声日益高涨。正是在这一背景下，央视推出新的节目评价体系，希望'实现由重视收视率为主向重视栏目综合评价转变，自觉践行社会主义核心价值体系'①，强调电视传播在价值导向和经管模式方面的创新，因为节目评价体系既是一种效果评价机制，也是一种激励和管理机制，还是一种导向机制。"②

表 2-1　中央电视台栏目综合评价体系指标构成

指标体系及权重			数据采集渠道		
一级指标	二级指标	考量维度	专家调查	观众调查	收视率调查
引导力20	引导力20	表征栏目导向是否正确、价值观是否被认同的社会效果指标	√	√	
影响力25	公信力10	表征栏目可信性、权威性以及责任感方面的社会效果指标		√	
	满意度15	总体满意度		√	
		分项满意度		√	
传播力50	收视目标完成率10	受众传播规模的拓展与维护			√
	观众规模20	栏目传播广度与观众群的拓展能力			√
	忠诚度15	栏目黏着观众的能力			√
	成长趋势5	栏目成长性和阶段性状态			√
专业性5	专业品质5	制作水准和品质〔编辑编排、制作剪辑、播音主持、音响音乐、画面镜头（舞美）、文字写作〕	√		

这种在"绿色收视率"概念中改版的央视综合节目评估体系，在媒体（尤其是广播电视媒体）的考评引导机制中，具有示范效应。

综上所述，媒体的内部考评机制，是建立在媒体内部自律基础上的舆论引导机制，它配合其他机制发挥着重要的作用。

三　传统媒体舆论引导机制特点

（一）"规定动作"与"自选动作"相结合

上述六种子机制为传统媒体提供了舆论引导的基本框架和规范。任

---

① 刘燕南：《央视新评价体系的纵比与横比——特点、差异与探讨》，《南方电视学刊》2011年第4期。

② 张鑫：《央视"栏目评价体系"揭秘》，《中国广播影视》2011年第7期下半月版。

何新闻从业者在开展新闻舆论宣传时都必须接受法律、党和政府、阅评机制等的管理和制约，以保证导向的正确。但不同的传统媒体的业务单位有不同的实际情况，需要拥有一套自己的操作和落实机制来配合上述机制的完成。如果将前述六种子机制称为舆论引导机制的"规定动作"的话，业务单位自己的舆论引导机制则可以称为"自选动作"。舆论引导机制的"自选动作"主要体现在两个方面，一是建立传达制度，二是建立领会执行制度。

第一，建立传达制度。目前，各级各类广播、电视、报刊等业务单位，普遍实行的是编前会制度和例会制度。这是保证舆论引导能够贯彻到每个人的办法，参会人员广泛涉及各个新闻环节的"把关人"。比如电视台，就会由不同级别的编前会对一个时间段的舆论引导工作进行部署、总结和反馈。包括最高级别的台编前会（主要由台领导以及中层人员参加，传达中宣部、总局以及市局等下发的宣传精神以及近期的收视走向、台重大事件的通报、台领导重大决策等）以及各个中心和部室的部门编前会（主要由部室的制片人、编辑、记者、摄像等参加，传达台编前会的精神）。从本质上来看，编前会制度构成了由台到各中心部室再到记者自上而下的垂直管理体系，这套会议系统既包含了"党管媒体"的因素，又包含了行政监管的因素，所以保证了新闻宣传精神不衰减、不断线，做到贯彻重要的新闻宣传精神不断线、不过夜。

第二，建立领会执行制度。宏观的舆论引导机制主要担负的是"定位"和"定调"的工作，因此鉴于新闻宣传主管部门和机构出台的一些宣传精神、要求规定等并不具体的情况，基层的新闻业务单位需要自己领会、消化和贯彻、执行，进一步做自主策划，并根据实际情况设计报道方案，最终实现对国内舆论的积极引导乃至影响国际舆论。这种"规定动作"往往需要新闻业务单位在机构流程上来保证实施。比如中央人民广播电台"中国之声"主要是靠策划部来完成这项工作的，策划部值班总监会带领整个策划部就某一重大的宣传要求（根据每年大的事件、核心工作会有阶段性的工作重点）做一个策划案，然后要求其他各个部门具体执行。

（二）"日常机制"与"突发机制"相结合

舆论的发生、发展和变化往往具有偶然性和突发性，因此传统媒体的舆论引导机制也必须同时配备"日常机制"和"突发机制"。在日常机制方面，我国传统媒体已经形成了比较成熟和稳定的基本制度，特别是纸媒在整个运行过程中始终贯穿"三级把关"制度（或称为"三审三校"制度），所谓三级把关是指，版面主编负责第一级舆论引导、部门领导负责第二级舆论引导、报社领导终审把关签字。

在当前充满各种变化的社会转型期，舆论引导的"突发机制"更考验新闻从业者的政治敏感、社会责任感和新闻业务素质。在重大战役报道前，如何把握大局，按照中央精神进行重大事件新闻宣传报道策划，进而深刻把握事件对国家经济、政治、社会等领域的意义都需要通过舆论引导机制来把关。舆论引导的"突发机制"经常在"大灾大难大事"来临时打破常规的报道体系，通过电话、口头通知等形式第一时间将宣传指示传达给相关人员。传统媒体舆论引导在建立和完善"突发机制"方面不断积累经验，正日益发挥着重要的作用。新华社在这方面的成功经验是建立了专门的应急机制和应急指挥系统。如2014年8月鲁甸地震发生后，总社紧急成立报道指挥部，各部门参加；云南分社组织前线指挥部，负责具体报道指挥，同时在总社协调下，与四川等周边省份分社合作联动，与其他媒体（包括传统媒体和新媒体）及时联动互通信息；地震灾区一线成立采访报道组，进行应急报道；报道后方，每天对关于地震的舆情进行收集、研判和调度，加强与国内国际媒体联系，对热点话题和事件及时跟进报道。如"浑水煮面"事件[①]，网络报道后，新华社积极跟进，核实之后还原事实真相，正面引导舆论。

---

① 2014年8月，云南鲁甸地震救灾报道中，央广前方记者发回一则报道称，震中龙头山镇的龙全中学食品匮乏，只能吃外面输送进来的泡面，地下水和自来水因为地震水质现在比较浑浊，目前救援人员用浑水泡面做饭。《环球时报》、环球网刊登《救灾部队：浑水泡面不属实勿轻信伤害前方士气》的文章对央广记者报道提出质疑。随后，各类媒体特别是网络媒体出现大量质疑声音，甚至谴责发出此报道的记者造假。经深入调查和确认，"浑水煮面"报道属实，一些媒体纷纷为此前的质疑表示道歉。

（三）不断改进采编系统和工作流程，注重舆论引导的可操作性

舆论引导机制不是空泛的理念，需要在实践中发挥效果，因此当前广播、电视、报刊等新闻单位都在不断强化舆论引导的可操作性，使之成为"看得见，摸得着，用得上"的业务标准。以北京电视台为例，其新闻中心内部就围绕新闻采编系统来增强舆论引导机制的可操作性。从2004年开始，新闻中心的采编系统建立了大编辑工作流程，以前一个栏目一个部门，现在是全中心所有的栏目统一到大编辑部管理流程体系之下，辐射文稿编辑系统、音视频节目编辑系统、播出系统以及打分和评估体系四个系统，而这个体系的核心是编务会制度。编务会就是一个"指挥棒"，其负责架设舆论导向的主体框架，所有的宣传精神、宣传导向、节目的生动性、节目的形态样态全部通过编务会来确立。具体来说，编务会制度在新闻中心每天两次，上午和下午各一次，参会人员包括新闻中心值班主任、各部门（采访部门、编辑部门）值班主任、各节目制片人、采访科科长以及舆情小组。在编务会上主要是启动文稿编辑系统，通过审各档节目的串单、筛选记者申报的选题以及传达临时的宣传精神等环节将舆论引导工作布置下去。整体来看，来自党和政府的舆论引导指令和规范，需要在实践中被具体落实，需要完成从精神到指令、从宏观到微观的处理。

（四）重视舆情监测

新华社有专人负责舆情监测，定期收集分析各种媒体报道热点、主要议题及意见，然后对舆情进行分析研判，根据分析结果设置议程、制定报道方案，有针对性地开展舆论引导。包括北京、上海、湖南、江苏等地在内的全国许多地方广播电视台或者设立专门的机构，或者安排专门工作人员，定期搜集、整理、汇总舆情信息。《法制日报》建立了法制网舆情监测平台，涵盖数万家网站（包括新闻、论坛、博客、微博等内容），可以进行全网舆情监测、行业舆情监测、定向舆情监测以及对突发事件、社会热点等进行实时追踪监测，并运用事件影响力、危机程度、应对程度、信息发布、应对技巧、公众信任度、公众满意度等指

标对舆情进行分析。法制网舆情监测中心由传播学、法学、统计学、社会学、心理学、管理学等多学科背景的博士、硕士组成，研究人员有着深厚的理论功底和丰富的舆情监测实践经验，保证了舆情分析的可靠性、针对性和专业性。监测中心还组建了由法学界权威专家、法律界从业精英，以及传播学、舆论学、危机公关管理等多领域的专家顾问团队，参与舆情研判和舆情会商，对舆情事件进行趋势分析并提供应对策略建议。

（五）注重媒体融合

近年来，随着互联网、移动互联网等新兴媒体的迅速发展，传统媒体舆论引导越来越注重与新兴媒体融合，不断提高舆论引导实效性。新华社利用新华网创办"中国网事"栏目，报道内容包括：感动系列，定位于感动网友的人物和事件；调查系列，突出网络特色，深度挖掘分析网上热点事件；核实系列，第一时间对网络热点事件进行核实与澄清；盘点系列，每周就网络关注热点和重点进行盘点和分析。该栏目通过自身及时、客观、权威的报道，厘清事实、惩恶扬善、引导舆论，伸张网络正气，宏扬网络新风。《人民日报》、中央人民广播电台、中央电视台等媒体都开通了微博、微信或客户端。@人民日报法人微博在人民网、新浪、腾讯三大平台上的粉丝总数突破 6000 万，而纸媒订户仅310 万。@央视新闻微信有 210 万的关注者①。南方报业是国内较早着手传统媒体数字化转型的传媒集团之一。集团平面媒体、网络媒体、移动媒体、广电媒体、户外 LED 和南方全线通六条产品线建设稳步推进。目前，集团旗下各平面媒体的发行总量已逼近千万量级，加上网站、各媒体的移动终端、官方微博等所覆盖的群体，影响的人群已突破一亿人。

（六）舆论监督成为配套机制

从大的方面来看，舆论监督也是一种舆论引导。因此，传统媒体在舆论引导机制的运行中也大多自觉地加入了舆论监督的内容。例如中央

① 李培林、陈光金、张翼主编《2015 年中国社会形势分析与预测》，社会科学文献出版社，2014，第 236 页。

人民广播电台中国之声，除了关注普通的社会负面新闻，更注重围绕中央最关心的工作、热点问题或者党和政府明令禁止、老百姓深恶痛绝的问题或现象，做一些有针对性、态度鲜明的舆论监督。比如，习近平同志在 2012 年 12 月 4 日召开的中共中央政治局会议上提出了关于改进工作作风、密切联系群众的八项规定，以整顿党风、惩治腐败。对此，中国之声加大了对该问题的舆论监督。再如新华社，注重对党和政府明令禁止、老百姓深恶痛绝的问题或现象（如贪污腐败），采取客观公正的立场，进行舆论监督。一方面搜集整理来自群众举报的线索，另一方面建立了通讯员制度，在一些机构或部门中有专人定期提供舆论监督报道线索。另外，新华社还对一些社会热点问题和民生问题进行舆论监督报道。如中国名新闻专栏"新华视点"2014 年 8 月策划了《钱去哪儿了》系列报道，探讨停车费、电费附加费、公交卡押金等公共资金流向，引起很大反响，各大媒体平均采用量 130 家以上，最高时达到几百家采用量。再如对 2014 年辽宁高考体育特招生加分舞弊事件的报道，也是比较有影响的舆论监督。

总的来看，当前舆论监督已经成为舆论引导机制的重要内容，两者相辅相成。

（七）重视舆论引导人才培养与教育

新闻采编人员是具体实施舆论引导的主体之一。他们如何迅速获取信息，处理信息，然后怎么输出，怎样传递社会正能量，什么样的报道是有正面效果的报道，什么样的报道是会产生负面影响的报道，都在考验舆论引导机制是否在发挥影响力。而这必然会关涉新闻从业者的专业素养。因此，目前很多传统媒体在建设和完善舆论引导机制的同时，尤为重视造就一支政治强、业务精、纪律严、作风好的队伍。舆论引导的开展是个长期的过程，而人员素质的提升也同样不是一朝一夕能够解决的，毕竟引导是靠队伍引导，机制是靠人来实行，如果不建立一支高素质的新闻宣传队伍，不在队伍建设上下功夫，舆论引导机制是不可能落到实处的。

《光明日报》在这方面做得非常到位，其不仅开办了单位内部的业务学习班，还积极与中国传媒大学、清华大学、中国人民大学等合作对包括新入职的员工在内的全员进行舆论引导方面的培训，确保新闻从业者能够在入职之前和工作中认同党报的价值观，避免出现舆论引导方面的重大事故。在内容上，舆论引导培训首先要宣讲马克思主义的新闻观，新闻观正确，舆论引导才不会出现导向问题。其次针对一些比较复杂的宣传议题，报社先请一些重要的部门在内部进行宣讲，像中纪委监督室、宣教室到报社给员工讲解现在反腐败的整个形势，要注意哪些问题，比如说不能展览式地报道腐败，不能夸大低俗的细节，哪些报道是好报道，哪些报道没有起到作用，哪些报道对老百姓起到误导作用。这也验证了前面所讲的舆情监测、舆情共享、舆情沟通已经成为当前各个传统媒体舆论引导机制的重要特点。

（八）引入受众反馈机制

新时期以来，舆论引导机制的单向性传播模式有了显著变化，即更加注重受众需求，主动深入基层，了解受众的信息需求、关注点、重要话题，根据调研结果确定舆论引导的重点选题及题材和体裁。不同媒体的受众群是有差异的，因此要研究特定受众的需求来形成行之有效的舆论引导机制。比如《光明日报》就重点研究了知识分子特殊的知识结构，他们接受媒体舆论的特点，他们对媒体的特殊感受和需求等，通过受众调查获知和预测比较超前的社会思潮和舆论苗头，从而"定制"舆论引导的具体策略和路径。

第三节　网络媒体的舆论引导格局和机制现状

一　网络媒体舆论传播在我国舆论引导格局中的地位

随着信息化和经济全球化进程的深入，互联网融入经济和社会生活的方方面面。截至 2017 年 12 月，我国手机网民 7.35 亿[①]。移动互联网

[①]　中国互联网络信息中心：《第 41 次中国互联网络发展状况统计报告》（2018 年 1 月）。

用户第一次超过 PC 用户，多种终端、平台整合发展，移动互联网的迅速发展，给当前舆论引导工作带来了新的机遇和挑战。

历经 20 多年的探索和发展，中国互联网迎来了前所未有的技术和产业变革机遇，实现了诸多历史性突破。中央网络安全和信息化领导小组成立，第一次系统、完整地提出了中国的互联网治理观。中国互联网诞生 3000 亿美元的互联网巨头，展现出网络大国迈向网络强国的态势。多领域交互共生的网络媒体时代，数以亿计的舆论表达者众声喧哗，形成了蔚为大观的民间舆论场，深刻影响着传统意义上社会舆论的传播模式，在推进中国舆论格局的调整和重构中发挥了重要作用，激活了受众个体的潜力，创建了依托于网络的公共舆论中心。现实的舆论生态要求的多元化、全方位、多层面舆论引导新格局正在形成并不断完善，网络媒体的舆论引导成为健全当前我国舆论引导新格局的关键一步、重要一环。

（一）网络媒体舆论传播是国际舆论传播的战略组成

阿尔温·托夫勒曾在《权力的转移》中说："世界已经离开了依靠金钱与暴力控制的时代，而未来世界政治的魔方，将控制在信息强权的人手里，他们会使用手中所掌握的网络控制权、信息发布权，利用强大的语言文化优势，达到暴力与金钱无法征服的目的。"① 互联网催生了政治、文化的全球化进程，使得各国各民族的文明、文化交往不断增加，也带来了全球范围内国家利益和意识形态冲突竞争的演化升级。网络传播已经成为影响国家利益、关系国家安全的重要因素。

除了在经济政治领域中竞争与对抗，各国都将互联网作为展开舆论战的重要场域。当前，全世界互联网上英文信息约占 90%，中文信息不足 1%②。以美国为首的西方发达国家占据了网络传播的制高点，将其固有的语言优势、影响力优势、议程设置能力转移到网络上，对国际舆论传播格局产生了深刻影响。从苏东剧变到"阿拉伯之春"，通过从传统媒体到网络媒体的观察，可以发现利用舆论渗透和舆论操控来达到

① 甘满堂：《网络时代的信息霸权与文化殖与主义》，《开放导报》2002 年第 9 期。
② 王伟光：《借力网络新媒体传播哲学社会科学》，http://paper.people.com.cn/dnis/index.jsp。

颠覆一国政权的现象愈加明显和频繁。

随着综合国力的全面提升，国际舆论对中国给予了前所未有的关注，国内、国际两大舆论场日益呈现出同步共振的特点，发生在中国的一件小事往往演变为国际舆论的焦点话题，"蝴蝶效应"明显增长。国内舆论和国际舆论"你中有我，我中有你"的局面已经成为一种舆论常态，① 国内和国际两大舆论场正在逐步贯通。广东乌坎事件中，村民利用手机等网络媒介，在 Twitter、Facebook 等自媒体平台上播报事件展开维权，获得了港澳媒体和国际舆论的高度关注，借助国际舆论对国内舆论的压力倒逼国内主流媒体设置议程，推动事件的发展。随着改革开放的深化和网络技术的发展，突发事件舆论的国际化趋势将会更加明显。因此，加强网络舆论引导要具备国际化视野，展开国内舆论场与境外舆论场的良性互动，成为维护我国社会稳定和国家安全，营造基调积极、平稳有序的国内舆论环境和客观友善、和谐融洽的国际舆论环境的战略选择。

（二）维护网络媒体舆论和谐是转型期社会稳定的必要举措

网络舆论引导的目的在于放大和延伸主流舆论，消弭和解构负面舆论，促进社会的和谐稳定。社会和谐需要舆论的和谐，舆论的和谐助推社会和谐的构建。在社会功能上，网络舆论既可以促进社会稳定和社会发展，也可能因其平台特有的便捷和互动优势，为各类社会矛盾和非主流意识形态提供宣泄和酝酿激发的场域，影响社会稳定和发展。

随着改革开放的深入推进，我国政治、经济、文化和利益格局发生了深刻变化，价值取向多元化发展。市场经济在推动经济实现跨越发展的同时，也滋生了个人主义、享乐主义、拜金主义、实用主义、功利主义及官本位、权本位等思想观念。在人民网抓取统计的 2014 年 20 大舆情事件中，社会转型时期区域发展不平衡、贫富差距拉大、社会保障机制不健全等问题严峻。此外，敌对势力更是通过网络平台，将暴恐音视频作为对暴恐分子的培训手段，制造了舆情高度关注的暴恐事件（见

---

① 胡民伟：《国际舆论格局中的中国变量》，《中国广播电视学刊》2013 年第 4 期。

表 2 - 2^①）。这些现象和问题对构建和谐社会带来巨大挑战。健全网络舆论引导机制，成为平稳度过社会转型期，保证经济和社会有序发展的必要举措。

表 2 - 2　2014 年 20 件热点舆情事件

序号	事件/话题	时间	新闻量	微博量	热度
1	马航航班失联事件	2014 - 3 - 8	1200000	24900180	31.03
2	香港"占领中环"非法集会事件	2014 - 6 - 20	21600000	1168686	30.86
3	云南鲁甸发生 6.5 级地震	2014 - 8 - 4	903000	3647466	28.82
4	阿里赴美上市	2014 - 9 - 19	1900000	1623657	28.76
5	台学生占领台湾"立法院"事件	2014 - 3 - 18	6660000	309153	28.35
6	中央对周永康涉嫌违纪问题立案审查	2014 - 7 - 30	1130000	1330597	28.04
7	昆明火车站暴恐案	2014 - 3 - 1	1200000	1214216	28.01
8	昆山爆炸事故	2014 - 8 - 2	515000	820828	26.77
9	麦当劳肯德基供应商黑幕曝光	2014 - 7 - 20	369000	956117	26.59
10	演员柯震东房祖名在京吸毒被抓	2014 - 8 - 18	445000	559740	26.24
11	兰州自来水苯含量超标事件	2014 - 4 - 11	569000	387042	26.12
12	南京大屠杀死难者国家公祭	2014 - 12 - 13	414000	391125	25.81
13	山东招远血案	2014 - 5 - 28	135000	884869	25.51
14	广西玉林狗肉节事件	2014 - 6 - 21	49000	1777017	25.19
15	内蒙古呼格吉勒图案再审	2014 - 12 - 15	452000	80205	24.31
16	郭美美赌球被行政拘留	2014 - 7 - 30	228000	57616	23.30
17	东莞扫黄事件	2014 - 2 - 9	232000	54016	23.25
18	湖南产妇因羊水栓塞死亡	2014 - 8 - 13	23700	183987	22.20
19	乌克兰政局剧变	2014 - 2 - 22	70400	38171	21.71
20	广东茂名 PX 项目群体事件	2014 - 3 - 30	2140	170286	19.71

二　当前我国网络媒体舆论引导的特点及趋势

（一）主流网媒掌握网络舆论引导主动权

在网络舆论生态中，主流新闻网站、政务微博、政务微信、新闻客

---

① 人民网舆情监测室：《2014 年 20 件热点舆情事件》，人民网，2014 年 12 月 31 日，http://yuqing. people. com. cn/n/2014/1231/c354318 - 26306123. html。

户端中的公众号近年来持续壮大，积极推动网上舆论实现良性互动。2011 年 7 月 23 日 20 点 34 分，由北京南至福州的 D301 次动车与杭州至福州南的 D3115 次动车发生特大追尾事故，造成重大人员伤亡。此次事件迅速在网络空间传播。遗憾的是，代表政府的铁道部等部门未能对网络事件予以足够重视，在广大网民所关注的撞车原因、真实死亡数字、救人具体细节、赔偿具体方案等焦点问题上，没有及时准确地予以回应，致使各类谣言在网上迅速散播，微博"大 V"成为真正意义上的舆论领袖。2011 年之后，政务微博等主流话语大规模进入网络舆论场。随着《最高人民法院、最高人民检察院关于办理利用信息网络实施诽谤等刑事案件适用法律若干问题的解释》的出台，传统媒体依托其公信力积极发挥优势，及时跟进新闻事件，澄清各种谣言；官微活跃度上升，发挥越来越重要的舆论引导作用；大批时政类"大 V"逐步淡出网络舆论舞台。主流网媒逐渐掌握互联网舆论主战场上的主动权，从"公知""大 V"中夺回网络麦克风，在主流民意构架中发挥了正向激励功能，有力地扭转了此前在网上被"围观"的被动局面，发挥了引导主流舆论的作用。

（二）两大舆论场共识度显著增强

一段时间内，以党报党刊为代表的传统媒体官方舆论场和以"自媒体"为代表的民间舆论场在传播基调和表达机制上存在较大分歧，这在一定程度上影响政府公信力的建设。媒介融合时代，互联网作为打通"两个舆论场"的有效媒介，为找寻传统媒体与新兴媒体的"最大公约数"，做好舆论引导工作提供了互动平台和载体。

2011 年之后，互联网舆论生态进入调整时期。此前，舆论场内部共识度与其对政府的认同度负相关，即舆论越是质疑和批评政府，就越是团结；但 2011 年之后变为正相关，即各舆论场越是质疑和批评政府，其内部争议就越多，而在对政府进行积极评价时则更显得团结一致[①]。

---

① 新华网：《2014：两个舆论场共识度报告》，http：//news. xinhuanet. com/newmedia/2014 – 12/25/c_1113781054. htm。

2012 年 10 月 22 日，宁波 PX 事件爆发，人民网在宁波 PX 事件出现当天到事态基本平息的三周之内，根据事态初始、扩大升级、消散解决不同阶段的不同特征，迅速及时地组织了数十篇报道，通过《项目上马前要多听听老百姓的意见》《尊重民意的境界》《"环境敏感"考验多国大工程民众参与事关项目成败》等报道，对事件进行原因分析和反思，并从以往厦门 PX 事件和大连 PX 事件中总结教训，对如何避免类似事件的发生提出了对策建议，对公众舆论进行了适时、有效的引导，充分发挥了网络媒体在舆论引导工作中的优势作用。与"邓玉娇案"、毒奶粉事件等表现出的社会舆论极端撕裂和分化现象相比，近年来，"两个舆论场"在重大突发事件中的表达方式、相互认同逐渐靠拢，官方舆论场和民间舆论场进一步融合，舆论共识度与对权威意见的认可度相对较高，两个舆论场的舆情动态日渐趋同。

（三）舆情监测重点由地方性事件向全国性事件转移

2012 年前，地方突发事件一直是国信办舆情监测的重点，如江苏启东事件、湖南唐慧事件、厦门 PX 项目等。自 2013 年起，舆论引导工作重点发生转向，涉及国家安全、国家利益的事件逐渐成为舆论关注和舆情监测的焦点，如"马航"事件、香港"占中"事件等。究其原因，一是地方政府处理重大舆情事件的能力逐步提升，处理调控手段日渐成熟，能够有效利用传统媒体和新媒体，及时回应民众关切，在辖区范围内妥善疏导和化解舆情危机。二是近年来中国的国际角色进一步转变，国际地位进一步提升，统筹协调国内、国际两个舆论场，有效引导舆论的难度越来越大，对外传播中国声音、讲好中国故事成为舆论引导的重点和难点。三是在中国崛起的大背景下，西方资本主义国家试图通过舆论渗透和舆论操控，动摇甚至颠覆我国政权的合法性基础，因此建设安全、和谐、有序的网络环境成为国家外交的一部分。

三　网络媒体舆论传播的法律监管机制

我国目前尚无专门的新闻法和舆论管理法，网络媒体舆论传播的监管法条散见于《宪法》《刑法》《民法通则》《侵权责任法》《国家安全法》等法律和国务院及各部委发布的法规中，网络媒体的舆论引导以部门规章为主要法律依据。

（一）全国人大、国务院、各部委等出台的一般性法律法规

全国人大、国务院、各部委等出台的一般性法律法规主要对网络媒体的资格和准入、有害信息及犯罪行为进行管制。与网络舆论管制相关度较大的法律法规主要是《中华人民共和国计算机信息系统安全保护条例》《中国公用计算机互联网国际联网管理办法》《利用国际互联网络开展对外新闻宣传暂行规定》《中华人民共和国计算机信息网络国际联网管理暂行规定》《中国公众多媒体通信管理办法》《计算机信息网络国际联网安全保护管理办法》《中华人民共和国计算机信息网络国际联网管理暂行规定实施办法》《关于加强通过信息网络向公众传播广播电影电视类节目管理的通告》《计算机信息网络国际联网保密管理规定》《教育网站和网校暂行管理办法》《中华人民共和国电信条例》《互联网信息服务管理办法》《互联网新闻信息服务管理规定》《互联网站从事登载新闻业务管理暂行规定》《互联网电子公告服务管理规定》《全国人民代表大会常务委员会关于维护互联网安全的决定》《互联网上网服务营业场所管理条例》《互联网等信息网络传播视听节目管理办法》《关于办理利用互联网、移动通讯终端、声讯台制作、复制、出版、贩卖、传播淫秽电子信息刑事案件具体应用法律若干问题的解释》等。

（二）"两高"司法解释

2013 年 9 月 9 日，《最高人民法院、最高人民检察院关于办理利用信息网络实施诽谤等刑事案件适用法律若干问题的解释》公布，明确了利用信息网络实施诽谤犯罪的行为方式，即"捏造事实诽谤他人"的认定问题，对明知是捏造的损害他人名誉的事实，在信息网络上散布，情节恶劣的，以"捏造事实诽谤他人"论，规定同一诽谤信息实际被点击、浏览次数达到 5000 次以上，或者被转发次数达到 500 次以上的为"情节严重"情况。

（三）地方性法规和实施细则

除上述法律法规外，我国各省、自治区、直辖市人大常委会也对网络舆论制定了相关的地方性管理法规和实施细则，如《北京市互联网站从事登载新闻业务审批及管理工作程序》《北京市网络广告管理暂行办法》等。

（四）规范性文件

1. "微信十条"

为进一步强化对"两微一端"的有效管理，国家互联网信息办公室（以下简称"国信办"）于 2014 年 3 月底启动微信等即时通信工具管理规章的起草制订工作。在组织多次专题调研和专家研讨的基础上，出台了《即时通信工具公众信息服务发展管理暂行规定》讨论稿，向有关部委和专家学者征求意见建议，并于 8 月 7 日正式发布《即时通信工具公众信息服务发展管理暂行规定》（以下简称"微信十条"），对即时通信工具服务提供者、使用者的服务和使用行为进行了规范，对通过即时通信工具从事公众信息服务活动提出了明确管理要求。规定提出，即时通信工具服务使用者为从事公众信息服务活动开设公众账号，应当经即时通信工具服务提供者审核，由即时通信工具服务提供者向互联网信息内容主管部门分类备案。新闻单位、新闻网站开设的公众账号可以发布、转载时政类新闻，取得互联网新闻信息服务资质的非新闻单位开设的公众账号可以转载时政类新闻。其他公众账号未经批准不得发布、转载时政类新闻。鼓励各级党政机关、企事业单位和各人民团体开设公众账号，服务经济社会发展，满足公众需求。"微信十条"的出台，一改过去"家长式"大包大揽的管理方式，在守住"七条底线"，实现服务者后台"实名制"的前提下，充分放权平台运营商自治，责权明晰，既能规范管理监管对象，又尽可能地减少对微信原有生态的干预，最大限度地保护用户和平台运营商的权益，有利于提高舆论引导的效率和效果。

2. "账号十条"

当前，我国网民规模和用户账号数量巨大，以微信为代表的移动互联平台注册账号乱象日益突出，污染网络话语空间，严重危害舆论生态环境。2015 年 2 月 4 日，《互联网用户账号名称管理规定》（以下简称"账号十条"）① 出台，对公众上网注册或使用的账号名称（包括头像和简介等注册信息）进行规范，明确规定用户账号的"九不准"②；账号管理按照"后台实名、前台自愿"的原则，充分尊重用户选择个性化名称的权利，重点解决前台名称乱象问题。同时，进一步强化互联网企业的管理主体责任和保护用户信息及公民个人隐私，建立健全举报受理处置机制，自觉接受社会监督的相关义务。规定的出台，为推进网络舆论引导的法治化提供了依据，有利于打造更加清朗、干净、文明的微信舆论空间。

3. "约谈十条"

对于网站舆论导向错误、网络新闻内容低俗及打"擦边球"的情况，相关管理部门采取"约谈"限期整改的措施。2015 年 4 月 28 日，国信办发布《互联网新闻信息服务单位约谈工作规定》（以下简称"约谈十条"），明文将这一管理手段规范化、程序化。"约谈十条"对约谈的行政主体、行政相对人、实施条件、方式、程序等作了明确规定。实施约谈的 9 种具体情形包括：未及时处理公民、法人和其他组织关于互联网新闻信息服务的投诉、举报情节严重的；通过采编、发布、转载、删除新闻信息等谋取不正当利益的；违反互联网用户账号名称注册、使用、管理相关规定情节严重的；未及时处置违法信息情节严重的；未及时落实监管措施情节严重的；内容管理和网络安全制度不健全、不落实的；网站日常考核中问题突出的；年检中问题突出的；以及其他违反相

---

① 《互联网用户账号名称管理规定 3 月 1 日施行（全文）》，新华网，http://news. xinhuanet. com/legal/ttgg/2015 - 02/04/c_127457277. htm。

② 任何机构或个人注册和使用的互联网用户账号名称，不得有下列情形：（1）违反宪法或法律法规规定的；（2）危害国家安全，泄露国家秘密，颠覆国家政权，破坏国家统一的；（3）损害国家荣誉和利益的，损害公共利益的；（4）煽动民族仇恨、民族歧视，破坏民族团结的；（5）破坏国家宗教政策，宣扬邪教和封建迷信的；（6）散布谣言，扰乱社会秩序，破坏社会稳定的；（7）散布淫秽、色情、赌博、暴力、凶杀、恐怖或者教唆犯罪的；（8）侮辱或者诽谤他人，侵害他人合法权益的；（9）含有法律、行政法规禁止的其他内容的。

关法律法规规定需要约谈的情形。按照"约谈十条"规定，约谈情况将记入互联网新闻信息服务单位日常考核和年检档案。互联网新闻信息服务单位未按要求整改，或经综合评估未达到整改要求的，将依照《互联网信息服务管理办法》《互联网新闻信息服务管理规定》的有关规定给予警告、罚款、责令停业整顿、吊销许可证等处罚；互联网新闻信息服务单位被多次约谈仍然存在违法行为的，依法从重处罚。

4. 《互联网直播服务管理规定》《互联网论坛社区服务管理规定》《互联网跟帖评论服务管理规定》《互联网群组信息服务管理规定》《微博客信息服务管理规定》

近年来，针对各类网络服务平台的不同特点，国信办先后出台一系列规范性文件，对直播、论坛社区、跟帖评论、群组、微博客的服务主体资质、用户注册、信息发布、传播进行了规范，并对公众投诉及违反规定的行为进行了规制说明，对于新兴媒体各类应用有法可依、有律可循，系统开展网络管理发挥了重要作用。

5. 《互联网新闻信息服务新技术新应用安全评估管理规定》《互联网新闻信息服务单位内容管理从业人员管理办法》

2017年，国信办先后出台《互联网新闻信息服务新技术新应用安全评估管理规定》《互联网新闻信息服务单位内容管理从业人员管理办法》，前者对网络安全评估管理制度和保障制度进行了规范，并对开展新技术新应用安全评估应当提供的材料，以及服务提供者拒绝整改，或整改后未达法律法规规章或国家强制性标准相关要求的情况进行了规定。后者则对互联网新闻信息服务单位的义务、内容管理从业人员的行为规范、管理体系等进行了规定。这两部规定、办法的出台，体现了新时代我国管理部门对互联网新闻传播规律的准确把握和深刻认识，为传播网络正能量、净化网络空间、改善网络生态环境，形成"风清气正的网络空间"提供了保障。

四　主流网站舆论引导机制

党的十九大报告指出，要"加强互联网内容建设，建立网络综合治理体系，营造清朗的网络空间"①，中央网络安全和信息化领导小组第一次会议也提出"要创新改进网上宣传，运用网络传播规律，弘扬主旋律，激发正能量，大力培育和践行社会主义核心价值观，把握好网上舆论引导的时、度、效，使网络空间清朗起来"②。随着传统媒体和新兴媒体的融合发展，我国主流网络媒体也在积极建构同新时期舆论引导格局相适应的舆论引导机制，努力占领信息传播制高点。

（一）"三线推进"的舆论引导机制

目前，国内主流网站基本实行"三线推进"的舆论引导机制，即遵循上级部门有关规定，制定媒体内部规章制度，创新特色编审细则。

以人民网为例，其现行的舆论引导机制可分为三个层面，如下图：

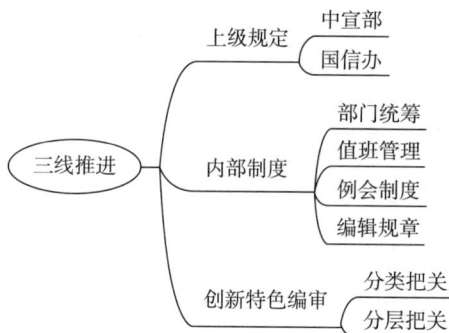

图 2-5　人民网舆论引导机制

1. 上级部门有关规定

人民网的舆论引导工作，严格按照上级部门有关要求组织和开展。中共中央宣传部作为中共中央主管意识形态工作的综合职能部门，其下设机构新闻局对媒体机构有明确的规定和要求；同时，负责全国互联网信息内容管理工作和监督管理执法的国信办对网络的运行和管理也有相关要求，为新媒体的舆论引导工作提供了指导方针。

---

① 习近平：《决胜全面建成小康社会　夺取新时代中国特色社会主义伟大胜利——在中国共产党第十九次全国代表大会上的报告》，人民出版社，2017。
② 新华网：《中央网络安全和信息化领导小组第一次会议召开　习近平发表重要讲话》，http://www.cac.gov.cn/2014-02/27/c_133148354.htm。

2. 《人民日报》体系内部运行机制

目前，《人民日报》内部的运行机制主要包括：（1）部门统筹协调。人民日报社下设的新闻协调部负责协调整个《人民日报》报系的新闻业务和媒体监管问题，可随时发出指令。报社的主要负责人可对报道重点作相关指示，部门主任也可就有关问题跟网站负责人进行商讨。（2）值班管理制度。实行副总裁值班制，三名分管内容的副总裁实行按月轮流值班制度，网站总裁，即总编辑，可随时根据工作动态发出指令。（3）例会制度。每日举行晨会，各部门采取视频会议的方式，与国外分公司一同针对各类问题和情况进行座谈，针对每日情况，提出意见建议。同时，针对重点专题和热点，如 APEC 会议，组织临时的报道策划会和协调会。（4）编辑人员工作规章。内部《编辑手册》对从业各事项作了严格规定，并对不同层级编辑提出差异化要求，对权责进行管理和界定。《编辑手册》内容根据工作内容的变化定期更新，以期更好地为工作决策服务。

3. 分层级、分类别的编审和把关制度

首先，对新闻进行分类把关。人民网新闻来源主要分为三类：一是从传统媒体转载，二是《人民日报》记者采编，三是人民网记者采编。人民网有网站签约的传统媒体名单，由于传统媒体发布新闻需要通过把关，对这类信息原则上予以直接转载。对《人民日报》记者采写的新闻，通过编辑把关的，也予以直接发布。人民网约 200 名记者持有记者证，活跃在国内外新闻报道一线，对于人民网记者采编的未经过把关的新闻，负责人会予以审核。同时，网站对于批评性报道、舆论监督性报道，审稿程度更严、把关层级更高。通过新闻分类，让部门主任、值班总裁对敏感及重要信息进行把关。

其次，对新闻进行分层把关。做好舆论引导工作，首先要具备思想政治意识和议程设置能力，而其中最重要的判断能力具体表现在以下两个方面。一是对事实、对象的判断能力。二是对稿件的判断能力。一篇稿件，究竟是火上浇油，还是缓解平息，或是让受众更全面了解事件原貌，都取决于编辑和记者对稿件的判断。然而，目前人民网新媒体运营部门以年轻人为主，不少来自市场化招聘，缺少采写编经验，特别是体制内媒体把关经验。具有经济学、法学、科技和国际报道背景的人才严重欠缺。主任记者、高级记者的比例远低于母媒体的平均水平，这是当前网络媒体面临的一个普遍问题。[①] 为了更好地开展舆论引导，人民网对把关进行层级管理，由低到高分别设"编辑—主编—部门主任—总裁"把关机制，通过层级管理模式，确保对新闻作出准确的判断和审核，逐步培养年轻新闻工作者正确的把关意识。

（二）资源整合机制

大数据时代，新媒体的多样态发展为广大网民提供了广泛参与新闻信息传播和舆论表达的空间，给主流网媒的舆论引导能力带来严峻考验，除了信息传播的快速、准确，网民对信息的广度和观点的深度提出更高要求。加快媒体融合，整合资源共同发展，成为当前主流网站等媒体巩固宣传思想文化阵地、壮大主流舆论的共识。

南方报业传媒集团是国内较早推行传统媒体数字化转型的传媒集团之一。为全面提升主流网站舆论引导能力，集团创新融合发展布局，充分发挥南方网的龙头带动作用，整体推进集团融合发展，旨在将南方网建设成为集团"转型发展的核心平台、品牌资源的集聚平台、融合发展的创新平台"，强化其反哺集团融合发展的支撑能力。2014 年 7 月，新版南方网正式上线，优化了首页、新闻、地方频道、专业频道、电子政务等重点版块，提升了南方网的舆论引导能力和用户服务水平。

1. 整合采编队伍，融合各类媒体资源

通过整合《南方日报》和南方网的编辑记者队伍，增强南方网编辑记者力量，加大广东本地信息的发布量和自采量；依托集团旗下媒体的记者队伍和通讯员队伍，为南方网提供原创本地新闻稿件；整合网友资源，及时通过网络问政平台、报料平台、社区互动平台、新闻跟帖、微博微信公众平台等渠道收集本地新闻素材；树立精编新闻的理念，在

---

① 赖龙威：《提高媒体准入的专业门槛》，2014 年 3 月 22 日，http://www.21ccom.net/plus/wapview.php? aid = 102859。

一定的本地新闻发布量的基础上，针对重大新闻和热点问题，整合各种信息源，以综合精编手法体现南方网的观点，进一步提升南方网的新闻品质，打造更及时、更全面、更权威的"广东第一新闻门户"。

2. 整合电子政务服务，强化权威信息传播效能

采取针对性措施，继续优化南方网，建立和维护南方英文网、今日广东网络平台、省政府新闻发布网络平台、泛珠合作信息网平台等20多家政务网站。

3. 整合基层网络平台，优化本地原创新闻渠道

充分发挥《南方日报》省级党报在地方的影响力，加强《南方日报》与南方网在广东各地市报网联动；整合地方主流网媒频道资源，依托南方报业广东各地市记者站队伍，加快南方网广东地市频道建设步伐，建立起覆盖全省所有地市的南方网地市频道群，进一步加大本土新闻资讯的报道挖掘力度，为基层政府、群众提供更贴身更到位的互联网服务。

（三）重大突发事件联动机制

2011年，国信办内部出台了《互联网信息内容重大突发事件应急预案》，对重大突发事件的信息舆论传播进行规范。但由于重大突发事件的难以定级量化和舆情信息瞬息万变的实际情况，在贯彻执行中，网上舆论引导很难严格按照相关规定界定和实施。因此，在大多数情况下，重大突发事件的信息和舆论传播依靠多方面联动互补，共同完成，具体而言，一般的舆论引导工作可细分为宣传、引导、管理三个层面。宣传层面，主要表现为正面声音的回应，正能量的传播和有效的有价值信息的及时传递，例如香港"占中"事件中策划并推送的国平文章。引导层面，表现为一定范围的"动员"，主要以网评员队伍为主，舆论引导的工作量取决于事件的影响范围。局部的重大事件，只需调动个别省市的网评员；但如遇重特大事件，波及范围较广的，须组织动员全国各省市的网评员撰写评论文章，才能起到较好的舆论引导效果。管理层面，表现在通过网络技术对部分关键词进行过滤，对一些负面舆情和传播的非法信息与账号进行屏蔽和删除。例如，对传播"法轮功"信息的账号和散播的违法、有害信息进行删除，勒令停止服务，从而净化网络舆论环境。此外，部分主流媒体建立了舆情监测中心，如人民网舆情监测室、中青舆情监测室等，为媒体适时调整舆论引导方式、方法、方向提供了重要的数据参考，提升了网络舆情管理的客观性和科学性。

2014年2月17日，《瞭望新闻周刊》以《七位省委书记谈教育实践活动：一堂"醒脑课"》为标题，报道各地群众路线教育实践活动开展情况，凤凰网转载时将标题改为《浙江书记：西方敌对势力用作风问题离间干群关系》。随后，新浪、腾讯、网易、搜狐等主要商业网站，人民网、环球网、东方网等新闻网站以及香港大公网等境外网站对该报道予以转载，并在首页推荐。这一新闻出现后，被一些西方价值观左右的所谓"公知"、对社会有所不满的网民借机在相关报道新闻跟帖以及新浪微博、腾讯微博中发布大量帖文，攻击党的领导干部，矛头直指党的领导和社会主义制度。境外反动网站也借机介入炒作攻击，有意设置敏感时政类话题，挑动官民对立情绪，导致网上舆情迅速升温。

国信办将这一突发事件定性为"标题党"引发的意识形态斗争事件，第一时间制定了多方联动的应急处置方案。首先，要求各地各网站立即将篡改标题改回原标题，撤出双首页并关闭评论。其次，积极指导浙江有关部门开展舆情应对工作，从政治斗争的高度做好应对工作，启动网上舆情一级应急响应机制，加大力度处置负面信息，组织网评员开展评论引导。再次，通知新浪微博、腾讯微博等设置关键词屏蔽，组织各省区市网管部门加大清理网上负面信息力度，坚决将此股舆情反扑势头打下去。截至2014年2月19日，此次舆情事件共清理微博、论坛等互动区域负面信息1100余条，5000多名网评员参与引导，相关正面帖文转发评论量12000余次，浏览量1000余万次。各网站新闻报道已全部改回原标题，互动区域负面有害信息基本被清理，网上理性声音逐步占据主导，舆情总体趋于平稳。

此次舆情事件中，中央网信办第一时间下达管控指令、有力指导，各省区市网信办全网协同管控、密切配合，公安、通信等部门通力合作、各司其职，构建了全国"一盘棋"的工作格局，形成突发事件网络舆情处置和网上舆论引导的强大合力，有效地推动了事件的快速处置。

（四）评奖机制

1. 中国新闻奖网络新闻作品奖

从 2006 年 6 月起，中国新闻奖"增项"将网络新闻作品正式纳入中国新闻奖的评奖范围。自此，网络新闻进入全国性最权威的新闻奖的评选视野，网络媒体的舆论导向功能以评奖机制的形式被认可和强调。中国新闻奖规定，参评的网络新闻作品须是经国务院新闻办公室批准的、由新闻单位设立的具有登载新闻业务资质的新闻网站登载的新闻作品。首届参评的网络新闻作品分为三个类项：网络新闻评论、网络新闻专题和网络新闻专栏。

2. 网站内部评奖机制

除网络新闻可以参评中国新闻奖外，目前，我国各大网站内部也都设有评奖机制，评奖主要是评选优秀新闻作品，而其中最为重要的一个获奖指标，即是新闻作品的舆论导向和舆论引导能力。以人民网为例，人民网的内部评奖由总编室负责，有年度评奖和季度评奖。通过设立业务标准，考察新闻作品，保证舆论导向正确并不断提高舆论引导能力。

（五）培训及资质发放机制

1. 培训班机制

近年来，由中宣部等管理部门牵头，对网络新闻工作者开展的"三项学习教育"、职业道德教育、采编能力教育等培训班工作已成规范化、经常化、制度化的机制，这些培训班把坚持党性原则、坚持正确的舆论导向放在首位，把提高舆论引导能力放在突出位置，强化对网站领导干部、编辑记者提高舆论引导艺术能力的培训。国信办主办的全国网络记者编辑培训班更加针对网络媒体的特点，对网络记者编辑进行业务培训和导向教育。

2. 记者证资质

对网络新闻从业人员进行资质认定和许可证发放，是提高网络新闻传播能力和舆论引导水平的重要方面。长期以来，只有人民网等少数网站工作人员具备记者证考取资格。2014 年 10 月 29 日，国家互联网信息办公室和国家新闻出版广电总局联合下发《关于在新闻网站核发新闻记者证的通知》。网站记者证颁发的范围为"经国家互联网信息办公室批准的且取得互联网新闻信息服务许可一类资质并符合条件的新闻网站"，包括中央地方重点新闻网站、全国性行业新闻网站等。商业门户网站目前不在此列。

五　移动互联网舆论引导现状——以微信为例

近年来，手机等移动终端的发展和普及为移动舆论场的形成提供了有利条件。以微信、微博、新闻客户端"两微一端"为代表，移动互联网在一些突发事件和公共议题上表现出空前的活跃度，开始成为新信源，移动舆论场初步形成并呈现出较高的活跃度。其中，微信借助人际社会网络的复杂关系交叉勾连形成共同意见，酝酿发酵推动舆情发展，产生强大的群体说服作用，对现有舆论引导格局和机制产生了重要的影响。

（一）微信传播的特点

微信平台具备一种封闭兼扩散、内向兼多元的传播模式。该模式通过点对点直线推送，用户多渠道裂变分享转发，进而展开多层级病毒式传播，既表现出传统媒体基于订阅关系的经典传播特点，也表现出新媒体注重用户反馈和参与的传播特点。数量庞大的微信用户如同一个个综合信息收发点，既可独立，又可串联，形成了巨大的信息网络。

微信形成的信息网络看似松散，实则具有很强的凝聚力，对于同一社会事件的看法能够形成相对完整的公众意见，具有强大的自组织力。同时，在网络大范围传播扩散的过程中，通过互相交流信息和发表评论，还将形成多场域的信息互动关系①。如下图所示：

---

① 李阳：《微信公众平台的角色定位与功能调适》，《社会科学辑刊》2014 年第 2 期。

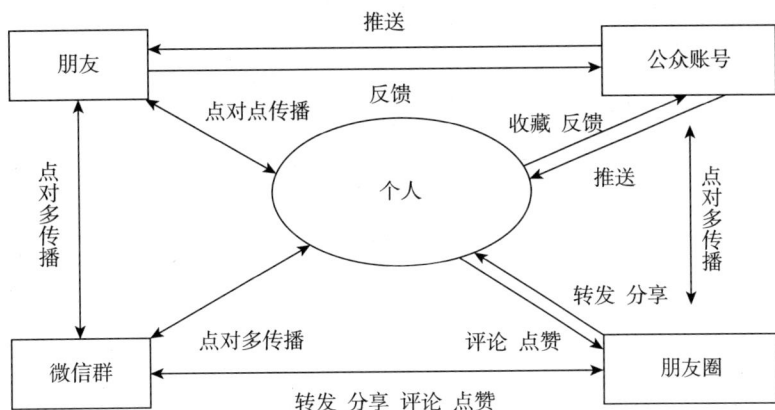

图 2 - 6　微信信息传播模式

微信传播的特点是：

1. 传播主体多元化

微信诞生之初，其主要功能包括点对点即时聊天、微信群组、微信朋友圈等，是即时通讯的社交工具。2012 年 8 月 23 日微信公众平台上线，迅速吸引了一大批主流媒体、商业网站、政府网站和网络意见领袖入驻。其后，微信的舆论传播功能得到强化。2014 年 7 月，微信公众账号达 580 万个，其中政务微信账号已超 1 万个，微信使用者中订阅微信公众账号的约为 22.3%[①]。在微信舆论场中发挥重要作用的主要有主流媒体公众账号、政务微信、自媒体公众账号等。传统媒体积极拥抱社交网络，通过开通微信公众号来发布权威信息，扩大传播范围，增强舆论声势。[②] 受众通过订阅公众账号，可主动接收所需信息并进行互动反馈，以微信公众账号为平台的"微舆论场"成为链接受众的桥梁和监测舆情的重要平台。同时，由知名媒体人、网上意见领袖、明星和专家学者等人群开办的自媒体公众账号也拥有庞大的用户数量和影响力。2014 年，微博"意见领袖"即"大 V"群体的活跃度明显下降，随着微信公众账号影响力的扩大，聚焦垂直领域的作为私人化、平民

[①]　电子商务研究中心：《到 2014 年 7 月我国微信公众帐号超过 580 万》，http://www.199it.com/archives/270700.html。

[②]　中国互联网络信息中心：《第 41 次中国互联网络发展状况统计报告》（2018 年 1 月）。

化、普泛化、自主化传播的"自媒体人"逐渐取代微博"大V"并被赋予新的民间舆论场话语权①。以"自媒体人"为核心的圈群文化开始在舆论场中扮演重要角色。如"罗辑思维""滤镜菲林"等公众号,以时事新闻、网络热点事件为主要内容,针对特定用户群体,以独特的文本和视野对新闻和热点事件进行再创造,其个性化内容和深度分析风格契合了微信传播特点,在设置议程、影响舆论方面发挥了独特作用。

2. 传播形式多样化

微信是富媒体的典型代表,其传播形式丰富多元,既可以发送文字、图片、视频等,也可以进行实时语音聊天、视频通话,还可以在朋友圈发布状态,主动接受订阅号推送信息,并进行及时反馈,在形式上弥补了以往各类媒介平台的不足,丰富了移动互联网时代的社交手段。以微信朋友圈为例,通过发布文字、图片和视频信息,同是朋友关系的其他用户便可以在朋友圈中阅读、点赞、转发或评论,在特定社群中进行交流互动。多样化的传播形式满足了不同受众的多样化需求,进一步提高了受众对于微信平台的黏性和稳定性。

3. 传播内容碎片化

移动互联深刻改变着受众的阅读习惯,阅读形式由"深阅读"变成了"浅阅读"。手机被称为带有体温的移动终端,现代社会人们几乎随时随地都会携带手机并进行各种传播活动,越来越多的人现在习惯于使用智能手机登录微信,利用"碎片化"时间获取"碎片化"内容,同时也可以随时随地利用较少的时间通过微信平台发送文字、语音、图片或链接等各种形式的"碎片化"信息。微信中的信息多以三级界面的"小杂志"型呈现。首页在显著位置刊登头条新闻配图,受众可根据自己的需求和阅读喜好,点击标题到二级界面阅读,并进行延伸阅读,链接相关视频,进入三级界面。如公众号"央视新闻"依托强大

---

① 祝华新:《2014年中国互联网舆情分析报告》,http://yuqing.people.com.cn/GB/392071/392072/index.html。

的视频平台，在微信界面中设置"看电视"板块，受众可通过视频形式对相关信息进行深入了解，有效解决了电视媒体时间的局限。其中微信公众账号可以与客户端、网页相连，整合社区论坛功能，有利于实现舆论的整合和强势传播。

4. 传播路径精准化

从传播渠道上，微信的基本传播路径是点对点传播和网状扩散。微信吸收了人际传播和大众传播的优势，形成了全方位、立体化的传播模式。微信公众号的信息推送模式则是基于用户主动订阅，账号定期或不定期推送信息的直线传播模式。其传播过程类似于纸质报的订阅方式，由用户占据传受关系的主导地位。这种定向订阅关系决定了微信公众号的信息是点对点传播的，尽管与大众传播的庞大规模相比，点对点传播范围更狭窄，但私人订制过程中杂音少、干扰少，保证了传播质量和舆论渗透的效果。同时，信息分享呈现出多层级的裂变状态，以发布信息的公众平台为中心，向关注对象的多个朋友圈进行辐射，再经由多层级用户转发至各自朋友圈，实现社会大范围内的病毒式传播扩散[1]。如十八届四中全会期间，一大批微信公众账号密集推出《建设法治中国 习总书记有话说》《习近平解答四中全会决定十大热点问题》等相关解读性文章，有效提升了舆论的整体热度和关注度。

借助数据分析调查等技术手段，微信公众号后台还可对用户选择和喜好进行详细的统计和比对，根据用户的多样化需求进行分组，分门别类推送信息，大大提高了信息推送的目标性和有效性。这种精准的推送一方面是符合微信自身的传播特性和传播机制的，另一方面这种根据指标来进行的新闻推送，在一定程度上解决了传统媒体在向分众传播转型中不能解决的问题——传播的到达率[2]。

5. 传播对象"圈群化"

微信朋友圈具有极强的用户黏度和私人社交属性，借助朋友圈和微

---

[1] 李阳：《微信公众平台的角色定位与功能调适》，《社会科学辑刊》2014年第2期。

[2] 蔡雯、翁之颢：《微信公众平台：新闻传播变革的又一个机遇——以"央视新闻"微信公众账号为例》，《新闻记者》2013年第7期。

信群组，微信平台上形成了多个移动的封闭社群。根据 CNNIC 报告，网民在微信上使用较多的方式分别为文字聊天、语音聊天，二者使用比例均在 80% 以上。使用朋友圈的比例为 77%、群聊天的比例为 61.7%，社交因素在微信应用里表现较强[①]。美国社会学家格兰诺维特的人际关系理论认为，人际关系网络可以分为强关系网络和弱关系网络两种。强关系是指个人的社会网络同质性较强，即交往的人群从事的工作、掌握的信息都是趋同的，并且人与人的关系紧密，有很强的情感因素维系着人际关系[②]。基于熟人关系的微信被视为典型的强关系型应用工具。从微信出现之初，微信运营商就着力培养一种用户分享意识，这也最能体现微信作为社交平台和信息传播平台的独特优势。由于每一个微信用户都与更多的朋友和圈群连通，当一条信息被转发分享后，该信息理论上可能被无限次地转发分享下去。而由于微信的收藏和历史记录功能，一条信息的生命力更长，更容易被多次传播。这种圈子化的传播模式和多场域频繁交流延伸了舆论的传播时效，拓宽了舆论的传播扩散范围，让信息内容得以较长时间保存和延续。

微信传播的上述特点，给舆论引导带来了有利的传播媒介和传播方式，但同时，微信这一新的传播方式，也给舆论引导带来了障碍。

首先，由于微信拥有较为封闭、私密的传播环境和互相交叉的微社群，使其舆论场中的舆论一旦形成，难以引导和控制。一方面，微信舆论场中某种特点的舆论形成后很难被外部知晓。而特定关系或兴趣等因素形成的微信社群容易产生"群体极化"现象，意见一致程度越高，越容易产生现实行动，且意见不易被外界影响。另一方面，微信封闭的环境导致外部信息较难介入，除非是用户主动订阅或主动添加朋友，与受众观点不一致的信息无法进入微信舆论场进而难以形成"观点的自由市场"。

---

① CNNIC：《第 34 次中国互联网络发展状况统计报告》http://www.cnnic.cn/hlwfzyj/hlwxzbg/hlwtjbg/201407/t20140721_47437.htm。
② 格兰诺维特：《镶嵌：社会网与经济行动》，罗家德译，社会科学文献出版社，2007，第 69 页。

第二，以微信为代表的移动客户端产品尚属新生事物，信息产品大多是传统平台或 PC 端平台内容的延伸，缺少独创性，普遍存在内容同质化较为严重、无法真正适用网民的话语体系和表达方式的现象。如主流传统媒体的微信公众账号，头条内容均比较接近，报道角度类似，导致整体传播效果不佳。

第三，信息过载降低用户体验。微信的信息传递方式通过实时推送来完成，100% 的到达率和定期推送不会让用户遗漏任何信息。然而，正如垃圾邮件一样，当前部分微信公众号在抢占受众注意力的过程中片面加大推送数量，造成信息质量良莠不齐，各类信息混杂，影响了微信平台的公信力，也降低了受众的用户体验。

第四，微信以及各类移动客户端在舆论引导工作中存在日常运行各自为政，对突发事件缺乏联动，难以形成舆论引导合力。在日常舆论引导中，主体部门尚未充分认识到微信等移动平台在日常舆论引导中的积极作用，缺乏对日常引导工作的组织策划和议题设置。突发事件发生后，不同移动平台之间受主观和客观因素的影响，尚未建立沟通联动的工作机制，无法在第一时间发挥作用。因此，在重大突发事件发生时，传统媒体和网络媒体仍然是舆论引导的主要力量。

（二）微信在当前我国舆论引导格局中的作用

移动互联网时代，新媒介、新应用的出现以及传播方式、传播渠道的变革，使网络舆论生态出现更为复杂多元的新趋势和新特点。微信作为移动互联网时代的典型应用工具，不仅为信息传播和受众交流方式带来变革，也深刻影响信息传播秩序和舆论引导格局。微信时代产生的移动舆论场，成为热点舆论和舆情发生、发酵的重要场域，也成为主流意识形态构建、打通官方和民间舆论的重要平台。

1. 宣传主流意识形态的重要阵地

微信公众平台在舆论引导中的独特优势得到了政府和主流媒体的高度重视。自国务院《关于进一步加强政府信息公开回应社会关切提升政府公信力的意见》发布后，各级政府部门逐渐探索和强化如何利用政务微信发布信息、收集民意、引导舆论。截至 2017 年 12 月，我国在线政务服务用户规模达到 4.85 亿，占总体网民的 62.9%，基于微信平台可以提供社保、交通、税务、教育、医疗、水电煤气缴费等领域在线服务。[①]

主流媒体公众账号在微信公众平台中活跃度高、影响力强、数量多，成为舆论形成的新源头。其运营主体主要包括传统媒体，如《人民日报》、中央电视台等；主流新闻网站，如人民网、新华网等；商业网站，如新浪网、澎湃网等。

在微信舆论场中，官方机构和主流媒体强势发力，借助微信公众账号点对点直线传播、强关系网状扩散的传播模式，整合信息发布、综合服务和社会动员多重功能，积极宣传国家方针政策和决策部署，形成了主流媒体提供新闻、政务微信提供服务的宣传引导格局，取得了更加积极有效的传播效果。不同于论坛博客、微博等虚拟公共空间负面意识形态容易得到渗透的特点，由朋友、同事、同学等人群为主构成的微信舆论场对负面信息有天然的过滤作用，在一定程度上对整体社会舆论起到净化作用。

同时，强关系网络中的传播模式更容易激发社情民意中潜在的积极情绪，激起普通用户表达生活感受和正面情绪的热情，成为集聚正能量的有效场域。此外，微信平台中的意见表达没有类似于微博的字数限制，因而观点表达更加充分，可接受程度更高。

2. 打通"两个舆论场"的催化剂

一直以来，官方舆论场和民间舆论场在一定程度上存在自说自话、互不联通的局面。在互联网时代，党和政府以及主流媒体越来越重视互联网上草根的声音，并尝试通过传统媒体与新媒体融合、开通政务微博、开设领导留言板等形式与民间舆论场形成互动，进而达到两者之间的融通。在微信舆论场中，主流媒体摆脱严肃、刻板的形式束缚，采取更加亲民朴实的话语与民间舆论场主动沟通对话，加强融合，两个舆论场之间进一步走向互联互通。《2014 年中国社交类应用用户行为研究报

---

① 中国互联网络信息中心：《第 41 次中国互联网络发展状况统计报告》（2018 年 1 月）。

告》统计显示，微信使用者中，30 岁以下的年轻人占 60% 以上①。以年轻群体为主要受众投放新闻内容，要避免过于绝对化和生硬，要接地气，紧跟时代脚步。近年来，网络用语已成为许多媒体新闻报道中的常用手法。网络用语产生于网络中的日常对话，群众基础深厚，用于新闻报道中颇具鲜活感、时代感。比如在微信公众号推送的报道中，媒体常对新闻素材进行再编辑、再加工，创新引入"APEC 蓝""那些年追过的××""蛮拼的""点赞"等流行用语以及"经济新常态""十八届四中全会"等时政热词，紧扣社会热点和受众关注点，广泛使用了年轻人群喜闻乐见的表达方式，抓准了微信这一打通"两个舆论场"的最佳契合点。

（三）当前我国微信舆论引导机制

根据微信这一移动网络媒体的平台特点和发展动态，当前，我国微信的舆论引导机制主要从管控和运行层面展开，这两个方面相互联系，共同作用（如下图）。

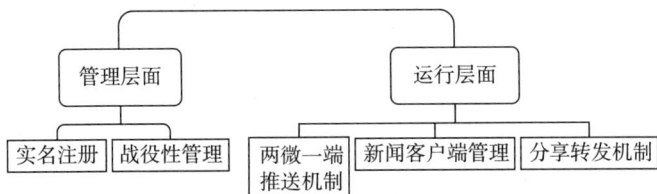

图 2-7　微信舆论引导机制示意

1. 管控层面：建立移动端有害信息管控机制

（1）推进身份信息实名注册，关闭违法公众号

目前，国信办正在推进用户真实身份信息注册工作，截至 2014 年 12 月底，规定普通账号新用户注册必须绑定手机号，老用户发布信息必须绑定手机号，普通账号绑定手机率超过 80%；在公众账号注册方面，除要求用户提供姓名或单位名称、身份证件号码或组织机构代码、

---

① 中国互联网络中心（CNNIC）：《2014 年中国社交类应用用户行为研究报告》，http://www.cnnic.cn/hlwfzyj/hlwxzbg/sqbg/201408/P020140822378154144978.pdf，2014（08）。

个人或代办人手机号码外，引导鼓励用户绑定银行卡。

同时，国信办加强对违法违规公众账号的监管处置，指导腾讯微信对传播假冒社会公共机构或媒体名义、传播淫秽色情信息、涉暴力恐怖、发布虚假广告、编造传播谣言、破坏民族团结、诽谤他人、侵犯个人隐私等八类违规行为的公众账号采取处置措施，共关闭有害公众账号10万余个。

2015年1月13日，国信办依法关闭了一批冒用党政机关或媒体名义、发布虚假信息的微信公众账号，共有50家网站、频道（栏目）以及微信公众账号被依法关闭，包括24家网站、9个网站频道（栏目）和17个微信公众号，被关闭的原因包括：假冒党政机关或媒体名义发布虚假信息；发布涉赌博、诈骗等违法信息；传播淫秽色情内容；不具备登载时政新闻资质违规登载时政新闻等①。

（2）实施重大事件战役性管控

国信办制定《移动端有害和不良信息发现处置单》机制，切实加大监看力度，提高有害信息发现力，利用移动客户端新闻管理及效果监看系统，以及相关微信工作群组，加强对主要商业网站移动客户端日常巡查，建立与网络值班室对接机制。在习近平主席出访，十八届四中全会，中央文艺工作座谈会，APEC以及香港"占中"，涉周永康、徐才厚、令计划案件等多个重大事件节点，加强移动端舆论引导及管控工作，组建多个工作群，督促清理有害信息20000余条。

2. 运作层面：利用移动网络传播规律抢占移动舆论场

（1）建立"两微一端"推送机制

国信办在此机制方面的工作主要包括：一是建立常态化、专业化推送队伍，从新闻网站和商业网站抽调移动新媒体编辑和新闻客户端负责人，组成微传播工作小组进行信息推送。比如，由14家财经公众账号

---

① 《网信办：50家违法违规网站及公众账号被依法关闭》，中国经济网，http://news.163.com/15/0113/11/AFR8S5170001124J.html。

编辑组成"微财经"工作小组，在燃油费提高、存款保险制度出台等舆论引导中发挥作用。二是扩大传播范围，努力做到三个覆盖。横向覆盖中央主要新闻单位的新媒体、中央重点新闻网站和主要商业网站"两微一端"，促进微信、微博、客户端三种业态融合。纵向覆盖中央、省、市、重点县四级重点网站的"两微一端"。推送时间安排上全面覆盖，做到早、中、晚三个时段全面呈现，不同移动端媒体按照传播属性在不同时间段推送，并在舆论热点事件舆论引导中主动作为，直面热点，解疑释惑。

（2）建立新闻客户端管理指挥网络

国信办创新实施首屏管理、比例管理、跟帖管理"三统一"，与13家有影响力的中央媒体和主要商业网站新闻客户端密切沟通联系，创建"阳光洒满客户端"微信群，形成涵盖13家主要新闻客户端、覆盖1.3亿活跃用户的网络。每逢重要节点，安排专人盯守，重点督查。目前，各重点新闻客户端均已接受这种指挥方式，主动反馈重点指令的落实结果。总体而言，新闻客户端正能量推送数量少、没有前置、被八卦娱乐新闻淹没等情况有所好转。

（3）探索动员社会力量分享转发新途径

目前，国信办不断探索动员社会力量分享转发新途径，不断开辟阵地，创办"指尖上的中国"等微信公众账号，并鼓励工作人员自办账号，不断传播正能量。同时，调动各方力量，将影响力较大的自媒体和"自干五"动员起来，组建由正能量公众账号组成的微信群，及时传递权威信息，力图在重大事件舆论引导中发挥多方合力。

（四）微信公众号舆论引导案例分析

随着社交媒体传播形态和影响力的发展、深化，舆论调控和引导的重点逐渐向社交媒体方向转移，以"两微一端"为主体的"移动舆论场"成为舆论调控的重点。当前，在微信等移动互联客户端的舆论引导工作中，根据中宣部等部门下发的发稿安排，互联网信息管理部门会根据事件性质和发展趋势，提前对预警信息及重大事件作出研判，制定应急预案，明确阶段性的舆论引导重点，围绕需要注意的问题，网民关心的问题和可能产生困惑、争论的焦点来制定框架，并按照一定的节奏开展舆论引导。在香港"占中"事件、存款保险制度改革、昆明暴恐事件等的舆论引导工作中，由国信办抓总，政府或主管部门牵头，相关部门积极配合的良性舆论引导机制基本形成，发挥了疏导民意、稳定民心和有效引导的作用。

1. 香港"占中"事件

香港"占中"事件中，国信办及时跟进事件进展，监测舆情动态，率先发声，及时回应网民期待，激发爱国热情。舆论引导分以下几个层面展开。

政府：充分发挥"两微"即政务微博和媒体官微的引领作用，进行舆论引导。有关主管部门组织相关评论员撰写"国平"文章，如《驱散"占中"阴霾香港明天更好》《"占中"多一天，香港法治少一分》《"占中"闹剧该收场了!》《抵制"占中"，还香港一片净土》等，在新华网、人民网、中国新闻网及其官微进行推送，第一时间占领舆论阵地。

专家：从法律角度撰写文章，解读"一国两制"制度，为受众提供认识"占中"事件的正确立场和角度。

爱国网民：众多"自干五"借助网络和微信平台积极发声，通过"林婆婆""担心大叔"等典型案例发出倡议，敦促尽早结束"占中"；媒体对信息进行再加工和再传播，进一步放大主流声音。

境外媒体：集纳传播国外爱国华侨的声音，搜集外国人对于事件的正面回应和呼吁，用外国人的声音讲好中国故事。

多线推进的舆论引导机制有效集聚了正能量，放大理性声音引发受众共鸣，起到了较好的舆论引导效果。

2. 存款保险制度改革

在存款保险制度改革这一事件的舆论引导中，国信办实行了以主管部门为主要负责牵头部门，其他部门协调配合的机制。中国人民银行作为主管部门，组织相关业务局领导充分参与，做好了充分的前期准备工作。

首先，在存款保险制度发布之前，中国人民银行计划组织系列文章对改革进行解读，并列出专家清单，及时与国信办进行沟通；后由于时间有限，决定由中国人民银行直接邀请各方专家撰写评论，由国信办进行筛选后联系网媒及"两微一端"进行推送，主动研判、主动引导、设置议题。

其次，加强网上舆论引导的跟进工作，监测网上关于事件的负面舆情，并通过网信办网络值班室采取适当措施予以屏蔽或删除，确保改革推进过程中舆情平稳和社会大局稳定。

在这一案例中，由于主管部门充分重视，提前预警并与国信办进行协调建立沟通渠道，制定具体工作方案，对各方舆论进行了有效引导，微信舆论场较为平稳，没有形成激烈的负面舆论。相比此前的燃油税调整由于缺乏有效的沟通机制，有关部门对突如其来的舆情动态无法进行及时调控，有了很大的进步。

3. 昆明暴恐事件

2014年3月1日21：10左右，云南昆明火车站发生由新疆分裂势力一手策划组织的严重暴力恐怖袭击事件，造成29名群众遇难、130余名群众受伤。当天21：31，该事件被网民通过微博发上网后，舆情迅速升温。通过国信办及相关部门的舆情调控，12小时后该事件舆情基本稳定，48小时后案件告破，网上舆情逐步淡化。截至3月4日21：00，总计发布相关新闻11008条，微信公众账号发布消息5810条，微博帖文7655条。与之前一些重大事件的网络舆情作对比，网络舆论生态出现一些积极可喜的进步和变化，"不沉默的多数战胜了喧嚣的少数"，全国网民同仇敌忾，带动网络舆情整体向好。具体分析，主管部门主要采取了以下几方面措施。

一是信息发布与新闻调控相结合，争取时间，争取主动，争取民心。一方面，国信办要求商业网站将非正规稿源撤出双首页，控制舆情热度；一方面安排新华网、央视网等编发"受习近平总书记和李克强总理委托孟建柱连夜赶赴昆明处置暴恐事件"等新闻稿件，主要网站突出转发，正面引导网上舆论。

二是主流媒体与网评队伍相结合，有效组织评论引导，压缩谣言和非理性言论空间。国信办统一协调，安排全网突出转发《人民日报》评论员文章《严惩暴恐犯罪　保障人民安全》等，布置各新闻网站组织有力度评论文章；安排"央视新闻"等中央媒体官方微博发布关于"多地发生暴力事件"的辟谣信息；组织动员全国半数网评员积极行动，鼓励网络"大 V"积极发声，在新闻评论、互动环节中积极发声，谴责犯罪分子暴力恐怖行径，彰显政府打击犯罪、保护人民的决心。

三是技术手段与人工处理相结合，以最快速度管控压制敏感有害信息。国信办启动技术监控拦截系统，24 小时不间断巡查，加强对有害信息的拦截；协调安全中心布置专项搜索引擎封堵，严防境外有害信息流入境内；要求各网站重点加强互动环节管理，重点清理谣言、民族仇恨、攻击党和政府以及现场血腥图片、视频等有害信息；对于借机散布煽动性、行动性信息的微博、博客、微信公众账号，暂停其更新。

总的来看，该事件在无准备、无预案的情况下，被快速发现、全面管控、主动引导，各环节基本到位，可以说是一个较为成功的应急舆情处置案例，确保了具体工作准确定位，逐级落实，社会大局和谐稳定。

第四节　社会组织的舆论引导格局和机制现状

当前，我国正处于经济转轨和社会转型的特殊历史时期，社会矛盾错综复杂，舆论环境也相应地发生了重大变化，需要舆论引导主体有意识、有目的、积极主动地实施舆论引导行为，从而促使社会舆论向着良性健康的方向发展。随着信息化技术的突飞猛进和新兴媒体的迅速崛起，舆论引导主体除了党和政府、大众传媒，社会组织也发挥着重要的作用。

一　社会组织的舆论引导格局现状

社会组织有广义和狭义之分，广义的社会组织泛指社会上的一切组织，而狭义的社会组织，则指"政府与企业外面向社会提供某个领域的公共服务的法人实体"。① 有学者认为，社会组织主要具有以下共同性：一是合法性，必须是正式组织；二是自主性，面向社会自主提供相关服务；三是自律性，只服从法律，而不再由政府直接管制，也不受组织外的其他组织管理；四是服务性，建立社会组织的目的不是谋取利润或追求利润最大化，而是满足现代社会多方面的服务需求。② 社会组织虽然不具备政府所拥有的公权力，但同样能够参与社会治理，有时甚至能够发挥政府无法替代的作用。由于社会组织本身并不具备强制性的权力，因而往往需要通过组织本身的社会影响力，借助媒体的力量，组织并动员社会舆论，实现其目标和任务。

就西方国家的发展经验来看，18 世纪特别是二战以来，非政府组织发展较为迅速，在救灾、维权、社会教育、环境保护等多个领域发挥了极为重要的作用，成为一支重要的社会力量。而在我国，社会组织也越来越多地参与到社会活动中，"成为政府和企业的合作伙伴，成为构建社会主义和谐社会不可或缺的重要力量"。③

我国的社会组织由民政部民间组织管理局负责管理。按照民政部的分类方法，我国的社会组织共有三类：社会团体、基金会以及民办非企业单位。在民政部《2000 年民政事业发展统计报告》中并未使用"社会组织"这一概念，而是称为"民间组织"，该报告显示，截至 2000 年底，我国共有社团 13.1 万个，民办非企业单位 2.3 万个。④ 而《2016

---

① 张尚仁：《"社会组织"的含义、功能与类型》，《云南民族大学学报》（哲学社会科学版）2004 年第 2 期。
② 张尚仁：《"社会组织"的含义、功能与类型》，《云南民族大学学报》（哲学社会科学版）2004 年第 2 期。
③ 葛道顺：《中国社会组织发展：从社会主体到国家意识——公民社会组织发展及其对意识形态构建的影响》，《江苏社会科学》2011 年第 3 期。
④ 《2000 年民政事业发展统计报告》，民政部网站，http://mca.gov.cn/article/sj/tjbg/200801/200801000093959.shtml，2001 - 04 - 03。

年社会服务发展统计公报》中显示，截至 2016 年底，全国共有社会组织约 70.2 万个，其中社会团体 33.6 万个，基金会 5559 个（含涉外基金会和境外基金会代表机构），民办非企业单位 36.1 万个。[①] 通过数据对比可以看出，16 年来，我国社会团体的数量增长了 1.56 倍，民办非企业单位的数量增长了 14.7 倍，这些数据充分反映出新世纪以来我国社会结构的变化，以及社会组织的迅速发展。

作为政府和媒体舆论引导的有益补充，社会组织在我国舆论引导格局中也占据着重要的地位。社会组织的活动与政府、媒体、公众等多方利益密切相关，因此，其舆论引导活动必须处理好与政府、媒体和公众的关系。一是与政府的关系。社会组织通过自己的舆论活动，"一方面以协商的方式监督并督促政府改进行政方式和行为，另一方面也能代表公民利益与政府进行平等的对话，这样就有利于在全社会达成共识，形成合力，并有效减少群体事件的发生"[②]。同时，作为政府管理和舆论引导的对象，社会组织需要在政府的统一协调下开展舆论引导，协助政府对社会秩序进行控制、引导和维护，保持与政府舆论的一致性，保证国家利益的完整性。二是与媒体的关系。媒体是社会组织开展舆论引导和社会动员的重要平台和载体，社会组织要发挥舆论引导的作用，必须充分利用媒体，扩大舆论影响力，并保持与媒体的良好合作关系。媒体也会依法通过新闻报道的形式对社会组织的活动进行监督。三是与公众的关系。社会组织较为贴近公众，是公众表达舆论的中介和平台，其舆论活动是公众舆论的集中反映，相对于普通公众来说，社会组织可以获取比公众个人更多和更完整的信息，对于社会现象和热点问题的认识也更为清晰，因此，社会组织的舆论引导更易于对公众产生直接的作用。同时，由于社会组织的资金主要通过政府拨款、社会捐赠等形式获取，也要接受公众对其开展活动和运营情况的监督。

①　《2016 年社会服务发展统计公报》，民政部网站，http://www.mca.gov.cn/article/sj/tjgb/201708/20170800005382.shtml，2017 - 08 - 03。

②　赵振宇、魏猛：《论非政府组织的舆论干预策略——以归真堂事件为例》，《南京邮电大学学报》（社会科学版）2012 年第 4 期。

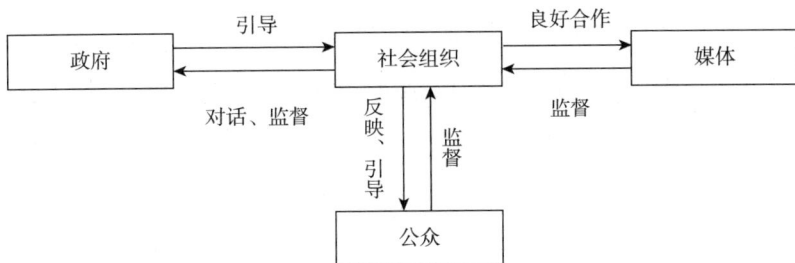

图 2-8　我国社会组织舆论引导格局

二　社会组织的舆论引导机制现状

发达国家的经验表明，在由传统社会向现代社会的转型过程中，社会矛盾纷繁复杂，社会利益分化调整，使得政府面临着巨大的压力。相对于政府提供的标准化服务，社会组织通过为特定群体提供差异化、专业化的服务，能够有效分担政府的一部分社会事务管理工作，成为连接政府与市场、政府与社会公众的桥梁和纽带，起到了一定的缓冲和减压的作用。社会组织的舆论引导能力主要体现为"在局部范围内营造小的舆论氛围从而使大的舆论环境得到改善"。[①] 当前我国社会组织的舆论引导机制主要体现在以下六个方面。

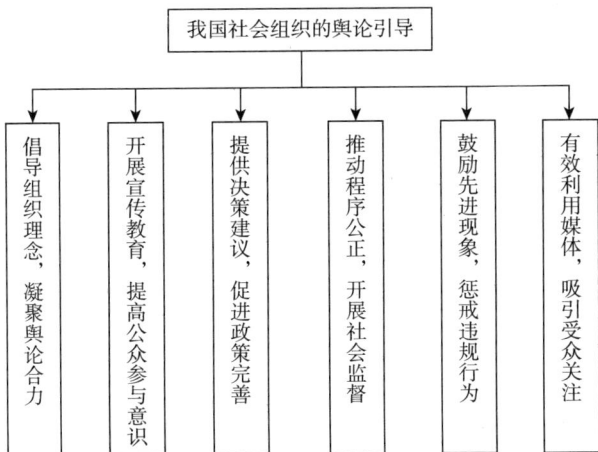

图 2-9　我国社会组织舆论引导机制

---

① 丁和根：《对舆论引导主体引导能力的多维观照》，《当代传播》2009 年第 3 期。

（一）倡导组织理念，凝聚舆论合力

从目前来看，我国社会组织的服务范围主要包括环境保护、扶贫开发、权益保护、社区服务、经济中介、慈善救济等领域，社会组织在发展过程中注重以人为本，切实观照到人们的切身需要，并倡导人与自然的和谐相处。社会组织往往在创立初期就确定了自己的宗旨或者理念，并在逐步发展壮大的过程中，随着认识的深入不断完善这一理念。如中华环境保护基金会的宗旨是"广泛募集、取之于民、用之于民、保护环境、造福人类"，通过多方渠道筹集资金，开展系列保护环境、惠及民生、促进和谐的环保公益活动。

社会组织往往秉持着某种普适性的价值观念，更有利于调动舆论资源，形成舆论合力，从某种意义上说，这种价值观念是社会组织赖以存在并凝聚人心的前提。因此，在开展活动或媒体呼吁时，社会组织特别注重倡导并宣传自己的组织理念，从而吸引更多人关注、认同、参与组织的活动。"非政府组织从成立之初就非常重视自己的价值观念和组织宗旨的宣传，通过网站、其他大众媒介、社会活动等不同的场合和形式进行价值观的培养，这样就形成了有利于本组织活动的传播环境。"[1]比如关注社会弱势群体的社会组织持有的是一种关爱和奉献的精神，环保组织则强调"人与自然和谐相处，保护人类赖以生存的家园"的责任意识。社会组织通过对社会和公众进行价值观念等精神方面的倡导，借助舆论的力量实现组织目标和使命，最终把某种价值观念内化为人们的自觉行动。

（二）开展宣传教育，提高公众参与意识

通过各种宣传教育，提高公众的参与意识，这是社会组织开展舆论引导的极为重要的方式之一。在我国环境污染与治理问题上，公众参与程度太低是问题的关键点之一，如何促使公众有意识地参与环保行动一直是政府着力解决的问题。相对于传统环保自上而下的倡导和参与模

---

① 赵振宇、魏猛：《论非政府组织的舆论干预策略——以归真堂事件为例》，《南京邮电大学学报》（社会科学版）2012 年第 4 期。

式，环保组织则大力提高公众积极参与环保的意识，强调公民自下而上的参与，并推动公民积极参与环保事件和环保政策的监督与评价。环保组织通过开展公益活动、出版书籍、发放宣传品、举办讲座、组织培训、发布媒体报道等多种宣传教育方式，为我国公众环境意识的提升做出了自己的贡献。如中华环境保护基金会自 2012 年起，就开展以节水为主题的大学生社团节水与水环境保护活动项目，激发大学生的环保实践热情，鼓励大学生积极参与水环境保护事业；开展"爱水—课堂"项目，通过培训相关教师，从而带动更多教师和学校开设"爱水"课程，提升基础教育阶段师生对水环境的认知，使其增强"爱水"意识，养成节水习惯。中华环保联合会也利用多种形式组织各类宣传活动，比如举办环保进社区活动，向我国西部地区居民宣讲新环境保护法、开展环境维权知识和案例授课，印制《青少年环境保护手册》，录制环境公益诉讼在线培训课程，筹办《中华环境》杂志，创建中华环境网，开通微信公众服务号等。环保组织通过持之以恒地开展各项环保活动，引导公众积极参与，加深公众对环保活动的认知，着重培养公民的环保素养和环保理念，推进环境保护的历史性转变。

（三）提供决策建议，促进政策完善

社会组织通过参与国家法律、法规和相关政策的制定，以及加强对行政机关的执法监督等多种方式来影响政府的相关决策和政策完善。由于环保领域是"政府大力推动相关公共政策实施并积极倡导公众参与的领域，也是和普通百姓的生活息息相关的领域，同时又是在可持续发展的战略下国际社会极为关注的领域"[①]，环保组织形式多样、参与性广、倡导性强，因而在政策参与方面具有一定的深度和广度。

一是为政府决策提供建议。环保组织以专业的视角积极介入环境热点问题研究，注重发动社会力量参与，同时加强社会组织之间的沟通与合作，并在深入调研、充分掌握事实的基础上，着力于提供可行性较强的决策建议，增强决策参与的力度和有效度。如中华环保联合会于

---

① 刘虹：《中国环保 NGO 的政策参与》，《复旦公共行政评论》第六辑，2010。

2014 年组织开展"运用司法手段遏制污染环境犯罪的现状调研——以两高司法解释的实施为背景"的课题研究,在赴浙江、江苏等地充分调研的基础上,就关于理解、适用和完善《最高人民法院、最高人民检察院关于办理环境污染刑事案件适用法律若干问题的解释》提出了若干建议。此外,还将环境与发展论坛上与会嘉宾所提建议形成报告,将建议和报告报送至相关部委以供参考。在许多重大环境事件中,环保组织通过自身的行动,推动和影响着政府的环境决策。在环保部 2014年颁布的《关于推进环境保护公众参与的指导意见》中,明确提出要"鼓励公众、社会组织全程参与环境规划的实施与考核,提高环境决策民主化和科学化水平",这也为社会组织参与环境决策提供了制度依据。

二是推动政府相关政策的制定、完善与实施。随着社会的不断发展,社会公共问题也相应增多,社会组织作为一种不同于政府和市场的组织形式,在推动政府相关政策制定方面能够发挥其特有的作用。社会组织在环保政策方面发挥作用的典型案例之一是"二十六度空调节能行动"。2004 年,中国国际民间组织合作促进会等多家环保组织共同发起了"二十六度空调节能行动",推动公众和产业界参与到节能行动中,共同改善生存环境,这一活动引发了公众的广泛参与和政府的关注。2007 年,国务院办公厅发布了《关于严格执行公共建筑空调温度控制标准的通知》,要求公共建筑内的单位,在夏季室内空调温度设置不得低于 26 度。

(四)推动程序公正,开展社会监督

程序公正有广义和狭义之分,广义的程序公正是指所有面对全体公民服务的组织,都应该有既定的工作程序,并严格按既定的工作程序办事;狭义的程序公正是指司法过程中的程序公正,即法院的审判程序严格按照正当法律程序进行。社会组织更多的是从广义的程序公正层面,对政府的政策执行情况实施监督。以我国环境影响评价制度的执行情况为例,在以往的环评工作中存在着诸多问题,未能发挥其对防治环境污染和生态破坏的重要作用。因此,一些环保组织针对环评环节存在的问题进行监督,如项目规划审批前是否开展环评并取得环评报告,环评过程是否完整和规范，环评数据有无造假，公众是否有效参与，环评审批后有无监管等，通过监督有效促进了环评工作的落实。在河北秦皇岛西部生活区垃圾焚烧发电项目中，几家环保组织联合致环保部的公开信中称，发现该项目环评造假，环评报告的 100 份公众意见调查表中，"被调查人员"有部分查无此人或不在村子，另有 65 位村民表示"此前未见过该调查表，调查表不是本人所写，且不同意在该地建设垃圾焚烧项目"。① 由于环评环节存在的程序不正义以及周边居民的普遍反对，该项目最终被撤销。

单独或联合开展环境监督，甚至提起环境公益诉讼，及时制止环境违法违规行为，也是环保组织发挥自身影响的重要方式之一。2012 年修订的《民事诉讼法》中添加了"法律规定的机关和组织"可以提起环境公益诉讼，2014 年修订的《环境保护法》特别授权符合条件的社会组织可以提起环境公益诉讼，根据规定，环保类的社会组织具备提起公益诉讼的资格。2014 年，中华环保联合会作为原告起诉广州市白云区钟落潭镇白土村村民倾倒污泥污染环境，白云区检察院为"支持起诉人"，该案件经判决后中华环保联合会胜诉。这是新《民事诉讼法》正式实施后全国普通法院受理的第一起民事环境诉讼，也是全国首宗由检察机关支持中华环保联合会作为原告提起的土壤受污染的环境公益诉讼。中华环保联合会在成立之初就设立了环境法律服务中心，督查环境违法案例，提起环境公益诉讼，并帮助污染受害者特别是弱势群体进行环境法律维权。2014 年 7 月，中华环保联合会还开通了"环境污染投诉网"，在试运营期间即收到上千条环境污染投诉，并为联合会提供了多起环境公益诉讼的线索。

（五）鼓励先进现象，惩戒违规行为

社会组织依据一定的价值取向和行为评价标准，对于符合标准的行为进行奖励，而对于违背标准的行为则会根据具体情况给予相应的惩

---

① 《秦皇岛西部垃圾焚烧厂项目环评失实 环评机构竟这样造假》，人民网，http://politics.people.com.cn/n/2013/0129/c1001－20356407.html，2015/8/1。

戒，甚至取消违背者的会员资格，从而树立和强化社会主流价值观念，倡导积极的社会风尚，推动社会舆论的良性发展。

中华全国新闻工作者协会（简称中国记协）是党领导下的我国新闻界的全国性人民团体，在其 2011 年修订的协会章程中规定，任务之一是开展优秀新闻作品、优秀新闻工作者和先进集体评选表彰活动，促进多出精品、多出人才。中国记协组织评选的"中国新闻奖"和"长江韬奋奖"，是我国仅有的两个全国性的新闻评奖。

中国记协的另一项任务是推进新闻行业自律，规范新闻从业行为。中国记协制定了系统的新闻行业自律规范，包括《中国新闻工作者职业道德准则》《中国互联网行业自律公约》《手机媒体自律公约》等，对不同领域的媒体从业人员提出相应的职业要求。为进一步促进行业自律，中国记协还积极推动新闻道德委员会的建设。按照中宣部和中国记协的要求，河北、上海、浙江、山东、湖北等省市率先建立了省级新闻道德委员会。各省新闻道德委员会公布了电话、网络、来信来访等投诉举报渠道，还结合群众的举报内容查处了一批违规违纪案件。这些措施对当地的新闻媒体起到了一定的警醒作用，促使当地媒体单位主动与新闻道德委员会对接工作，并自觉完善本单位内部的自律制度。①

（六）有效利用媒体，吸引受众关注

社会组织常用的宣传方式主要包括杂志、书籍、调研报告、会议、论坛、座谈会、展览、传统媒体、网站、微博、微信等，其中，传统媒体和新媒体是社会组织扩大影响范围、吸引受众关注的有效渠道。环保组织一方面借助传统媒体发声，另一方面在自媒体平台上使用自己的话语体系发表观点，通过两个平台之间的切换和互动，在环境传播中形成一种合作同构、互动影响的格局，借由新旧媒体的互补形成对绿色公共领域的话语建构。

一方面，环保组织积极利用传统媒体发声。传统媒体是环保组织接

---

① 《全国成立新闻道德委员会，试点省市机构已达 16 个》，人民网，http://fj. people. com. cn/n/2014/1202/c350394 - 23077506. html，2015/7/28。

触公众、影响政府的有效渠道。媒体报道能够帮助环保组织最大效度地传播公益信息，进行公众教育，动员公众参与，开展政策倡导并影响政府决策。一些环保组织的负责人或会员本身就是媒体从业人员，有着成熟的媒体沟通技巧和策略，善于通过媒体表达观点，引起社会关注。一般来说，环保组织往往通过发起具有明显组织性和指向性的环境议题，与传统媒体互动后形成报道议题，为媒体设置议程并提供报道框架，凝聚公众舆论，从而促使政府做出政策调整。

另一方面，社会组织充分利用新媒体技术，打造自媒体平台。新媒体技术的突飞猛进为环保组织的发展带来了新的机遇，环保组织积极打造官方网站、微博、微信公众号等自媒体平台。自媒体平台能够突破传统媒体的限制，实现信息由"点"及"面"的高覆盖传播，增加与公众直接接触并开展动员的机会，拓展了传播空间。自媒体平台可与公众展开信息互动，吸引有共同利益诉求的公众的共鸣和支持，加深了公众的了解和对环保组织的信任程度。特别是微信公众平台，可以通过点对点实时传达的方式，及时将相关新闻及活动信息传递给微信订阅者，并可实时收集反馈信息，在传播方式上更为直接。环保组织通过自媒体平台吸引更多的人关注环保事业，提升公众参与环境保护的专业化和组织化程度，自身也塑造了更好的公众形象。在与传统媒体的合作方面也拓展了新的空间和交流方式。在以往的传播中，环保组织要借助传统媒体的力量，需主动与媒体进行联系，发布活动信息或新闻通稿。环保组织自媒体平台的建立改变了这一局面，传统媒体工作者可以通过关注自媒体平台，直接了解环保组织发布的新闻和实时动态，从中寻找新闻点。自媒体平台详细的活动内容信息，也为传统媒体开展报道提供了很大帮助。

党的十九大报告明确指出，要"加强社区治理体系建设，推动社会治理重心向基层下移，发挥社会组织作用，实现政府治理和社会调节、居民自治良性互动"。政府和公众对于社会组织的发展有着很大的期望，然而由于现实多种因素的制约，社会组织的发展也面临着瓶颈，其舆论引导功能的发挥受到影响。这一方面需要社会组织努力提高自身能动性和行动力，另一方面也需要政府和公众给予更多支持，从而有效发挥社会组织的舆论引导作用。

第五节 "意见领袖"的舆论引导格局和机制现状

意见领袖（opinion leader），是意见的领导者，对社会意见的形成、发展与演化起到重要的作用，也有人将意见领袖称为"舆论领袖"，以显示意见领袖在社会舆论形成中的作用，在舆论引导中，意见领袖是一个不可忽视的因素。

一 "意见领袖"的概念和内涵

"意见领袖"这一概念在引入中国时，其概念的内涵与适用情景产生了中国本土化的变化，出于对"意见领袖"字面意思的理解，将凡是通过信息传播影响较大范围社会成员的人称为意见领袖，可见这样一种对"意见领袖"概念的理解拓展了"意见领袖"概念的内涵与外延，突破了传统"意见领袖"概念囿于人际传播与社会群体的范畴边界，而转向通过信息传播产生的影响力来理解意见领袖概念，"如果把社会看做是一个大群体，把通过大众媒体间接产生影响的人也看做是'意见领袖'，从日常语言层面理解也是可以的，但是它与传播流中所说的意见领袖已经有了本质的不同"。[①] 从舆论引导的视角来看，从影响力与影响范围的维度来理解"意见领袖"概念，有助于理解意见领袖在社会舆论引导中的角色与作用，舆论引导就是要借助在社会场域中有影响力的人或组织的意见来引导社会意见的生成、发展与演变。从影响力的视角来看，社会组织机构也可以成为意见领袖，意见领袖并不局限于具体的社会人，也可以是抽象的社会组织机构，如传媒组织、政府机构等。笔者将从影响力与传播流的双重视角来理解舆论引导中的意见领

---

① 刘海龙：《大众传播理论：范式与流派》，中国人民大学出版社，2008，第 174 页。

袖，并将抽象的社会组织也纳入意见领袖的外延之内，从而更全面地理解在社会舆论引导中不同意见领袖所扮演的角色与发挥的作用，理解社会舆论信息在不同意见领袖群体中传播扩散的流动状况，从而更立体地了解社会舆论信息的走向与影响范围。

二 "意见领袖"舆论引导格局的现状

我国的舆论引导整体格局由党和政府等新闻媒体管理部门、传统媒体、新兴媒体、社会组织、意见领袖五大部分组成，意见领袖是我国舆论引导格局中的重要组成部分，在我国的舆论引导格局中扮演着举足轻重的角色。意见领袖在引导舆论时形成了自身的格局与机制，有其自身的特点与规律。在我国，除了大量的民间意见领袖，党和政府的新闻媒体管理部门、传统媒体、新兴媒体、社会组织中也普遍存在意见领袖，在舆论引导整体格局中，虽然意见领袖自成一体，但在舆论引导格局的其他组成部分中，也普遍存在意见领袖，意见领袖在舆论引导格局中是一个普遍的存在。

意见领袖的舆论引导格局可以从两个方面进行观察。第一个方面，从引导舆论的意见领袖的主体来看，意见领袖的舆论引导格局可以由党和政府部门意见领袖、民间意见领袖、传统媒体意见领袖以及新媒体意见领袖等四大意见领袖主体组成，当然这四大意见领袖主体并不是截然分开的，也会存在一定范围的交叉与重叠，如不少政府官员开通微博，再如一些民间意见领袖开始网络化，纷纷开通微博以增强自身的影响力。第二个方面，意见领袖可分为体制外与体制内。体制内的意见领袖是制度化、规范化的意见领袖，受到所在组织的制度与规范的约束，是党和政府以及传统媒体组织的舆论代表。体制外的意见领袖是指民间意见领袖与自媒体意见领袖，这两类意见领袖是个体化的意见领袖，其发表的看法更多是个体性的，不具有制度性的影响与作用。

若从组织传播的视角来看，党和政府部门意见领袖的舆论引导是一种规范的组织传播，是为组织的目标服务的。对党和政府来说，有效地引导社会舆论是社会治理必不可少的手段与途径，引导舆论成为党和政府意见领袖完成党和政府组织工作的重要任务，也是党和政府组织对党和政府意见领袖工作的必然要求。实施舆论引导是我国传统媒体的重要任务，也是传统媒体发挥"党和人民喉舌"功能的主要方式，因此引导舆论也就成为传统媒体组织的重要目标与任务。党和政府、传统媒体都是一种社会组织，有着明确的组织目标，从广义上看，其对舆论的引导是一种组织传播。民间意见领袖与自媒体意见领袖对舆论的引导不是组织化的意见领袖信息传播行为，而是人际传播形态的舆论引导行为，是一种个体化的意见表达。当然由于某些势力的进入，一些自媒体意见领袖也有可能成为某些势力的隐性代言人，为某些势力摇旗呐喊，成为某些势力影响社会表达的代言人。

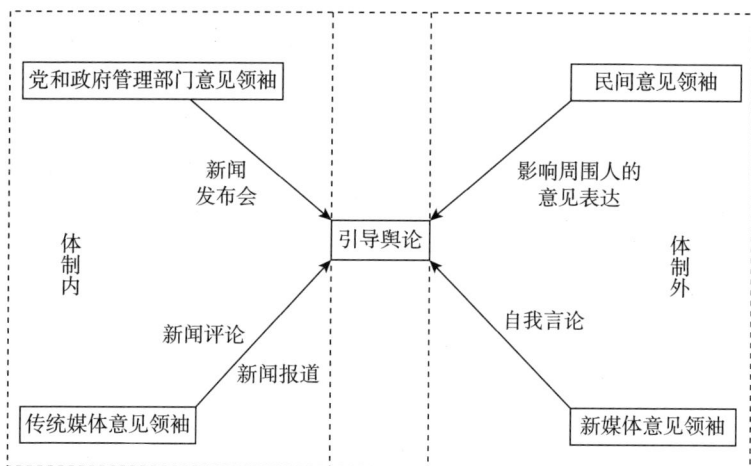

图 2-10 我国"意见领袖"舆论引导格局模型

三 "意见领袖"舆论引导机制的现状

意见领袖舆论引导机制是我国整体舆论引导机制中的重要组成部分，笔者将从党和政府意见领袖、民间意见领袖、传统媒体意见领袖、新媒体意见领袖等四个意见领袖主体来分别论述。

（一）党和政府意见领袖舆论引导的机制

党和政府管理部门的意见领袖舆论引导机制的机理是，党和政府管理部门意见领袖具有权威性，这种权威性是由党和政府的威信赋予的，并且从制度上予以保障。从社会公共管理的视角来看，党和政府管理部门意见领袖必然承担引导社会舆论的任务。社会舆论关注的话题更多的是社会公共事务，而党和政府管理部门是公共事务的具体管理者，党和政府管理部门拥有管理公共事务的法定权力，同时党和政府也是公共事务相关信息最权威的拥有者。公共信息既是党和政府进行公共治理的手段，也是社会民众参与社会公共事务必不可少的基础。社会民众盼望党和政府管理部门及时、全面地提供有关公共事务的权威信息，从而更好地参与公共事务。

党和政府管理部门是高度组织化的、制度化的机构，同样党和政府管理部门的意见领袖是经过高度组织化和制度化产生的，党和政府管理部门建立了新闻发言人制度，也建立了系统规范的政务微博、政务公众号以及网站，这些既是党和政府管理部门意见领袖信息传播的渠道，也是党和政府管理部门意见领袖的舆论引导机制。

为了引导社会民众的认知与意见，党和政府管理部门通过新闻发言人及时向社会传递有关公共事务的权威信息，表达党和政府管理部门对相关公共事务的观点，向外界明示党和政府管理部门对相关公共事务采取的措施，以安抚民众心理，引导民众对有关公共事务的看法。新闻发言人个体的言论实则是代表党和政府管理部门的言论，是组织机构的言论，例如在南海问题上，中国民众特别关心外交部新闻发言人对相关问题的看法，从外交部相关发言人的言论中感知中国政府维护南海主权方面的态度和决心。

新闻发言人代表的是党和政府，新闻发言人借助新闻发布来引领社会意见，实则是党和政府在对社会意见进行影响与引导，由此可见新闻发言人是党和政府扮演意见领袖影响社会舆论的一种制度化的安排。这种机制也要求新闻发言人不能凭借个人感觉说话，而是建立在党和政府管理部门对相关公共事务做出权威研判的基础上，听从组织安排发表相关言论。

党和政府管理部门新闻发言人个体一定要意识到自身是组织化的意见领袖，是制度化意见领袖的代表。党和政府管理部门新闻发言人的个人魅力有助于增强他们代表党和政府管理部门引导社会舆论的效果。

（二）民间意见领袖舆论引导的机制

在中国，一些劳动模范、道德模范往往成为所在社会群体的意见领袖，他们往往是官方树立的社会榜样。榜样往往在民间扮演着意见领袖的角色，民众常常会自觉或不自觉地向榜样学习，因此民间意见领袖的舆论引导行为往往是自发的、潜在的和隐形的，是社会群体见贤思齐的社会心理机制推动民间意见领袖对周围社会意见的影响。2010年央视"感动中国十大人物"的阿里木靠着个人勤劳、善良、资助教育的善行而获得社会的广泛关注，更是成为新疆少数民族民众交口称赞的时代先锋。阿里木践行的民族团结的事迹潜移默化地影响着周围的人，影响着社会各民族民众，对各民族民众增强民族团结的认识起着社会舆论引领的作用。以郭明义、阿里木为代表的民间意见领袖经过大众传媒的新闻报道，在更广泛的社会群体中获得了社会影响力，其对社会成员的影响范围获得了极大的提升与拓展。

除了上述模仿学习的社会心理机制，民间的社会结构也是民间意见领袖发挥舆论引导作用的另外一种机制。在民间社会群体的网状结构中，有些人由于知识水平、个人威望等而成为社会群体网络结构中的重要节点，其他社会成员作为社会网络中的一般节点通过直接或间接的联系而与民间意见领袖产生信息传受关系，从而实现了民间意见领袖在社会群体中的舆论引导。例如在社会群体中往往存在"百事通"们，这些"百事通"便是所在社会群体的重要节点，其所传播的信息能够较为迅速地传播到周围其他社会成员群体中，从而实现对社会意见的影响与作用。在中国的一些农村，由于传统社会制度，还存在族长，族长的推选往往考虑该族员的辈分地位、生活阅历、社交能力等因素，族长成为一些农村社会群体的意见领袖，其对农村社会舆论的影响是通过农村传统的社会制度、社会文化来进行的。共约性的认识使得族长这一意见领袖群体在农村拥有了社会合法性，从而也就在文化上对社会舆论进行引导拥有了社会心理基础与社会合法性。

在民间存在一些见义勇为、维持社会公道的英雄人物，如打拐英雄魏继中、打假英雄王海等。这些民间英雄的事迹在受到大众传媒的报道后，民间英雄也迅速成为民间意见领袖，他们在所从事的活动方面拥有了较大的社会话语权，如王海对假冒伪劣商品的言论影响中国民众对相关问题的社会认知，从而引导有关社会问题的舆论。在中国，由于宗教信仰的存在，在信教群体内，宗教人士成为该群体内重要的意见领袖。宗教人士对宗教教义的解读影响信教群体对世界的认识，宗教人士对一些社会事件、社会现象的点评会直接影响信教民众对相关社会事件、社会现象的认知态度。在一些民族地区，宗教组织渗入社会民众的每一个社会空间，对民众的社会舆论的形成、传播与演化影响巨大。可见，在民族地区的社会舆论管理中必须要重视宗教人士这一特殊的意见领袖群体。宗教人士作为民间意见领袖获得对信教民众社会舆论引导的社会合法性地位是由宗教信仰本身规定的，是宗教传播内在的机理，这也形成了宗教人士作为民间意见领袖引导社会舆论的机制。

（三）传统媒体意见领袖舆论引导机制

传统媒体是党和人民的喉舌，服务于党和国家的事业，是党和政府的舆论代表。传统媒体获得了制度赋予的权威性，传统媒体的言论很大程度上代表着党和政府的言论。传统媒体的权威性是传统媒体意见领袖开展舆论引导的内在机理。由于传统媒体的权威性，社会民众对传统媒体具有较高的社会认可度与信任度，因此传统媒体的意见领袖能够更好地影响社会民众意见的形成与发展，从而实现社会舆论的引导。传统媒体意见领袖也是体制内的意见领袖，具有制度化、规范化的特点，传统媒体意见领袖舆论引导机制有多种形式。

传统媒体可以直接设置以"意见领袖"为名称的栏目，来吸引社会对传统媒体所传播社会观点的关注，从而实现对社会舆论的引领。宁夏卫视开办有一档节目，节目的名称即为《意见领袖》。《意见领袖》这档节目由主持人与学界、业界的专家、嘉宾构成，由主持人开篇提出一个重要的社会问题，然后由专家或嘉宾来解读这一社会问题，发表对相关社会问题的看法，主持人会穿插出现以使讨论的话题能够有步骤地不断拓展与深入。宁夏卫视这档《意见领袖》节目涉及的社会话题主要集中在经济领域,如股市创业板、养老金等问题。

传统媒体通过开办涉及不同社会生活领域的节目或栏目,邀请记者、编辑、评论员、主持人、嘉宾等来谈论相关社会话题,引导社会民众对相关社会话题的认知,来实现社会舆论的引导。拉扎斯菲尔德在研究意见领袖时,便提出了不同领域的意见领袖,如公共事务、娱乐等。当下中国社会生活越来越丰富,美容、服饰、饮食、汽车等多样的生活话题成为社会民众所关心的话题。以报纸、广播、电视为代表的传统媒体纷纷开办相关节目以扮演引领相关社会话题的意见领袖的角色,通过访谈有关用户或嘉宾来对社会公众进行影响。

以报纸、广播、电视为代表的传统媒体在新闻栏目上打造知名记者、主持人,将这些新闻记者、新闻节目主持人培养成社会民众喜欢、信任的新闻工作者,从而更高效地引导社会舆论,这是传统媒体舆论引导的机制之一。如《新闻联播》节目主持人欧阳夏丹,《东方时空》节目主持人白岩松、张泉灵,《焦点访谈》节目主持人敬一丹等。这些新闻主持人也日渐成为社会公众喜欢、信任的意见领袖。中央电视台在两会期间推出过"小丫跑两会"节目,以通过新闻记者的个人魅力来带动社会民众对新闻的关注。除了"小丫跑两会",中央电视台在进行重大的新闻事件报道时,往往会派出社会知名度高的新闻记者在一线进行新闻报道,一些知名的新闻主持人也会转做记者在一线进行新闻报道。这些意见领袖式的记者与主持人所传播的新闻信息更容易被其追随者所关注、所接受,从而更好地引领社会意见的发展与演化,起到较好的舆论引导作用。

除了主持人、记者,从把关角度来看,传统媒体的各类节目、栏目的编辑也是一种意见领袖。传统媒体的编辑往往决定着何种社会意见能够进入社会公众的视野,编辑有权选择社会舆论能否通过大众传媒进入社会公共领域。在拉扎斯菲尔德对意见领袖的论述中,选择信息向其他社会成员传播是意见领袖影响社会意见形成的机制,只是在拉扎斯菲尔德的论述中,意见领袖对社会舆论信息的选择是自发的、自主的,仅仅依据意见领袖自身的价值观与兴趣爱好来决定。把关是传播者在传播过程中负责搜集、整理、选择、处理、加工与传播信息的行为。传统媒体编辑的信息把关实质上发挥着意见领袖的信息选择作用，只是传统媒体编辑的信息把关是一种组织化、制度化的意见领袖信息筛选行为，不是个人性的自发行为。"传播组织自身的目标、对象、功能、重点等有所不同，因此，在进行把关时也就必然以本组织的各种要求、规范、传统、标准等进行把关。"[1] 从社会舆论信息的筛选与审查角度看，编辑是传统媒体意见领袖舆论引导机制一种较为隐性的实现方式。

多样态的新闻评论是传统媒体意见领袖开展舆论引导的另一种方式。新闻评论直接给出有关社会事务、社会话题的观点与看法，从而给社会民众提供鲜明的意见指导。"社论"往往代表着传统媒体组织的意见，在我国，它还代表着党和政府的意见，是一种直接的社会舆论引导。培养意见领袖式的新闻评论员是有效引导社会意见形成、发展的一种机制，是传统媒体意见领袖舆论引导机制的重要组成部分。如《人民日报》推出了"任仲平"系列新闻评论文章，中央电视台将知名主持人白岩松转为电视新闻评论员，都收到了较好的舆论引导效果。"任仲平"、白岩松在发表了一系列的新闻评论作品之后，也逐渐成为意见领袖，并借助意见领袖的优势来增强传统媒体的社会舆论引导效果。

作为传统媒体的电视媒体办有各种访谈节目，通过主持人与知名专家学者的对话交流来评论新闻事件、社会话题，如中央电视台开办的《今日关注》，经常会有清华大学、北京大学、中国人民大学、中国社会科学院的知名学者来参加评论，也有一些其他研究机构的专家来参与节目中话题的评论。一个专家在评论节目中出现的频次高，就容易成为社会公众人人皆知的意见领袖式的专家，如国际关系领域的中国人民大学金灿荣教授，军事领域的尹卓、张召忠专家。这些专家的高频率出镜使其成为相关领域的知名意见领袖，对相关话题的观点与看法被社会民众中众多的认可者、追随者所接受，从而引领社会意见的走向。

（四）新媒体意见领袖舆论引导机制

互联网技术为普通的社会公众利用新媒体参与社会大众信息传播提

---

[1] 胡正荣、段鹏、张磊：《传播学总论》（第二版），清华大学出版社，2008，第155页。

供了条件，互联网为一些普通人成为意见领袖提供了传播的工具，一些熟悉社会公众心理和新媒体运作的人士，逐渐获得意见领袖的社会地位，进而对社会舆论产生影响与作用。这是新媒体（或称为自媒体）意见领袖舆论引导的内在机制，这一机制有着两种实现途径。第一条途径是自媒体使用者在互联网上发起社会公益活动，如捐资助学、帮助弱势群体、倡议环境保护，从而引起网民的关注。如"网络大V"薛蛮子在未成为"大V"前通过互联网发起社会公益活动、动员网民参与，并持续不断地从事、发起各种公益活动，从而引起网民的关注。网民将薛蛮子奉为意见领袖，并在遇到困难与问题时向薛蛮子求助，薛蛮子也会有选择地进行帮扶，并将自身的"善行"公布在互联网中，从而引起更大的社会关注，由此成为拥有千万粉丝的具有巨大社会影响力的自媒体意见领袖。薛蛮子说，他的微博"真正得到关注是在 2011 年 2 月份春节，在马尔代夫度假的时候，连写了 6 篇微博，倡议全国人民怎么利用微博这个利器解决拐卖儿童的事。自从那件事儿之后，就变成了一个很大的转折，逐渐进入第一个粉丝高潮，就变成几十万人了"。[①] 好人文化是中国民众精神世界的一个情结，善良是中国民众认可的美德。正是薛蛮子在自己的微博上倡导微博打拐，向社会民众展示了自身的"善良"，从而成为公众认可的网上意见领袖。

普通公众成为自媒体意见领袖的第二条途径是，普通公众利用自媒体开展舆论监督。如广东的区伯，不断曝光公车私用，并将相关证据公布在互联网上引起社会公众的关注，从而成为自媒体的意见领袖。除了公开政府官员公车私用的行为，区伯还将地方政府告上法庭，通过与政府打官司不断取得社会关注、不断积累社会影响力。区伯通过不断批评政府官员的腐败来引导社会公众对相关问题的看法，进而影响社会公众对其他社会问题的看法，对社会意见的形成与传播产生影响。

然而，一些通过设置社会公共议题而成为自媒体意见领袖的人，在对社会舆论产生影响中缺乏应有的责任意识，只是一味地追求自身的心

---

① http://china.cnr.cn/yaowen/201309/t20130915_513600275.shtml.

理满足感。薛蛮子承认，随着名气和影响力越来越大，他在微博上涉及的话题也逐步扩展到自己专业以外的时事、环保、历史、卫生、食品等多个领域，其中绝大多数都是转发，甚至是没有认真核实的、情绪化的转发。"在我成为了所谓的虚拟社会中的意见领袖之后，享受了个人的意见、影响力的所谓威力之后，就会自然而然有一些忘乎所以啊，说一些站着说话不腰疼的事儿啊，缺乏建设性的意见、建议啊。"[①]可见一些自媒体意见领袖的舆论引导是一种自发的行为，其主要动机是获取社会关注、实现自我利益，一旦获得意见领袖的地位，其言论的质量大打折扣，虚假与不理性的成分增多，对社会意见产生了很多的负面影响。

自媒体意见领袖良莠不齐，自媒体意见领袖舆论引导机制的实现形式也多样化。除了上述一些普通人通过自媒体设置话题逐渐成为意见领袖，一些真心热爱公益、真心从事社会公共服务的人由于善行而被大家认可进而成为自媒体意见领袖，从而实现对网络媒体中社会舆论的引导，这是自媒体意见领袖舆论引导的另外一种机制。

杜少中是中国环境保护的践行者、传播者，其在新浪微博的粉丝量高达470多万人，其微博的自我说明是"回归自然、恢复野性，谁破坏环境就跟谁玩命"。杜少中兼任国家数所名牌大学环境保护与传播方面研究职务，其政府环保部门的从政经历使得其在环境保护方面无论政策还是专业知识都是社会公众认可的自媒体意见领袖，从而通过自媒体发布环保的相关信息，引导社会环保舆论的走向。杜少中成为自媒体的意见领袖，在于他已经成为相关社会话题的专家，在相关社会话题方面具有丰富的学识，从而一开微博便被社会公众追随、认可，使得其在微博上的言论能够较强烈地影响社会公众，实现对相关话题的社会舆论引导。这类自媒体意见领袖在相关话题方面具有良好的知识储备，同时他们以高度的社会责任感关注相关话题，引导社会舆论，从而成为正能量的自媒体意见领袖，这是此类自媒体意见领袖舆论引导的内在机理。

在自媒体意见领袖中，还有一群人，他们本身就是社会名人，被社

---

① http://china.cnr.cn/yaowen/201309/t20130915_513600275.shtml.

会公众所认可、关注，他们在自媒体上开设微博、微信公众号，获得公众的认可与追随，从而借助自媒体发表言论，引导社会舆论。张泉灵是央视新闻节目的著名主持人，其在新闻报道中的责任意识与担当意识为其赢得了社会公众的广泛认可，张泉灵在新浪微博上的粉丝量高达1100多万，是名副其实的网络"大V"，对社会舆论产生着重要的影响与引导。张泉灵一直倡议要在互联网上传播正能量，形成良好的讨论社会问题的风气，将其在电视媒体获得的影响力延伸到自媒体。这类在传统媒体成名的主持人、记者、嘉宾借助自媒体进一步延伸自身的影响力，实现对网络媒体社会空间相关社会话题的舆论引导。这一自媒体意见领袖舆论引导机制是传统媒体意见领袖舆论引导机制与新媒体传播特点融合的结果。

综上所述，党和政府意见领袖舆论引导机制与传统媒体意见领袖舆论引导机制属于制度性的舆论引导机制，制度性的意见领袖舆论引导机制具有规范化、程序化的舆论引导特点。面对社会现象，意见领袖舆论引导行为必须按照组织的安排来进行，组织的制度性规定高于意见领袖自身对社会现象或社会问题的认知。不可否认制度性的意见领袖舆论引导机制在舆论引导方面具有稳定性的优势，但在开展舆论引导时有时候有些被动，对社会舆论的快速发展与演化趋势的适应性比较差，有时候舆论引导行为滞后。

民间意见领袖舆论引导机制与自媒体意见领袖舆论引导机制是自发性的舆论引导机制，它们不是制度性的安排，这两类意见领袖舆论引导机制往往会按照舆论产生、扩散、演变的规律进行舆论引导，更具贴近性、灵活性。民间意见领袖与自媒体意见领袖对社会现象或社会事件发表的看法与意见往往是个人的，权威性不明显，由于缺乏权威性的信息作为支撑，所传播的意见与看法常常具有片面性，舆论引导效果也表现出不稳定性。民间意见领袖舆论引导机制与自媒体意见领袖舆论引导机制也有一定的优势，那就是较为贴近地引导社会意见，对相关问题敢于发表看法，舆论引导的方式更为多样化。

第三章

媒体融合对当前我国舆论引导格局和机制的影响

第一节 媒体融合的概念及内涵

一 媒体融合的定义和内涵

信息网络技术的快速发展与普及，使得媒体形态从原来的报纸、广播、电视向现在的互联网、移动智能终端等新兴媒体不断演进。根据媒体的发展形态，人类迄今为止已经经历了口语传播时代、文字传播时代、印刷传播时代、电子传播时代。而在不断的发展变迁过程中，每个时代的变化并不是依次取代、更替，而是一个共建、共生的过程。特别是进入电子传播时代，媒体的发展形态更加多样化，多种媒体融合的趋势也成为潮流。新媒体的出现，不但整合了海量的资源和信息，也促进了技术和社会的变革，不同形式的媒体彼此间的互换性与互联性得到加强，人们的交互方式、沟通机制呈现出极大的关联性、交互性和融通性；数字化技术使图、文、声、像等不同的信息呈现方式以相同的数字信号得以传输与存储；网络化、社会化、圈群化等使得整个社会在充分满足个人差异化、个性化需求的同时，在信息呈现的技术基础、传播渠道、运行平台上，都表现出互通、融合或交织的态势。

　　尽管目前对"媒介融合"概念及内涵的探究早已不鲜见，不同的学者从不同的角度给出了不同的理解，但目前对这一概念尚未形成普遍的认可和共识。

　　1978 年，麻省理工学院的尼古拉·尼葛洛庞帝用三个相互交叉的圆圈分别代表计算机工业、出版印刷工业和广播电影工业，通过描绘三个区域之间不断重叠聚合的过程，提出了不同工业"即将和正在趋于融合"这一想法，并展示了交叉领域发展最为迅速的这一特点，从而为"媒体融合"的研究带来了新的启发。

　　一般认为，媒体融合（Media Convergence）这一概念最早由美国马萨诸塞州理工大学的伊契尔·索勒·普尔（Ithiel De Sola Pool）提出。1983 年，他在其《自由的科技》（*The Technologies of Freedom*）一书中提出了"传播形态融合"的概念（The Convergence of Modes）。他认为，数码电子科技的发展，是导致历来泾渭分明的传播形态走向聚合的原因。其本意是指各种媒介呈现出多功能一体化的趋势。[1]

　　美国新闻学会媒介研究中心主任安德鲁·纳什森（Andrew Nachison）将"融合媒介"定义为"印刷的、音频的、视频的、互动性数字媒体组织之间的战略的、操作的、文化的联盟"。他强调的"媒介融合"更多是指各个媒介之间的合作和联盟。[2]

　　从微观方面看媒介融合，具有代表性意义的观点是 2002 年道尔认为电子通信技术、计算机技术和媒体的融合是媒介融合的重要的形态。[3] 这类观点主要是从媒介形态本身、形态发展和构成来定义的；而在宏观方面的融合，具有代表性意义的观点是美国密苏里新闻学院迈克·金的观点，[4] 他从三个方面指出媒介融合的定义：首先，媒介融合

---

[1]　参见人民日报社编《融合元年——中国媒体融合发展年度报告（2014）》，人民日报出版社，2015，第 2 页。

[2]　参见人民日报社编《融合元年——中国媒体融合发展年度报告（2014）》，人民日报出版社，2015，第 2 页。

[3]　Doyle, G. 2002. Media Ownership: The Economics and Politics of Convergence and Concentration in The UK and European Media. London: Sage Publications.

[4]　付晓燕：《媒介融合下的美国新闻业和新闻教育变革》，《新闻与写作》2009 年第 8 期。

是传媒组织的经济和运营目的，指出了传媒业务融合的重要性；其次，是新闻报道方式融合，这是从新闻生产的角度来定义的；最后是公众与媒介之间关系的融合，整合记者和公众之间的互动是使得报道融合的关键。显然这一定义将媒介融合的概念拓展到了更为广泛的领域。克劳斯·布鲁恩·延森（Klaus Bruhn Jensen）将研究焦点从媒介转向传播，从物质、意涵、机构三个维度构建了一个媒介研究的系统框架，探讨了网络传播、大众传播、人际传播的媒介融合三重维度。①

　　"媒体融合"一直以来都是西方学者所研究的重点，20世纪90年代末，我国学者开始对媒体融合进行研究。在研究初期，相关的研究成果范围狭隘且多为对西方理论进行评析，缺乏自己的研究视角，直至2006年，相关研究才拓展开来。我国学者蔡雯最早将"媒介融合"这一概念介绍到中国，蔡雯在其文章中区别了"融合媒介"和"融合新闻"这两个概念，指出"融合媒介"是"融合新闻"的前提。她引用了美国新闻学会媒介研究中心主任 Andrew Nachison 的观点，指出"融合媒介"最重要的是融合了各个媒介的合作模式，而"融合新闻"则是新闻传者和受者的融合、新闻组织结构和工作流程的融合以及新闻传播方式的融合，并指出了在这样的环境下新闻发展所面临的机遇和挑战。此外，孙玉双也指出"融合新闻"是"融合媒介"的产物，并且在媒介融合发展过程中发挥着重要作用——使得新闻生产的内容适应不同媒体平台，并有针对性地精准推送相关内容，产生"全媒体记者"满足媒体发展的各种需求。

　　综合上述分析，笔者认为：

　　媒体融合是指不同类型的媒体之间在内容生产、传播渠道及平台建设、经营管理等方面打破原来相对独立、各自为政的壁垒，资源共享、优势互补、统筹发展，以实现社会效益和经济效益最大化的传媒发展理论与实践。

---

① Klaus Bruhn Jensen. The Tree Degrees of Network, Mass and Interpersonal Communication [M]. London：Routedge，2010.

这个定义有这样几层含义：

首先，媒体融合既是一个理论问题又是一个实践问题。媒体融合可能首先出现在实践领域，但需要学理上的梳理和回应，以便更好地推动和指导实践。所以，对待媒体融合要理论与实践并重，二者不可偏废。

其次，从融合的主体上看，包括报纸、广播、电视、互联网、移动互联网等各种类型的媒体之间的交互与融合，即传统媒体之间、新兴媒体之间、传统媒体与新兴媒体之间的融合等。但在当前理论与实践中，媒体融合主要指报纸、广播、电视等传统媒体与互联网、移动互联网等新兴媒体之间的融合。

再次，从融合的对象或要素上看，包括媒体内容、渠道、平台、经营、管理等方面的融合。

最后，从融合的效果上看，这种融合不是各类媒体各种要素的简单叠加，而是遵循一定规律的有机融合，通过融合实现"1 + 1 > 2"的效果，更好地实现媒体的社会效益和经济效益。

二　媒体融合的研究视域

随着"媒体融合"概念的普及，国内外学者开始对媒体融合的相关实践案例进行了研究。有学者从媒介所有权融合、媒介文化融合、媒介组织结构、媒介生产等不同的角度进行研究，这些研究涵盖了媒介发展的各个方面，不仅分析了媒介的外部机制，也对其内部机制进行了探讨。

关于媒体融合现状的研究中，西方学者研究的角度更加广泛和具体。有对"媒体融合"形式的研究——美国西北大学教授李奇·高登（Rich Gordon）便根据不同传播语境下 Convergence 所表达的含义归纳了美国目前存在的五种"融合新闻"的类型：所有权融合、策略性融合、结构性融合、信息采集融合、新闻表达融合。前三种分类基于媒介的组织结构，而后两种分类则是基于新闻的生产过程。这类研究主要从传媒业务的操作层面来进行探讨，涵盖面更加广泛，涉及的内容也相对较多。同年戴默和他的同事提出了"融合连续一体"的概念，他们根据美国和其他国家现有的媒介以及新闻生产方式的现状对媒介的发展做出了界定，指出当前媒介的发展具有交互推广、克隆、合竞、内容分享、融合几个方面。此外，国外学者还在媒介融合教育方面有自己的建树和贡献。2005 年麦金教授正式创办了密苏里新闻学院媒介融合专业，将媒介融合的理念推向了各地，其成立的媒介融合实验室也成为各国媒介研究效仿的典范。

在我国，2001 年 3 月 15 日通过的"十五"计划纲要，第一次明确提出"三网融合"的概念，即"促进电信、电视、互联网三网融合"。至此，关于"媒体融合"的研究开始增多，而我国的相关文献研究多为问题导向的研究。孟建[①]在其文章中以"盛大盒子"发展失败为案例，指出媒介融合不仅仅是技术上的融合，而是一种媒介发展的趋势，是内容和深度的融合。孙玉双[②]指出我国目前的媒介融合存在政策限制、传媒组织内部管理落后、人才匮乏的现状。彭兰[③]指出媒介融合带来了受众市场的迁移，使得一部分传统传媒业流失了用户资源；移动终端影响媒介融合的格局，特别是物联网的发展正深刻地影响新闻生产的趋势，而这也是我国媒体发展的机遇和挑战。熊澄宇认为，"媒介融合"是在数字和网络技术推动下，所有的媒介都向电子化和数字化靠拢的一种发展形态。李良荣指出，"媒介融合"是各种媒体形态的边界逐渐消融，多功能复合型媒体逐渐占据优势的过程和趋势。他认为新媒体本身就是融合媒体，"融合"是它的一个特性。还有学者总结了不同语境下"媒介融合"的多个侧面，如媒体科技融合、媒体所有权合并、媒体战术性联合、媒体组织结构性融合、新闻采访技能融合和新闻叙事形式融合等。[④] 2014 年 8 月 18 日，中央全面深化改革领导小组第四次会议审议通过了《关于推动传统媒体与新兴媒体融合发展的指导意

---

① 孟建：《媒介融合：粘聚并造就新型的媒介化社会》，《国际新闻界》2006 年第 7 期。
② 孙玉双：《中国媒介融合的现状、表现形式与未来》，《科技与出版》2011 年第 4 期。
③ 彭兰：《社会化媒体与媒介融合的双重挑战》，《新闻界》2012 年第 1 期。
④ 参见人民日报社编《融合元年——中国媒体融合发展年度报告（2014）》，人民日报出版社，2015，第 2 页。

见》，这在很大程度上标志着"媒体融合"已经成为国家战略。此后，理论界与传媒业界对媒体融合的关注越来越多。人民日报社编辑出版了《融合元年——中国媒体融合发展年度报告（2014）》，北京市新闻工作者协会组织出版了《中国媒体融合发展报告（2015）》，对媒体融合进行政策解读、理论探讨和实践研究。

综合国内外学者的研究可以看出，西方发达国家在媒体融合的研究上观点更为全面和具体，且西方国家已经在媒体融合领域形成了自己的研究模式，并发展成为一门专业。而我国关于这一课题的研究相对较为薄弱，目前，由于一些主客观的原因，媒体融合程度还处于较低的层次，存在的限制也比较多。

基于我们对媒体融合的上述理解和界定，我们可进一步厘清媒体融合的内涵与外延，并将其概括为三个层面，即技术层面的媒体融合、业务层面的媒体融合、规制层面的媒体融合。

（一）技术层面的媒体融合

一是指信息内容的形态融合。在数字技术的底层，信源的符码均是0、1信号，因此，无论何种媒介类型，在这个层面上来讲，均是一种表达形式，这为媒介边界的模糊甚至消解提供了可能，为不同媒体的信息内容在同一网络平台上的传输与分发奠定了技术基础。二是信息传输的融合。比如传统的广电网、电信网等信息传输渠道，无论是从功能上还是形式上，都在向互联网发展，形成具有共通性、兼容性的多媒体网络传输平台，"多网融合"已经成为一个不可逆转的趋势。三是信息传输终端的融合。随着移动互联网、智能手机的发展，受众的接收终端设备正呈现出多种功能融于一体的特征，信息正在以一种开放的终端平台将信息和服务传递给使用者。

（二）业务层面的媒体融合

一方面，指内容的融合，信息内容的制作、推广、运营不再受制于媒介的形态，而能依从叙事的逻辑打通媒介的边界，形成完整的、全媒体的、多形态的内容表达。因此，媒介的内容运营也越来越倾向于打

"组合拳"，通过报纸、广播、影视、互联网等多媒体间的互动、融合来推动业务运营与市场推广。另一方面，指媒体从业者的技能融合，媒介融合环境下要求传媒从业者应当具有多方面复合性的职业技能，如越来越多的媒体要求从业者向超级记者、背包记者、全媒体记者方向发展。

（三）规制层面的媒体融合

一方面，是指宏观层面的政府规制融合，比如着眼于"三网融合"的政府规制整合，以及立足于此的政府机构重组、法律法规的整合等，从而为媒介融合创造积极、良好的外部环境。又如，英国将原来的电信规制局（OFTEL）、独立电视委员会（ITC）、广播管制局（RA）、广播标准委员会（BSC）和无线通信管制局（RCA）等5家规制机构合并成一家新的规制机构——通信办公室（OFCOM），即是为了满足面向融合的规制需要。另一方面，是指微观层面的媒介所有权融合，媒体组织通过兼并、整合，打通企业边界，降低运营成本，提升企业竞争力。

三　媒体融合的发展趋势

随着电子信息技术的发展以及 Web2.0 技术的不断成熟，各种传播媒介之间的界限逐渐模糊，并有相互融合的趋势。同时，新媒体技术的出现给媒体融合提供了新的技术平台与发展方向。媒体融合的发展趋势表现为以下几个方面。

（一）新技术在媒体融合中的作用日益凸显

媒体融合本身就是新兴媒体技术发展和应用的结果。换言之，媒体融合在很大程度上是由新技术引发和推动的。大数据、云计算、数据可视化、4G 网络技术等在媒体融合中的应用将越来越多，其作用也将越来越大。如充分利用大数据、云计算技术，加强内容与用户数据库建设与管理，提高数据收集、存储、运算、加工、分析和运用能力，将为媒体内容生产提供强有力的支撑。再如，充分发挥 4G、5G 等新一代网络的技术优势，不断提高媒体信息传播速度，扩大覆盖范围，增强传播效果。通过传统媒体与社交媒体等新兴媒体融合，实现社交网络平台与新闻传播平台对接，不断增强传播平台用户黏性，吸引更多用户参与和使用，不断提升媒体传播力和影响力。

（二）内容建设是媒体融合的根本

媒体融合是一种外在的手段，融合效果的实现最终要靠优质的内容。因此，内容建设始终是媒体融合的根本。内容建设要遵循新闻传播规律和新兴媒体发展规律，在保持传统媒体内容的真实性、权威性、公正性等基本特点基础上，要适应新兴媒体社交化、视频化、移动化等特点，不断探索多样化、个性化、定制化、趣味性强等内容的生产和传播，满足用户需求，增强传播效果。如湖南卫视推出的官方 APP "呼啦"，用户可通过这个应用对电视节目相关话题进行讨论、投票，让用户和电视之间不仅存在单线互动，更让用户和用户、用户和商家之间建立联系。由内容的单方面的吸引，拓展到用户之间的人际关系、用户与商家之间的消费关系等多方面的吸引，在移动互联网的时代极大地增强了电视用户黏性。[1] 再如新华社以 "新闻＋创意" 来推进融合，推出沙画新闻、动新闻、萌图新闻等一系列新产品，以适应受众对动态新闻形式的需求，增加了新闻的趣味性。[2]

（三）媒体融合产生的新业态将在信息传播与舆论引导中发挥至关重要的作用

媒体融合打破了各类媒体之间原有的界限和壁垒，逐步形成了一些媒体新业态。如前些年的手机报、手机电视、手机网站等，近年来出现的微博、微信、APP 客户端等。目前最有影响的新业态就是微博、微信和 APP 客户端，简称 "两微一端"。通过 "两微一端" 建设，可以打通传统媒体与新兴媒体两个传播渠道，整合线上线下资

---

① 参见梅宁华、宋建武主编《中国媒体融合发展报告（2015）》，社会科学文献出版社，2015，第143页。
② 参见方敏等《媒体融合一年细数五大亮点》，《人民日报》2015年8月13日。

源，扩大用户规模，有利于传统媒体提高传播力、公信力、影响力和舆论引导能力。

（四）采编流程的革新与再造

媒体融合过程中新技术的应用与发展，信息生产与传播方式、用户使用习惯的变化等都将推动媒体采编流程的革新与再造。采编流程的实时化、集约化、数字化将成为发展的必然趋势。只有适应这一趋势，不断革新再造采编流程，才能不断提升媒体内容产品的生产力、竞争力、传播力、影响力。一些平面媒体已纷纷围绕生产的采、编、发环节进行流程再造，建立"中央厨房"式的全媒体发布平台，实现"一次采集、多种生成、多元传播"。2015 年全国两会报道的媒体大战中，人民日报社"中央厨房"身兼四职：程序员、服务员、推销员、联络员，推送的 4 条 HTML5 新闻当天点击量都超过了 10 万次，《有话问部长》一天点击量达 80 万次。再如，一些媒体以"多终端形态"创新产品。截至 2015 年 3 月，拥有独播权的"芒果 TV"实现电脑、互联网电视、手机、平板全平台多屏合一，全平台日均活跃用户数近 3000 万。光明日报报业集团也通过光明云媒等新媒体产品和核心价值观百场讲坛等活动形成了新的传播链。①

（五）跨界融合将成为新趋势

媒体融合表现出鲜明的网络技术特征，其影响不仅仅囿于传媒产业，也重构着整个传统产业的生态。媒体融合是传统企业向"互联网＋"过渡的重要形式。目前，新媒体技术已充分渗透到各个传统组织发展的整个过程中，信息化、数字化、网络化等新技术不断推动着组织的业务流程再造，推动着组织业务与结构功能以及整个产业价值链的重构与再生。融合是一种动态、迭代发展的过程，在这个过程中，不断实现新的业务功能，也不断涌现出新的业务形态。传统企业借鉴新媒体的传播技术手段对整个业务流程与组织功能进行整合，打通业务与功能

---

① 参见方敏等《媒体融合一年细数五大亮点》，《人民日报》2015 年 8 月 13 日。

的发展壁垒，提升传统组织业务在网络新媒体环境下的生命力，提升自身竞争力。如 2014 年 4 月，50 余家纸媒与阿里巴巴联合推出"码上淘"业务，读者可以通过扫描报纸杂志上的二维码来购买商品。《京华时报》主营的"京华亿家网"、《钱江晚报》旗下的"钱报有礼"等，则依托原有的品牌公信力、读者用户群以及完整的物流配送系统，试图搭建独立的电商平台。传统媒体的另一跨界路径，便是借助自己旗下的新媒体登陆资本市场。如 2014 年，湖北的荆楚网、济南的舜网以及南京的龙虎网等相继上市。2015 年 7 月，辽宁日报新媒体集团（北国传媒）在新三板挂牌，成为全国首家在新三板挂牌上市的省级党报新媒体公司。①

（六）管理体制机制不断创新

媒体融合是实践中出现的新现象、新问题、新情况，相应的管理体制机制还存在一定的缺失、滞后或不完善之处。不断打破制约媒体融合发展的体制机制壁垒，按照新闻传播规律和新兴媒体发展规律，逐步建立和健全科学、有效的媒体融合管理体制机制，将为媒体融合提供坚实的制度保障。党和政府新闻宣传主管部门在这方面正在进行一系列探索。中央全面深化改革领导小组审议通过了《关于推动传统媒体和新兴媒体融合发展的指导意见》之后，陕西、上海、重庆、新疆、海南、山西等地陆续出台推动媒体融合的实施方案，媒体融合的可操作性不断增强。2014 年 10 月，国家互联网信息办公室和国家新闻出版广电总局联合下发《关于在新闻网站核发新闻记者证的通知》，赋予新兴媒体和传统媒体采编人员"相同的身份"。2014 年以来，国家网信办还出台了《即时通信工具公众信息服务发展管理暂行规定》《互联网新闻信息服务管理规定》等相关规定。这些规定、文件为媒体融合的进一步发展提供了政策法规上的依据和保障，为媒体融合管理体制机制创新奠定了重要基础。

---

① 参见方敏等《媒体融合一年细数五大亮点》，《人民日报》2015 年 8 月 13 日。

第二节　媒体融合对当前我国舆论
引导格局的影响

一　对传统媒体舆论引导格局的改变

　　传统媒体时代，报纸、广播、电视等新闻媒体是社会舆论主要的生成源头，掌握着极大的舆论影响力和引导力。这种较为单一的信息生产和传播方式，形成了自上而下的"一元化—中心化"的舆论引导格局。随着互联网尤其是移动互联网的迅猛发展和媒体融合的深入，传统媒体的影响力和引导力面临挑战，从而使传统媒体舆论格局的结构不断被打破和重构。在各类舆论场中，不同舆论引导主体共同发挥着作用，它们既相对独立，又彼此相互影响、融合。移动化、多元化的信息传播形态构成了复杂多变的舆论生成传播模式，自下而上、自上而下、突发突变的舆论传播现象层出不穷，且相互交织影响，逐渐建构起一个媒介融合背景下的"多元化—去中心化"的舆论引导新格局。传统媒体舆论引导格局在媒体融合背景下的改变，如下图所示：

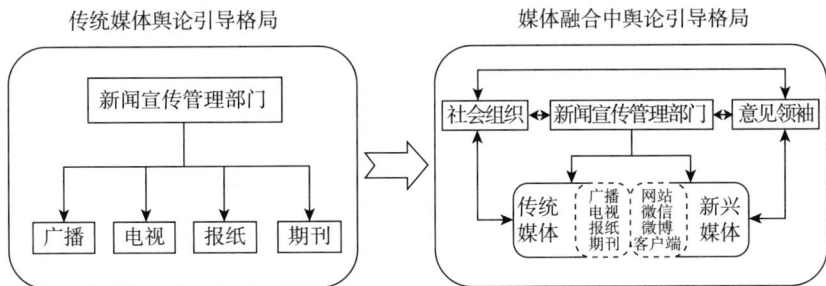

图 3 - 1　传统媒体舆论引导格局在媒体融合背景下的改变示意

　　由传统媒体为主体的舆论引导格局转变为多主体互动融通的新格局，有以下两个主要的特点。

（一）舆论引导主体由单一变为多元

　　传统媒体时代，党报是官方舆论引导的排头兵，党报党刊电台电视台是舆论引导的主体，以《人民日报》为代表的党报系统通过报道新闻和发表评论等形式来发布官方舆论，以影响社会舆论。这种舆论引导格局的突出特点是，官方管控着几乎所有的主流媒介传播方式，官方的意识形态和舆论导向在舆论格局中居于首要地位。由于信息获取和传播渠道的单一，对于社会问题和公共事件，普通民众仅仅是官方舆论传播的被动接受者，民间舆论无法即时地被政府获知，信息和舆论的流向呈现自上而下的单向流动。

新兴媒体的发展使得不同年龄段人群的信息获取和传播的方式发生了巨大的变化，传统媒体的受众被极大分流。年轻人的日常媒介接入以互联网为主。更值得注意的是，由于传统媒体舆论引导的方式方法比较单一，容易引发受众的逆反心理。虽然新兴媒体在生成和传播舆论的过程中经常存在大量谣言和不实新闻，但它仍以快速及时的信息传播和多方印证的事实澄清能力，成为舆论引导的重要主体。

在这一背景下，传统主流媒体通过微博、微信、客户端等载体适应新的舆论环境，严肃新闻、时政新闻通过新媒介形式快速、多样的投送和生动、接地气的浸润，取得了更丰富多元的传播效果。以央视为例，它"在诸多方面进行了变革，形成了以 CCTV（电视台）和 CNTV（由央视网升级而来）为代表的双中心舆论引导模式。2009 年底，在原央视网的基础上，将其升级为中国网络电视台（CNTV），形成台网互动的网络平台，充分发挥新媒体的优势属性，在传播时效、传播方式、传播形态以及传播内容等方面都进行了全面革新，这对央视引导舆论无疑起到了巨大的助推作用。随后，央视新闻栏目相继开通微博、微信平台，这是在传播渠道方面的一种开拓与创新，对新闻传播的时效性是一个有力的补充，无疑会在很大程度上提升央视舆论引导的水平"。[①]《光明日报》更为直观地提出"融媒体"概念，在 2014 年 10 月 25 日推出融媒体版，并成立融媒体中心，建设采编发平台，用互联网思维完善新

---

① 马小龙、刘波：《新媒体语境下央视舆论引导格局的嬗变浅析》，《西部广播电视》2013年第 18 期。

闻策划和报道形式，形成集报纸、子报刊、网站、客户端、微博、微信、手机报、室内外信息屏等各种发布渠道于一体的新闻报道加工基地。

目前，我国已经形成了多主体共同作用的舆论引导格局。如前文所述，这一格局是以新闻宣传管理机构、传统媒体、网络媒体、社会组织、意见领袖为五大主体的舆论引导格局，除了传统媒体和网络媒体，社会组织（NGO）和意见领袖由于其非政府的第三方独立属性，在媒体融合的舆论引导格局中也开始发挥重要作用。多个舆论事件表明，一些关注时事、关注民生的网络大 V 和公众人物在事件中具有重要的舆论监督和舆论导向作用，能够在一定程度上引发网民意见的转折。

（二）新兴媒体在舆论引导格局中的地位和作用增强

2014 年，拥有 6 亿用户、800 万公众账号、日均发送 160 亿条的微信，已经成为国内最大的移动社交应用。微信开始成为舆论的主要场域。数据表明虽然微博用户下降了 7 个百分点，但微博的移动化阵地和公共话题聚焦能力突出，在各种突发事件中共同发挥了议程设置作用。我国移动互联网已经成为全球最热的"掌上舆论场"。[1] 两微平台的迅速普及，使得信息发布、传播、讨论的最小单元化成了每个接入互联网的普通个体。这也就极大地改变了舆论生成、传播和反馈的模式。与传统媒体时代政府宣传主管部门下发宣传任务、主流媒体展开议程设置、媒体报道、公众知晓并反馈的舆论传播和引导过程相比，新兴媒体的舆论传播和引导过程往往以公众爆料开始，在网络中迅速生成舆论后，网络和传统媒体进而跟进，并牵动地方或高层解决问题，做出反馈。据人民网舆情监测室发布的数据，2014 年的移动舆论场中超过一半的突发舆情最先在"两微一端"首次曝光或发酵升级。[2] 2016 年，随着微博、微信、新闻客户端、移动直播等的快速发展，移动互联网在很多突发事

---

① 人民网舆情监测室：《2014 年中国移动舆论场舆情发展报告》，人民网，2015 年 6 月 25 日，http://yuqing. people. com. cn/n/2015/0625/c209043 - 27204982. html。

② 人民网舆情监测室：《2014 年中国移动舆论场舆情发展报告》，人民网，2015 年 6 月 25 日，http://yuqing. people. com. cn/n/2015/0625/c209043 - 27204982. html。

件和公众议题的舆论生成演化中的作用日益凸显，移动舆论场加速成长，仍是舆论发展的最重要平台。① "两微一端"作为舆论的曝光或发酵地，将舆论引导过程置于"多级多次"的互动过程之中，各级各类媒体的转载、跟进又被广大网友在移动互联端热议，往往产生新的舆论热点，将舆论升级放大，推动事件的发展，直至事件得以解决，舆论自然消失。由于这一过程在解决社会问题中政府反馈的周期不断缩短，网民或网媒的议程设置常被传媒主流媒体和政府认同，一定程度上推动了社会公平，使得新兴媒体的舆论影响力和引导力在此过程中被不断加强。

新兴媒体新闻采编的专业化水准在媒体融合的进程中日益提升，开始吸取传统媒体在深度报道和内容制作过程中的经验和把关方法，并注重以可视化等形式展开立体化的新闻传播，用数据挖掘和智能匹配技术为受众提供更为个性化、定制化的信息服务。积极从各平台和渠道的信息源中发现新闻线索并争夺新闻首发权，以吸引受众，获得舆论关注。用深度报道、新闻解读和新闻评论开展舆论引导，用信息和资讯服务增强受众黏性，成为媒体融合时代新兴媒体开展新闻舆论引导的共识。

当前我国的舆论引导格局，是媒体融合中的一个阶段性格局，由于媒体融合的过程方兴未艾，且中国社会转型的过程尚在进行，这一舆论引导格局中的各类主体间的关系也在变动。不过，可以预见的是，新兴媒体的舆论引导能力随着媒体形态自身的成熟和社会发展的进程将会得到进一步强化，多主体相互渗透、多媒体互动融通的舆论引导格局态势将在未来更加明晰。

二　我国应对舆论引导格局变化时的对策

（一）党和政府持续推进舆论引导格局的调整

在我国互联网发展的过程中，网络媒介的即时性、私密性和互动性为转型期中国社会公众的网络问政和自由表达观点提供了平台。与传统

---

① 人民网舆情监测室：《2016 年中国移动舆论场研究报告》，人民网，2017 年 7 月 13 日，http://yuqing.people.com.cn/n1/2017/0713/c209043-29402618.html。

媒体相比，受众参与公共事件和公共议题的积极性和主动性不断提高，通过互联网渠道关注社会问题逐渐成为趋势，通过新媒介扩散，民意推动政府改革的现象屡见不鲜。网络舆论主导议程设置，推动其他媒体展开新闻报道并影响政府处置舆情的局面初露端倪。另外，新兴网络媒体打破了传统媒体的舆论传播模式，网络舆论的突发性、盲目性、碎片化和阶层分化等特征显著，舆论的意识形态多元分流，舆论引导的态势日趋复杂。

2008年6月20日，中共中央总书记胡锦涛在人民日报社考察工作时提出，"必须加强主流媒体建设和新兴媒体建设，形成舆论引导新格局。要从社会舆论多层次的实际出发，把握媒体分众化、对象化的新趋势，以党报党刊、电台电视台为主，整合都市类媒体、网络媒体等多种宣传资源，努力构建定位明确、特色鲜明、功能互补、覆盖广泛的舆论引导新格局"。这个舆论引导格局在定位上十分明确，将传统主流媒体尤其是党报党刊、电台电视台作为舆论引导的主体，都市媒体、网络媒体作为整合对象和功能的补充，以应对上述舆论生态给当时舆论引导工作带来的挑战。各级各类传统媒体开始重视对网站的建设和改革，以提高对公共话题的议程设置能力和对社会舆论尤其是网络舆论的引导能力。

但是随着媒体融合的深入，舆论引导又面临新的挑战。以手机终端为代表的移动互联媒体与社交网络迅速普及，舆论传播渠道的多样化和舆论表达样态的多元化趋势更加明显，国内外社会舆论生态更趋复杂，多个舆论场之间既相互冲突，又彼此渗透。舆论引导工作面临更为严峻的挑战，社交网站中纷繁复杂的意识形态和舆论思潮常常对主流媒体的议程设置进行瓦解和消弭，传统媒体的权威性受到进一步挑战，一些网络舆论引导的经验在社交网络复杂的传播格局中也面临效果下降的窘境。顺应媒体融合趋势，推动舆论引导格局的健全和完善势在必行。

2013年以来，"适应社会信息化持续推进的新情况，加快传统媒体和新兴媒体融合发展，充分运用新技术新应用创新媒体传播方式，占领信息传播制高点"①;"健全坚持正确舆论导向的体制机制"②;"把握好网上舆论引导的时、度、效,使网络空间清朗起来"③ 等表述反复在政府高层决策和意见中被提及。2014 年 8 月 18 日,中央全面深化改革领导小组第四次会议审议通过了《关于推动传统媒体和新兴媒体融合发展的指导意见》,提出"推动传统媒体和新兴媒体融合发展,要遵循新闻传播规律和新兴媒体发展规律,强化互联网思维,坚持传统媒体和新兴媒体优势互补、一体发展,坚持先进技术为支撑、内容建设为根本,推动传统媒体和新兴媒体在内容、渠道、平台、经营、管理等方面的深度融合,着力打造一批形态多样、手段先进、具有竞争力的新型主流媒体,建成几家拥有强大实力和传播力、公信力、影响力的新型媒体集团,形成立体多样、融合发展的现代传播体系。要一手抓融合,一手抓管理,确保融合发展沿着正确方向推进"。2016 年 2 月 19 日,习近平总书记在新闻舆论工作座谈会上指出,"随着形势发展,党的新闻舆论工作必须创新理念、内容、体裁、形式、方法、手段、业态、体制、机制,增强针对性和实效性。要适应分众化、差异化传播趋势,加快构建舆论引导新格局。要推动融合发展,主动借助新媒体传播优势。要抓住时机、把握节奏、讲究策略,从时度效着力,体现时度效要求。要加强国际传播能力建设,增强国际话语权,集中讲好中国故事,同时优化战略布局,着力打造具有较强国际影响的外宣旗舰媒体"。④ 这些表述、意见和讲话表明,舆论引导格局的构建从宣传主管部门行为上升为国家部署行为,国家政权从传播体系和管理体制等层面对媒体融合发展进行布局,其根本目的在于强化新闻宣传工作对互联网舆论阵地的高度重视,提高对网络舆论的有效引导,保障意识形态导向,提高主流媒体传播力、公信力和舆论引导力。

---

① 2013 年 8 月 19 日,习近平在全国宣传思想工作会议上的讲话。
② 2013 年 11 月 12 日,中国共产党第十八届中央委员会第三次全体会议,《中共中央关于全面深化改革若干重大问题的决定》。
③ 2014 年 2 月 27 日,习近平在中央网络安全和信息化领导小组第一次会议上的讲话。
④ 2016 年 2 月 19 日,习近平在党的新闻舆论工作座谈会上的重要讲话。

（二）传统媒体强势布局移动互联平台

手机网民数量的增加使得以微信为代表的移动互联传播成为网民的主要传播方式。目前，传统媒体充分认识到媒体融合时代占领移动互联平台的重要性，主动借助新兴媒体平台展开信息传播、受众争夺和舆论引导，弥补传统媒体渠道信息和舆论传播的缺口。传统媒体布局新媒介平台主要采取入驻第三方平台（微博、微信及其他手机客户端）或自建客户端的方式进行，呈现出"两微一端"的移动互联格局。由于微博近年来用户数量和影响力的下降，自建客户端需要较大投入和维护成本，入驻微信公众号成为传统媒体目前最普遍的新媒体布局策略。

随着微信受众数量的不断上升，微信公众号成为各类媒体开展舆论引导的重要场地。在此背景下，各级各类传统媒体纷纷进驻微信，《2014 中国媒体移动传播指数报告》显示，我国影响力较大的 200 家报纸、137 家杂志中，微信入驻率分别为 93.5% 和 87.6%，其中都市报的入驻率高达 100%，党报、专业行业类报纸入驻率虽不高，但入驻数量可观，后续发展潜力值得挖掘。报纸类微信公众号文章阅读数达到 10 万及以上的数量有 168 个，占比 84%。[①]

三 取得的成果

（一）"两微一端"舆论引导的能力日渐提升

在当前传统媒体的"两微一端"布局中，传统媒体的表现显著，以《人民日报》为例，它从报纸扩展到了报、网、微博、微信等多种载体。《人民日报》的"两微一端"凭借信息、资源和言论优势，以较纸媒更生动、平实的面貌，在一定程度上摆脱了刻板、过于严肃的形象，将自身多年来累积的较强新闻采编能力和较为完善的内容编辑流程，以及人才队伍优势，与新媒体的传播优势进行互补，试图打通官方舆论场和民间舆论场，将政府—媒体—受众放在一个平等对话的语境

---

① 《〈2014 中国媒体移动传播指数报告〉发布》，《人民日报》2015 年 2 月 12 日。

中。同时，由于微博、微信和客户端的舆论反馈和网民态度的量化研究比传统媒体更为便捷，因而，及时根据舆情特点设置议程、调控舆论，使得"两微一端"的舆论引导效果能得到较好测量，过程也更为可控。截至 2015 年 6 月底，"@人民日报"在 6 家粉丝达到千万级的主流媒体法人微博中排名第一，据人民网舆情监测室通过接触指数、互动指数、媒体发声指数和舆论影响指数测量，"@人民日报"在 2015 上半年主流媒体微博影响力排行第一，[①] 这说明《人民日报》移动互联客户端在网络舆论引导中具有一定的传播力和主动权。

此外，当前传统媒体借助旗下移动互联客户端传播时效和舆论造势能力先行首发新闻，制造舆论热点，传统媒体跟进，深度报道解读，成为客户端相互竞争，抢夺舆论传播主动权，强化舆论引导效果的新趋势。2015 年 6 月 7 日高考当天，《南方都市报》在其新闻客户端、官方微信公众号同时发布一篇文章《重磅！南都记者卧底替考组织此刻正在南昌参加高考》，引爆了社交舆论场，在朋友圈迅速传播。十几分钟后，@南方都市报微博也发布此主题微博，舆情从微信舆论场急速扩散至微博，引起"@头条新闻""@人民日报""@央视新闻"等主要账号的关注与转发，并引发一大批意见领袖与传统媒体人评议。人民网、中国政府网、中国新闻网、《人民日报》、《光明日报》、《新京报》等媒体都对事件进行了报道。当天下午 2 点 30 分，江西省教育厅、江西省教育考试院召开新闻发布会，对事件调查和进展情况进行通报。下午 16 点 20 分，教育部对事件进行回应。[②] 纸质报纸在 6 月 8 日发布了题为《教育部、江西省教育厅回应"替考事件"接到有人替考举报警方控制涉事"枪手"》的报道，篇幅仅占第九版的半个版面。对于这一新闻选题，《南方都市报》以先在客户端和微信公众号发布实时报道，后联合官方微博炒热网络舆论引发各主流媒体转载的方式展开，根据新闻

---

① 人民网舆情监测室：《2015 上半年主流媒体"两微一端"发展关键词》，http：//www. cac. gov. cn/2015 - 08/21/c_1116328203. htm。

② 《南都记者卧底替考事件舆情分析》，人民网 - 舆情频道，2015 年 6 月 9 日，http：//yuqing. people. com. cn/n/2015/0609/c354318 - 27125490. html。

性质、时效性、舆论反应预期和各媒体类型报道优势部署了报道策略，发挥了网络舆论传播的效能。

从各类媒体舆论引导的优劣势来看，《南方都市报》作为一家传统纸媒，报道的舆论传播周期较长，审核发布程序也较为复杂，与受众的互动较弱；而《南方都市报》公众号、《南方都市报》客户端和@南方都市报微博作为新闻媒体的移动即时应用形式，具有传播的实时性和推送的主动性，且能够实现与受众的及时互动，并从后台进行用户分组和地域控制，能够较为精准地分析移动舆论场中的传播效果和受众行为。因而，将公众号和客户端的及时推送优势和传统媒体多年来积淀的公信力和权威性相结合，实现了各类媒体在舆论传播和引导中优势的融合，充分发挥出客户端和公众号在独家新闻和深度报道中的"首发效应"，一定程度上提升了"两微一端"的舆论引导能力。

（二）对外传播和国际舆论引导取得一定成果

媒体融合时代，国际舆论生态更为复杂，国内新闻和国际新闻的边界消融，使得任何一则地方新闻都可能借由网络媒体的传播，被外国媒体重新解读后成为国际新闻继而回流国内，形成新的新闻事件和舆论引爆点。为了保护国家利益和进行意识形态宣传，加强对外传播，抢占国际舆论阵地，成为各国在网络信息环境下不可忽视的重要工作。

在媒体融合的新形势下，加强对外传播的广度和力度，提高国际舆论引导水平成为健全当前我国舆论引导格局的重要组成部分。2009年12月28日中国网络电视台开通，开始覆盖北美、欧洲、东南亚、中东、非洲等近百个国家及地区的互联网用户，标志着中国媒体全球战略部署的启动。[1] 中央电视台通过网络、手机、互联网电视、IPTV、移动客户端等新媒体平台，为用户提供电视节目直播、点播服务，覆盖210多个国家和地区。[2] 从2014年起，中国国际广播电台重点实现在丝绸之

---

[1] 朱夏炎：《从构建舆论引导新格局看如何破解新闻"四难"》，《新闻爱好者》2010年第23期。

[2] 刘连喜：《中央电视台全球传播新理念》，《电视研究》2014年第8期。

路沿线国家、海上丝绸之路国家等区域的对外传播，以区域媒体集团建设为目标，改变海外单一传播形态，探索以新媒体为主导的全媒体融合发展模式；截至 2015 年 4 月，中国国际广播电台共在境内外多个社交平台开设账号 200 多个，涵盖 40 多个语种，各类账号粉丝数量 3200 多万。① 这些数据表明，中国对外媒体的基础设施建设在近几年发展迅速，新兴媒体建设更成为其重要部署内容。

社交网站也成为我国进行国际舆论传播的重点领域。截至 2015 年 9 月 7 日，《人民日报》在 Facebook 和 Twitter 上的粉丝数量分别为 10303591、899638，《中国日报》为 2856966、341949。② 总体而言，重点建设新兴媒体成为中国国际舆论传播的重要布局，它与传统媒体对外传播的融合发展已渐成规模。

（三）网络舆论引导的机构设置和法律法规建设日渐完善

目前，我国不断加强对网络舆论引导的机构设置和法律法规建设，明确"网络不是法外之地"的观念并推行相应的执行措施。2015 年 11 月 1 日起正式实施的《中华人民共和国刑法修正案（九）》在现行刑法第二百九十一条中增加了规定：编造虚假险情、疫情、灾情、警情，在信息网络或其他媒体上传播，或明知是上述虚假信息，故意在信息网络或其他媒体上传播，严重扰乱社会秩序的，处三年以下有期徒刑、拘役或者管制；造成严重后果的，处三年以上七年以下有期徒刑。两高司法解释和一些地方性法规也对网络舆论的具体问题进行了规定。

作为我国政府开展网络舆论引导的主要机构，国信办在当前网络舆论引导格局中的地位日益明显。国信办先后出台"微信十条""账号十条""约谈十条"等新规定，对于网络舆论主体身份进行了规范，明确划分了网络舆论传播的底线，并强化了事后追责环节，对新闻网站的规范指导更为细化，管理措施的可操作性也较强。目前，国信办下属的地

① 孙铁翔：《因势而谋促融合做大做强立潮头——中国媒体融合发展综述之格局之变》，新华网，2015 年 7 月 10 日。
② 数据截至 2015 年 9 月 7 日。

方网信办机构，覆盖了除香港和澳门的大陆各省级行政区。

四　存在的问题和不足

（一）传统媒体舆论引导的能动性不强

媒体融合时代，面对各类复杂的网络舆情，在传统媒体与新兴媒体对于舆论引导主动权的争夺中，传统媒体常常陷于被动。网络舆论的突发性和多元化在一定程度上消解着传统媒体的舆论引导功能；与此同时，受到现有舆论引导格局对传统媒体和新兴媒体议程设置布局的限定，以及相关体制和机制的约束，目前传统媒体开展舆论引导的主动权和主动性往往较为不足。

2015年10月22日，江苏扬州举行的"最大份炒饭"挑战赛，这份重逾4吨的"扬州炒饭"在23日被吉尼斯世界纪录确认打破世界纪录。此后，被估算成本约14万元人民币的炒饭被大量装进垃圾车拉走，引发网络舆论批评。24日，主办方世界中国烹饪联合会常务副秘书长桑建回应称：已回收使用，未浪费。25日，扬州旅游局官方微博称，"本次活动虽不是我局具体举办，但的确存在监管和服务不到位的责任"。26日，@吉尼斯世界纪录回应称主办方违背大型食品纪录中食品最终要供民众食用不得浪费的规定，此纪录挑战无效。

这一事件迅速成为网络热点事件，获得网民广泛关注。各类媒体针对浪费粮食、作秀、哗众取宠、政府回应不实等问题展开了各类批评报道。然而，扬州本地主流媒体在事件进程中却表现出"失声"的被动态度。以报纸媒体为例，10月23日、24日，《扬州日报》在头版报出《百名选手赛"扬州炒饭"》《重4192公斤，扬州炒世界"最大份炒饭"》；《扬州晚报》在头版报出《300人共炒巨无霸炒饭》《扬州诞生首个吉尼斯纪录》。随后，在事态变化和网络舆情不断升温的情况下，这两家报纸对此事件都无跟踪和提及。究其原因，一是这两家报纸作为当地主流党报和都市报的身份，受到宣传部门的严格把关，以完成党和政府中心工作的宣传任务为使命，尚不具备自主报道这类议题的主动权；二是长期以来，传统媒体异地监督成为惯例，而由于本地媒体受到属地管理，监督本地事件不得越级的惯性报道思维仍然明显，使得网络舆论热点产生时，事发地主流报纸头版的关注点和网络舆论关注点产生明显的分野，"两个舆论场"的共识度显现出巨大差异。

（二）对外舆论引导的总体规模和实力有限

据清华大学国际传播研究中心的研究，西方三大通讯社（美联社、路透社、法新社）、五大电视网（ABC、NBC、CBS、CNN、FOX）和六大新闻报刊（《时代》《新闻周刊》《经济学家》《纽约时报》《华盛顿邮报》《华尔街日报》）构成全球国际新闻主要供应商。也就是说，这些西方主流媒体，通过对国际问题设置议程和舆论宣传，控制着国际舆论的主导权。21 世纪初，经过一系列行业整合和并购，全球形成了 10 个最大的跨国媒体垄断集团：美国在线、美国广播公司、全国广播公司、哥伦比亚广播公司、默多克的新闻集团、维旺迪、索尼、贝塔斯曼、美国电话电报公司和自由媒体公司。这些庞大的传媒集团，均属全球媒体的"超级舰队"，业务范围包括了电视节目的制作与电影、音乐、印刷物、电视网络、电视台、有线网络、卫星系统等。这些跨国媒体集团决定着国际舆论的报道议程，控制着解释新闻的权力。全世界每天传播的国际新闻中，96% 的新闻由西方五大通讯社发布，而其中仅有 10% ~ 30% 的新闻用来报道发展中国家。美国、欧盟和日本控制了全球 90% 的信息资源，美国控制了世界电视节目流通量中的 75% 。[①]

目前，尽管以半岛电视台为代表的一些媒体分化了西方的话语霸权，国际传播格局有所变化，但与上述那些巨型媒体集团相比，中国开展国际传播的规模和实力还存在不小差距。

随着信息传播全球化和媒体融合的深入，一些国家官方部门和境外知名人物充分利用新媒体平台，在我国新社交网站上注册并获得大量关注，开展着多样的信息和舆论传播。以微博为例，拥有 490 万粉丝[②]的朝鲜"作家崔成浩"常常发布关于朝鲜局势的微博，盛赞其领导人，

---

① 孟彦、樊剑英：《怎样看待当今的国际舆论格局》，《军事记者》2010 年第 11 期。
② 数据截至 2018 年 3 月 18 日。

并根据中国时政热点进行观察评论，有时进行同类事件的国别对比分析，如在天津特大化工厂爆炸事件中发布"如果天津有海瑞，就不会有瑞海了""第一张照片来自曼谷爆炸的新闻、后两张来自天津爆炸的新闻。同样是民用建筑玻璃，差别怎么这么大？不应该都用安全玻璃吗？"；"美国驻华使馆"官方微博常常发文推介美国社会安全保障制度、医疗保险、美式英语学习、美式橄榄球文化等；"韩国旅游发展局"通过展示韩国旅游景点、美食和风土人情，并提供签证、天气、汇率等服务。这些具有很高关注度的微博充分利用网络跨国界的特点和社交网站互动性的酝酿舆论优势，传播其所在国家的主流思想和社会文化，潜移默化地影响中国受众的价值观念，一定程度上起到了意识形态渗透作用。

在媒体融合的进程中，由于网络媒体传播具有即时、便利、无国界和相对隐秘的特点，不同国家网友间在网络媒体尤其是社交网络中对热点国际话题的互动讨论日益频繁。然而在这些话题中，"中国威胁论"和"中国崩溃论"一直是国外舆论审视中国的两大基调，在网络媒体尤其是社交媒体中，对这些问题的讨论尤为突出。这说明目前国际舆论对中国国家形象的解读仍然带有较强的政治偏见和不小的对立意识，中国的国家形象和国际合作发展因此受到了不小的影响。

国际舆论的传播和引导与国家的综合国力、媒体传播能力密切相关，它既需要坚实的硬件基础，又需要完善的软件支持。目前，将新兴媒体作为舆论工具，融合各种媒体形态展开立体化的舆论传播以提高舆论引导效果，成为各国的共识。中国在已有对外传播的基础上，进一步提出要在未来建成几家拥有强大实力和传播力、影响力的新型媒体集团，努力达到世界一流水平，说明在政府层面，已有强有力的政策支持。然而，国际舆论引导效果的提升实际上是一个复杂发展过程，在强化对外媒体市场竞争能力的同时，必须考虑不同文化间受众的接受能力和价值取向等复杂要素。在媒体融合背景下，舆论引导主体多元化态势使得对于重大国际问题的中国表达，不仅有官方的正面宣传，还有了民间、NGO、第三方意见领袖等多种舆论主体的共同作用。目前，针对外国受众的细分和评估还比较粗放，必须进一步细分传播主体和对象区域，以增强传播效果和认可度。从而提升中国对外传播媒体的传播力、公信力、影响力和引导力。

第三节　媒体融合对当前我国舆论引导机制的影响

2014 年底，我国手机网络用户首次超过 PC 端网络用户。据我国工业和信息化部统计，2015 年 5 月，移动互联网用户数达 8.97 亿户，同比增长 4.6%，手机上网的用户数达 8.53 亿户，对移动电话用户的渗透率达到 66%。① 移动互联终端的攀升应用，使得以手机新媒体为代表的移动舆论场迅速壮大，新媒体移动舆论场与传统媒体舆论场相互交织，重塑了舆论引导格局，对已有的舆论引导机制也带来影响。

在以往的舆论引导机制中，发挥着举足轻重作用的主要是政府主管部门、传统主流媒体、重要意见领袖等。移动互联网的兴起，改变了信息传播格局，用户个体异军突起，成为舆论场中至关重要的一个环节。用户个体和组织、机构一样，是网络连接中的一个信息节点，信息的传播和发散可以在任何时间、地点展开，这对于以往从上而下、从中心到边缘的舆论引导机制形成了极大挑战，舆论引导机制的中心化格局面临着被削弱乃至消解的前所未有之变局，为舆论引导的未来走向增添了若干不确定影响因素。

与用户个人在舆论引导机制中地位提升相对应的，是商业资本在舆论引导机制中占位的进一步凸显。通过连接用户个体，移动终端极大地整合了原本处于被忽略状态的碎片时间、碎片空间。在工作间隙、上班途中、课间休息、闲暇之际等一切可以利用的碎片空间里，用户个体也在充分利用碎片时间，通过传送信息、建立对话、互享位置等方式，建

---

① 工业和信息化部：《2015 年 5 月份通信业经济运行情况》，http://www.miit.gov.cn/n11293
472/n11293832/n11294132/n12858447/16657255.html。

构了全新的社交模式。在这个过程中，碎片时间、碎片空间的可利用价值不断凸显，直接引起了商业资本的关注和强势浸入。视频弹幕、App弹窗广告、插件广告、微信朋友圈广告、借助热点事件的营销或炒作、媒体事件的营销或炒作、广告新闻、公关新闻、企业宣传等，借助移动终端，肆意地侵入用户的私人领域，使得公共空间和私人领域之间的界限日趋混淆、模糊，为舆论引导机制带来了更多不可控的变量。

用户个体作为舆论传播主体之一，商业资本的强势布局占位等，客观上都增加了信息传播源头，提升了信息传播时效，使得舆论场中的信息变得丰富多元，也在很大程度上削弱了传统媒体的舆论主导地位，也使得当下舆论引导机制呈现出更加复杂的态势。

一 媒体融合背景下舆论引导机制的特点

媒体融合背景下，舆论发酵迅速，传播周期变短，传统媒体反应滞后迟钝，甚至沦为移动媒体的信息复制机器。以 2015 年 6 月刷爆微信朋友圈的"人贩子一律死刑"、8 月引爆微博朋友圈的"女性冷冻卵子"、9 月占据微信朋友圈话题榜的"复旦教授小三门""人大师生断交门"等舆论传播个案为例，舆情从初现端倪，到发酵引爆，再到回落的过程，具有速度快、变化多、周期短等特点。以"两微一端"为代表的社交媒体发轫于先，传统媒体跟进在后，使得舆论引导机制呈现出一些新特点。

（一）舆情引爆点更隐蔽，引爆动机更复杂

媒体融合时代，每个用户有可能都是信息播报员，信息传播主体的多样性在消解传统的信息传播秩序时，也带来了信息流动的不确定性。面对海量信息，没有人能准确判断究竟哪些信息能引起受众的关注，舆情的引爆点变得更加隐蔽。如"人贩子一律死刑"的信息传播中，关于舆情引爆的源头，有多种说法：一说来自传统媒体，另一说是某婚恋网站营销的有意为之，后经查实，确实是婚恋网站珍爱网的一种营销行为。由于珍爱网的营销手法十分巧妙和隐蔽，网友和手机用户被颇具冲击力的图片所吸引，不能判断链接网站的商业行为。这表明，引爆舆情的动机，除了收到公益活动的客观效果，更多是出于商业盈利的考量。

同样的情形也见诸"单身女性冷冻卵子"的舆情传播中。8月2日央视新闻发布微博后，经徐静蕾、韩寒转发后，网友迅速转发、评论，舆论传播达到高潮。在此轮传播中，一些商业机构快速跟上，借传播信息而倾销广告，引发连锁反应。如新浪微博上，多家认证为孕疗机构官方微博的用户，在7、8月间发表了大量冷冻卵子、试管婴儿等信息、博文，也都不乏转发、评论者。这充分说明，舆情攀升的过程中，商业机构是重要推手。

（二）舆情发酵迅速，推动舆情发展的方式更加隐蔽多样

和以往传统媒体为主导的舆情酝酿情况相比较，传统媒体在酝酿和发酵一个重大舆情时，往往要经历一个较长的铺垫时期，媒体融合时代，新媒体的介入，尤其是微博和微信的运用，舆情酝酿和发酵的时间越来越被缩短。自媒体为参与舆情酝酿和发酵的公众提供了非常有效的工具，这是舆情酝酿期缩短和发酵迅速所具备的物质条件。另外，自媒体的运营方所使用的运营手段和方法，符合传播学中的最优化的传播方式，即"人际传播＋组织传播＋大众传播"的传播方法。

如"人贩子一律死刑"的舆情传播中，营运者所设计的"承诺"和"转发"机制，将微信用户作了身份认证和道德评判的绑架。"承诺"即身份认证，如"我是来自北京的承诺者""我是来自湖南的承诺者"；"转发"是道义上的评判，一时间支持人贩子死刑，迅速占据了道德高地，成为引导用户转发的道义指向，如"是中国人就转""是妈妈就转"，这种看似褒赞，实则隐含着诅咒式的"转发"动员令，绑架了用户的理智评判，为推高舆情起到了煽情的效果。

又如"单身女性冷冻卵子"的舆情扩散中，徐静蕾本人在微博中戏称"世界上唯一的后悔药，这药吃不吃无所谓、备着总是不吃亏"，以轻松交流的方式，和线上用户展开互动，引起粉丝共鸣。韩寒在微博中直言不讳提到"想要个孩子但就是不想跟男人结婚不可以吗？自己的卵子自己还不能用了吗？……连我这个直男癌都看不下去了"，"直男癌"的自黑，一方面矮化主体，从心理上拉近与女性粉丝的距离；

另一方面则表明"连直男癌都看不下去了",强调现实对女性的逼迫到了相当程度。这种理性分析＋感性表达的话语表述,显然极具感染力,在新浪微博上,转发、评论、点赞这条消息的受众,累计超过20万人次,迅速推动了舆情发展。

（三）在引发舆情的直接责任主体不明确尤其是引发舆情的主体为用户个体时,舆情更容易以病毒式传播的方式被引爆

在媒体融合进程中,自媒体在发布信息上具有得天独厚的优势。然而,在涉及重要议题时,仍然会受到舆论引导机制的制约和规范。在此背景下,舆情倾向于向少约束、少调控的话题聚焦,在引发舆情的直接责任主体不明确尤其是引发舆情的主体为用户个体时,舆情更容易以病毒式传播的方式被引爆。

如"人贩子一律死刑"的汹涌舆情中,众口一词都指向了对人贩子的声讨,虽然也有一些声音指出政府主管部门在相关事件中的失职和不作为,但贩卖儿童,从本质上来讲就是犯罪分子实施的犯罪行为,政府主管部门并不需要作为直接责任主体来担责,这就使得官方舆论场和民间舆论场可以摆脱以往微妙的对峙状态,跳出固定的话语表述窠臼,达成共识,共同聚焦于对贩卖儿童犯罪事实本身的讨论上,这就形成了合力,促成舆情以病毒式传播的方式被引爆。

同样的情形,也见之于"单身女性冷冻卵子"的舆情发酵中。虽然国家卫计委都因其严苛刻板的规定饱受网友诟病,然而,计划生育作为现阶段的基本国策实施已久,而作为新兴医学技术表征的冷冻卵子,在中国大范围推广仍具有一定难度。由此,单身女性冷冻卵子在国内被禁,除了具有符合当下的法理优势,还具备一定保护女性身体健康的隐含意义,使得批评相关部门的"懒政"之说,难以完全成立。因此,"单身女性冷冻卵子"的舆情传播中,虽然也不乏对行政部门的批评之声,但更多声音仍然以技术讨论、知识探究为主,从而能够在当下的舆论语境中广为传播。

当引发舆情的直接责任主体为个人时,舆情的倾泻变得更加肆无忌惮。如"复旦教授小三门""人大师生断交门"的舆论传播中,当事人

为高校普通师生，和政府部门、组织机构、公众人物等相比，在舆论体系中，属于话语权少、影响力弱的弱势群体。而高校教师的身份，和婚内出轨、师徒断交等容易吸引眼球的话题相联系，进一步刺激了公众的窥探欲，从而导致舆论的病毒式传播。

（四）私人事件公共化趋势加强，刺激舆情从私人领域发端

在传统媒体时代，公共领域和私人领域之间的界限泾渭分明，一方面确保了私人生活的高度隐私性，另一方面也使得公共领域得以聚焦于公共话题，为公共利益的实现积聚力量和资源。网络自媒体的兴起，通过技术支持，为个人生活的公共展现搭建了平台。从最早的博客，再到微博、微信、App 等，社交媒体蓬勃发展，使得个人生活空间的后台不断前移。与此同时，商业资本大量进入传媒领域，为追求眼球效应，亟须不断营造话题、事件，以吸引受众注意。技术的支撑和商业推动，犹如马车双驾，驱动舆论场中的话题飞速更迭，逐步蚕食私人领域。

早在 2008 年，"艳照门"从天涯论坛发端，即刻引爆舆论场，也昭示了网络时代私人事件公共化的趋势将会愈演愈烈。在媒体融合进程中，移动媒体与个人密切伴随，衣食住行等日常生活行为都与手机一一嫁接、绑定，属于个人生活最私密部分的后台内容被一一呈现，而通过转发、点评、点赞等互动模式，个人甚至主动开启了以往与外界相隔离的阀门，有意邀请他人参观或者无意招致别人偷窥自己的私密空间。如2015 年 9 月甚嚣尘上的"复旦教授小三门"事件中，原配不甘心在离婚大战中居于劣势，主动向男方单位发送信函，将家庭生活中的种种隐私公之于众。这封信函被他人转发到复旦 BBS 版面后，在众人的围观下，经微博、微信转发迅速发酵。为平息舆论，男方写了一份长达 13页的 PDF 说明，将更多家庭中的细节和龃龉公布出来，传到网上后招来大量网友围观，并被各大主流媒体转发报道。而之后的"人大师生断交门"事件中，学生将自己辱骂他人的言论发布在微信朋友圈，老师也选择了通过微信朋友圈公布把学生逐出师门的说明。

这两起案例中，都是当事人主动选择媒体来展示自己私人生活的后

台，并引发舆论风暴。当事人在舆论发酵后，都回应表示不希望私人事件引起关注，不愿意个人生活被打扰，说明在主观上他们并未意识到私人领域和公共领域的融合已经密不可分，不经意之间，个人就会处于舆论风暴场的中心，这显示了移动传媒对私人领域无孔不入的渗透。而私人事件的公共化趋势在未来很长一段时间里，将成为全社会不得不面临的共同问题。

二 媒体融合对舆论引导机制带来的积极效应

从上述案例来看，由社交媒体发起，传统媒体跟进而形成的媒体融合式的舆论传播，重塑了当下舆论引导的格局，推动舆论朝着多元、纵深方向发展，也为舆论引导机制的重构提供了现实依托。具体来说，媒体融合对舆论引导机制的积极效应体现在以下几点。

（一）提高了舆论引导机制的效能，凸显公共舆论价值

拉斯维尔曾将信息的传播模式总结为"5w"，即信息传播要循着传播者（who）—传播渠道（in which channel）—传播内容（say what）—传播受众（to whom）—传播效果（with what effect）的传播链进行。在整个传播过程中，传播渠道受制于传媒技术，其传播速度会受到直接影响。媒体融合，将"两微一端"等自媒体引入传播链，加快了信息的传播速度，缩短了舆论引导机制发挥效应的进程，使得舆论引导机制更具活力。

如关于"人贩子一律死刑"的讨论，最初只是民意的聚焦和发酵，而不是严肃的法学研讨。"满屏杀"的喧闹，在未经理性思考的情况下，与其说是表达观点，毋宁说是宣泄情绪，对人贩子愤恨情绪的发泄，也是促使公众转发信息、参与讨论的驱动力之一。一定程度上，由于公众缺乏参与公共决策的渠道和途径，不得不选择简单的媒介互动，以表达对社会现实的不满。"满屏杀"中显然缺少逻辑和理性，但通过夸张的标题、刺人的话语和叙述，积聚的民意得以宣泄，并成功吸引公共决策机构的关注，可以说是一种非常朴素的现实表达策略。正如光明网评论员指出，"这是一种原始朴素的民声，和其他渠道有限的民意表

达比起来，这种表达更纯粹也更有信息量。它当然会遇到质疑、辩驳，就像过去一周在舆论场上的遭遇一样，但它并不可能、也没有义务展现出无可辩驳的'正确'和'理性'"①。这种朴素的民意，经过媒介的发酵，以惊人的速度在舆论场中传播，能迅速吸引公共决策机构的关注，吸纳公众诉求中的理性成分，最后实现公共政策的合理导向，这其实是近年来诸多公共舆论事件被引爆的幕后重要推动力。"人贩子一律死刑"刷屏一周后，2015 年 6 月 24 日，媒体报道人大常委会再次审议刑法修正案（九）草案，拟将收买儿童可免于刑责的规定，改为满足一定条件才可从轻处罚，这表明此后对买方也将追究刑责。从舆论的发酵到决策机构的回应，间隔不到一周时间，媒体融合提高了舆论引导机制的效能，推动了公共舆论和公共决策快速、良性互动，凸显了公共舆论的价值。

（二）共筑舆论引导机制的平台载体，形成复合传播效果

在媒体融合的进程中，技术融合促生了载体融合，原本附着于不同媒介载体的内容，都可以融合到移动互联网络平台上，形成复合传播效果。在传统媒体语境中，舆论引导机制往往需要依托于不同的载体，传播渠道单一，效果亦较为有限。媒体融合中，聚焦于同一个话题的舆论传播，可以依托于不同平台载体发声，产生联动机制，形成复合传播效果。

如"复旦教授小三门"事件中，舆论最初仅局限于复旦校园 BBS 上，是小范围的传播。后被网友扩散到天涯论坛、微信朋友圈、微博朋友圈中，并以主动@微博大 V 的方式，被意见领袖们纷纷转发，形成一轮传播高潮。在新浪微博中激起热议后，终于引起主流媒体关注并跟进报道，从而又一次扩散舆论。围绕该事件的舆论，遵循"校园 BBS—知名论坛—微博、微信—主流媒体"的传播路径，先后经历多次传播高潮，最后将舆情推至高峰，其传播效果也层层溢出，直至引起全社会共同关注。

---

① 《从"人贩子死刑"到"收买儿童被追刑责"》，光明网，2015 年 6 月 25 日，http://guan-cha. gmw. cn/2015 - 06/25/content_16081923. htm。

舆论传播平台载体的联动发力，不仅可以在空间上求得传播效果的最大化，还可以在时间上聚焦以往的相关议题，从宏观角度设置全面深入的舆论议程。

如"人贩子一律死刑"在舆论场的引爆，虽然突如其来，但细究议题本身，却与社会关注的诸多青少年问题一脉相承。在"人贩子死刑"刷屏之前，2015 年 6 月，贵州毕节留守儿童自杀事件轰动社会；之后，浙江庆元虐童事件震惊全国。就拐卖儿童问题本身而言，近年来，"宝贝回家"亲子网在全国掀起大规模寻亲活动，电影《亲爱的》《失孤》都以寻找拐卖儿童为题材，引发热议。一系列媒介事件的背后，折射出我国针对儿童和青少年所建立的社会保护机制严重缺失，他们的合法权益未能得到有效保障的社会问题。"人贩子一律死刑"的传播，配合刺眼的图片、煽情的话语，以情感介入的方式，吸引公众眼球，并通过社交媒体的转发，从强关系网络向弱关系网络大量传播，引发溢出效应，再次强化了公众对拐卖儿童问题的关注，以接力讨论的形式，不断将儿童相关议题推向舆论高点。

又如"单身女性禁止冻卵"的舆情发酵，与此前被媒体反复报道"剩女不婚""光棍危机""养老无人"等议题，也形成了呼应关系。"单身女性禁止冻卵"的舆论之所以能形成舆论高峰，正在于其中包含着个人生育自由、女性发展与传统家庭角色冲突、人口结构老化、养老成为沉重负担等诸多衍生话题，与公众都息息相关，才能引起公众的高度关注。

从传播学的视角来看，传播效果的实施，往往要经过认知、心理、行动三个层面的递进影响。媒体融合中，通过共筑舆论引导机制的多个平台载体，设置多重舆论议程，使得与公众密切相关的议题能持续出现在公共舆论空间中，必然会推动公众对这些社会问题聚焦和思考，形成多重传播效果，有利于促进现实问题的解决。

（三）夯实舆论引导机制的技术基础，为衡量舆论引导效果提供客观依据

和传统媒体时代相比，媒体融合的优势在于能够通过技术借力，整

合大数据和云存储，突破以往的行业发展壁垒。如长期以来，评估广电
节目效果的数据采集工作，主要由央视索福瑞权威提供，但囿于技术手
段，其数据收集在样本的科学性、客观性、广泛性等方面，都有进一步
发展的空间。随着三网融合的推进，2012 年北京大样本数据中心成立，
全部的数据采集、回传工作，都由计算机完成，为客观评价节目的传播
效果提供了精准的数据支撑，也为电视台、广告商提供了精确的技术服
务。在此基础上，2015 年 10 月，中国广电大数据联盟在北京成立，拟
建立覆盖全国的大数据平台，这一创举，将重构广电系统内部的格局，
围绕精准数据来评估节目，客观引导相关舆论的传播。

如近年来在广电行业领域兴起的"IP"热，就是以一部作品（包
括动漫、游戏、小说等）早期的粉丝构成、社会传播效果为数据基础，
分析市场投入回报，从而精准投放产品生产。并且，在传统媒体语境
下，对媒介产品的评价，更多把握在管理部门或相关行业专家手中，在
舆论引导机制方面，以管理部门或行业上层的喜好为主导的阅评引导机
制、评奖引导机制等，一直居于主控地位。这种舆论引导机制一方面能
高屋建瓴地从最顶层引导舆论良性发展，另一方面，也容易造成予夺权
集中于固定群体，舆论引导脱离受众的现象。而以大数据为基础的受众
评价，借助移动传媒，实现了多次逆袭，为客观引导舆论提供了坚实支
撑。如 2015 年 10 月 15 日微信公众号"人民网舆情监测室"发表评论
文章《〈琅琊榜〉大结局——但愿世上再无梅长苏》，列举数据，"截至
10 月 15 日 12 时，话题'琅琊榜'阅读量已接近 30 亿，相关讨论
491.6 万则；'赤子之心情义千秋'阅读量 1.3 亿、讨论量 19.7 万；
'琅琊榜大结局'阅读量 4667 万、讨论量 6.6 万"。又比较 PC 客户端
和移动客户端的收看情况：

整体	热议指数：当月均值：186204	当月最高：438315
PC	热议指数：当月均值：37605	当月最高：88750
移动	热议指数：当月均值：148599	当月最高：360098

该评论以大数据的形式，客观再现《琅琊榜》受欢迎的程度，最
后落实到对《琅琊榜》传播正能量和正确价值观的肯定上。这样引导

舆论，显得更为接地气，也更有说服力。

技术支持不仅表现在数据抓取上，也体现为内容的深度汇集整合方面，这使得多元信息的传递，多种声音的倾听，都成为可能，为打破单一的思维模式和固定的刻板印象提供了机会。如在"单身女性禁止冻卵"的舆论传播中，也能看到多种观点、多重视角的交锋。人民网舆情监测室微信公众号于 8 月 10 日发表《冷冻卵子之辩：权利？福利？失利？》，辑要网友观点，汇总国内外相关资料，从"禁止冻卵并非否定生育权""应修法保障生育权""冷冻卵子让女人更自由吗""定制后代近乎定制问题""按时生育才是应有福利"等多个角度，详细分析了冷冻卵子的可行性、目前在中国的瓶颈、可能存在的未来隐患，以及其中包含的对现行社会制度、伦理的颠覆性因子等细节，并对相关的制度完善提出了建议，堪称一份完善、全面的舆情总结报告。

由此而论，媒体融合在技术上提供了便利，使得移动媒体在信息抓取、内容整合方面，展示出传统媒体难以企及的优势，得以弥补以往舆论引导机制的不足，掌握舆论引导的主动权。

三 媒体融合给舆论引导机制带来的负面影响

媒体融合促进了信息的爆炸式传播，在传播和发酵的过程中，也产生了一些新现象，反映出若干新问题，折射出舆论场中多股复杂力量的博弈，不利于舆论引导机制发挥正向引导作用，亟待关注和反思。

（一）新闻媒体的客观性、专业性、权威性被动摇

传统媒体时代，媒体工作者充当把关人，以层层把关的形式，肩负着核实新闻真实性的重要职责，为公众提供了相对客观、准确的信息。与传统媒体不同，社交媒体的特点，在于个人可以对周围事件进行即时报道，把关人却处于缺位状态。换言之，大大小小的碎片化事件都能成为被播报对象，这些事件因而也具备了"类新闻"的性质。[①] 然而，社

---

① 罗世宏：《如何在社交媒体时代做好新闻查证基本功》，腾讯网"大家"专栏，2015 年 6 月 28 日，http://dajia.qq.com/blog/462985021918212。

交媒体的便捷，也带来了难以追溯新闻源、对新闻事实难以查实的困难；社交网络的匿名性，让用户可以毫无顾忌地转发，虚假新闻从而得以厕身其间。同时，由于目前商业网站并未获得新闻信息采编权，唯有大量采用来自社交媒体的信息，方能不断填补版面的海量需求。受此驱动，商业网站中时而充斥着大量未经核实、证明的信息，对受众形成了一定误导。

并且，为了提高时效，降低成本，传统新闻媒体也会从商业网站、社交媒体中寻找新闻线索，间接加速了虚假新闻的扩散。尤其当热点舆论事件的信息呈碎片化快速扩散时，囿于时效和人力，新闻媒体更难以做到逐一查实，往往导致不实信息加速流通，影响新闻的真实性和权威性。

如"人贩子一律死刑"报道中，就有不明身份人士以家长口吻自述，女儿幼年被拐，历经艰难曲折后寻回，女儿却因备受摧残伤势过重而死。这种凄惨的叙事，会激起公众内心深处对于儿童可能遭受折磨的恐惧、同情，并激发极大愤慨。但报道中对事件源头和出处无任何说明，一旦被证实为假新闻，毫无疑义会影响公众对传媒的信任，并引发对媒体专业性和权威性的质疑。

又如近年来备受关注的新闻反转现象，也称新闻反转剧。有研究者将其界定为"那些紧跟社会热点、标注新闻热词继而引发广泛关注，但随后被证实与事实主体或全貌不符，甚至与事实截然相反的新闻现象"。① 如2015年5月轰动一时的成都女司机被打事件，甫被报道时，网上议论纷纷，一致谴责男司机的野蛮凶残。其后，女司机多次违章的信息被透露，网络舆论迅速转向，指责女司机不守交规，甚至为男司机鸣不平。9月，安徽女大学生撞老太事件一波三折，报道多次出现反转，网友们也分为多个阵营，在舆论空间中互相攻击。而10月份，一则中国老人日本碰瓷的新闻报道又在网上掀起轩然大波，由于报道涉及了老人碰瓷、中国游客出国不文明、中日关系等多个敏感话题，引起中

---

① 刘峰：《新闻反转剧背后的媒体课题》，《新闻与写作》2014年第5期。

日网友的共同关注，并借由当事人、知情人反复披露信息，推动事件报道不断反转。新闻反转是新媒体时代出现的新现象，究其原因，媒体追逐热点、急于抢发信息，商业资本羼入其中捆绑炒作，网民素养不高难以区分信息真伪等都是带动新闻反转的重要推手。但在新闻反转剧中，最受影响的还是新闻媒体，事件报道的前后不一致、互相矛盾，深刻动摇了受众对新闻媒体专业性、权威性的信任。若不能及时得到纠正，长此以往，甚至会动摇新闻媒体的事实根基和安身立命之本。

（二）舆论监督机制遭遇网络民粹主义挑战

舆论监督机制向来是舆论引导机制的重要组成部分。发动民间力量，对社会的不良现象和问题进行监督，有利于及时把握、引导舆情。媒体融合使得网络社会中的公民个体都能成为舆论监督者，都能对相关问题发表意见或看法，从而形成强大合力，甚至左右舆论态势的发展。然而，当大量的草根意见借由媒体融合，得以汇聚成强大的民意时，其中许多非理性的、片面狭窄的情绪化观点被放大，从而形成极端的民粹主义倾向。

民粹主义成为人类社会进程中的重要现象，已有数百年历史。它既是社会思潮，也是政治运动，在大众传媒时代，民粹主义以传媒作为工具手段来左右民意、操控舆论，甚至能将社会底层的声音或意见，直接送达公共社会的决策层面，其影响力绝对不可小觑。它最突出的特点就是极端的平民化、大众化倾向，甚至挟底层社会的民意，表达对精英主义的不信任。曾有研究者总结网络空间里最常见的三种民粹主义倾向，分别是民族民粹主义、政治民粹主义、文化民粹主义。[1]

民族民粹主义将本民族、国家或者地区的利益放置于至高无上的主体地位，凡是不属于民族民粹主义所划分的群体范围之中的对象，都被视为具有威胁性的他者，并对之进行狭隘的、情绪化的、无意义的攻击。如香港的反水货客运动，从 2012 年持续至 2015 年，原本不过是部分香港市民反感频繁往来于香港、深圳之间的水货客，但在香港激进人

---

① 申亚萍：《网络民粹主义倾向浅析》，《新闻世界》2013 年第 3 期。

士的挑唆和部分香港媒体不负责任的报道之下，演变为对大陆民众无差别的攻击。而这种攻击又进一步刺激了部分不理性的大陆网友，双方以移动网络媒体为空间，唇枪舌剑互相攻击，最激烈的时候，天涯论坛中的"香港"版块，时不时出现香港和大陆网友的刺耳论战，这种论战并不以理性辩论为主，而是充斥着种种情绪化的表达和非理性的攻击，以发泄为主，无益于推动矛盾的缓和以及问题的解决。

政治民粹主义擅长以二元对立的手法划分人群，将复杂的公民群体简单区分为官员/民众、上层/底层、富人/穷人等，并采用一种夸张的"底层叙事"策略，将是非对错简单与群体划分进行捆绑，往往得出两个"凡是"的片面结论：凡是官员、上层、富人等都是有原罪的，凡是民众、底层、穷人等都是无辜可怜的。这种情绪化的呼吁，经由移动媒体的传播、发酵，常常汇聚成强大的合力，甚至左右司法的判决。如2013年轰动一时的"李某某未成年人强奸案"、重庆官员不雅视频事件等，一些网民在不了解事件中女主角真实背景的情况下，从陈旧的"民女反抗衙内""民女反抗坏官"的叙事框架出发，将女主角描述为反抗暴力的烈女，将刑事案件和官员违纪行为简单解读为为富不仁、为官不仁，表面上是伸张正义，事实上却依然以情绪判断代替理性分析，陷入阶层斗争的陈腐叙事话语体系中，无助于建构依法治国、客观公正的公民社会。

文化民粹主义则是将民粹主义和娱乐狂欢相结合，以大众之喜好为归旨，通过戏谑调笑的方式消解严肃、调侃崇高。在网络空间中，文化民粹主义最常见的形式之一，就是网络段子。插科打诨的网络段子，以往多见于娱乐信息传播中，后逐渐向其他类型的信息传播浸入，社会新闻、民生新闻中也屡见不鲜。如早些年流行的"很黄很暴力""打酱油""躲猫猫"等，在构建段子符号的过程中，抽去新闻事实主体，以语焉不详的方式，间接而隐晦地表达不满，并在一轮轮转发传播中，疯狂宣泄情绪。在"人贩子一律死刑"的舆情传播中，也有类似的段子，如众声喧哗中不乏调侃的声音，"接力一下，我在北京。我坚持建议国家制定行为准则。我坚持！！老发语音微信的直接判无期！！咸豆花死刑！！！

带豆沙的粽子死刑！！！凉皮放黄瓜丝的死刑！！！羊肉泡馍放鸡蛋的死刑！！！水煮鱼铺豆芽的死刑！！！不求点赞！！！只求扩散！！！［笑 cry］"。①又如"单身女性禁止冻卵"的舆情火爆时，有网友将网络热词"然并卵"等同于"禁止冻卵"，调侃中国女性连体内的卵子都不属于自己，而是属于丈夫、家庭、国家。

更有甚者，为迎合大众，即使是在日常新闻信息传播的过程中，文化民粹主义者也会有意无意地采用低级、低端的形式，来包装媒介产品，调动受众的感官刺激。如近两年来网络空间里涌现的大量脏词，甚至堂而皇之出现在公共媒体的首页或版面。又如奇特的"公知"＋"网红"组合屡见不鲜，前有网络红人咪蒙发表网络檄文《致贱人》尖酸刻薄，后有自媒体新人 Papi 酱自制视频大爆粗口，甚至被国家新闻出版广电总局要求节目下架整顿。咪蒙、Papi 酱等网红都在互联网上拥有大量年轻受众群体，他们以粗俗、粗暴的方式传播所谓"正能量"，将未经把关、净化的原生态人际传播实景通过网络直播，聚焦、放大了日常生活中的粗鄙丑陋之处，以恶为善、以丑为美、以边缘消解主流，并赢得无数拥趸，这种大众狂欢、集体民粹的现象值得深思和警醒。

文化民粹主义主导的舆论传播娱乐化、粗俗化，犹如一柄双刃剑，一方面，以浅显的形式、通俗的语言包装媒介产品，使得新闻信息的传播门槛大为降低，客观上使得信息能在更广泛的范围内迅速传播；另一方面，在重要的新闻舆论传播中，夹杂娱乐段子和大量粗口，会降低媒介产品的品质，削弱新闻舆论的严肃性，使得正面传播效果递减。

（三）依法引导、行政监管的机制面临商业资本冲击

在我国，长期以来，党和政府都是依据相关法律规定和部门管理条例，对舆论传播中的种种不良现象进行依法惩处。如国家新闻出版广电总局根据《广播电视管理条例》，多次出台管理细则，坚决刹住了舆论传播中的种种歪风邪气。然而，媒体融合进程中，商业资本无孔不入，新事物、新现象层出不空，舆论传播瞬息万变，以往的规范条例无法发

---

① http://sg.weibo.com/user/danhon/3854847021535428.

挥相应的规范管理功能，使得管理部门有时也面临无法可依的尴尬局面。

就在微信朋友圈里热议"人贩子一律死刑"时，有网友发现，部分微信页面上，有珍爱网的链接，珍爱网被认为有搭车炒作的嫌疑。6月18日下午，珍爱网发表声明，称链接一事系部分员工的个人行为，与珍爱网推崇的价值观并不符合，珍爱网已处理涉事员工并向社会致歉。有专家指出，珍爱网的营销活动，既违反广告法的相关规定，又违背传播伦理，是一种不健康不道德的公关行为，网友对此要有清醒认识。虽然如此，却并无相关部门出面对这一违法行为进行惩处。而"单身女性禁止冻卵"的讨论铺满网络之时，多家国内外生育辅助机构趁机推出广告营销，甚至有投资机构搭顺风车，打出"出国冻卵是笔花费高昂的投资，投资××理财帮您解决难题"的广告。风气所及，无事不可被炒作，如"人大师生断交"事件轰动网络时，立时就有出版媒体抓住事件炒作，推出事件中牵涉的四位教授著作销售广告。

更值得深思的是，自新媒体勃兴以来，以往在传统媒体中一直不乏受众推崇的心灵鸡汤式的文风也转移到社交媒体阵地上，它们通过人际传播＋大众传播的方式，以浅显的道理、煽情的话语、醒目的图片，煽动着受众的情绪。受众或用户情绪被调动起来，会带来高转发，也为资本留下了运作空间。商业资本逐利而来，在诸多鸡汤或段子中，植入或隐或显的广告，已经成为常见的营销手段。上述商家将营销广告的植入，渗透到公益性事件以及与商业完全无关的舆论话题中，是相当恶劣的开端。有专家评论"人贩子一律死刑"舆情传播时，特意指出还有相关营销在搭车炒作，正是这种不良风气所诱发。①

商业资本刻意营造公益事件、社会新闻热点，或者结合无关事件、话题植入广告，以低成本转发、点击方式诱使用户参与，会助推不良情绪泛滥，让用户只关注现象的表层，忽略了对事物本质的理性思考。另

---

① 张幂：《珍爱网借"贩童一律死"营销是损人不利己》，独家网，2015年6月19日，http://www.dooo.cc/2015/06/37059.shtml。

外，一旦公众对这种商业炒作手法越来越熟悉，被欺骗的感受将催生疏离感和厌倦感，导致对媒体尤其是新媒体的不信任，并有可能会逐渐冷淡公益事件或社会舆论，客观上造成公众与社会现实之间的冷漠隔离。这不利于培育媒体尤其是新媒体的公信力，也不利于培养具有独立思考能力的公民受众，更无益于解决社会实际问题。

四　对重构当下舆论机制的建议

如上所述，当下的舆论传播中，能看到政府、市场、媒体、公众四方在舆论场中的介入和博弈。政府主管下的主流媒体，依然担负着正面引导舆论，弘扬正能量的重任，此外，主流媒体与部分门户网站、社交媒体等，还共同面临着恪守媒体职责，坚守媒体专业精神的压力。商业资本的无孔不入，让市场力量在舆论场中寻找一切逐利的机会，而公众一方面承受着诸多力量有意无意的牵引、控制，另一方面也以传播主体的身份介入传播活动，以实际参与来重构舆论引导格局，影响舆论进程。

由此看来，在媒体融合的作用下，当下的舆论引导格局，已经客观形成了多元主体参与、多种利益诉求并存的局面。媒体要满足引导舆论、实现商业利润、弘扬公益等多种要求，同时仍然保持自身的客观性、专业性，面临的挑战可谓不小。然而，挑战即机遇，传统主流媒体曾经作为议程设置机构和把关人，牢牢把控着新闻内容的生产，这一权威地位随着自媒体的兴起逐步被打破。如何在媒体融合的变局中，寻找突围之道，已经成为摆在传统媒体面前的紧迫问题。从"人贩子入刑"转发事件中能看到，传统主流媒体依然以其专业性、权威性、严谨性打造了开阔的用户平台，对用户有着强大的公信力和影响力，而这"两力"甚至可以通过新媒体的附着和黏合，协同合作，辐射得更广泛。而要更好地发挥"两力"，重新掌控议程设置的主动性、机动性，媒体亟须重新建构适应现实的、灵活运作的舆论引导机制，主要包括：

辟谣机制。把关人的缺位容易导致虚假舆论泛滥，需建立相应的纠察、辟谣机制，确保新闻的真实性。

预警机制。媒体融合极大加快了舆论传播进程，应建立预警机制，对于负面影响明显的舆情，监控传播节点，避免舆情引爆。

自净机制。社交媒体，尤其是移动媒体已经成为重要的舆论接入端口，亟须建立自净机制，自我净化，从内部把控不良舆情信息的传播。

多元均衡的监督机制。如上提到的三种机制，依然是从主管机构和媒体本身角度出发来加强舆论引导，但媒体融合意味着信息呈爆炸式的加速度传播，任何一个部门或者传媒机构，本身已经难以胜任这一任务。必须建立多元均衡的监督机制，不仅要倾听公众意见，也要引入专家评价、意见领袖观点等多方声音，以科学、理性、客观、公正的态度，建构完善的舆论监督机制。

|第四章|

建立健全新形势下舆论引导格局和机制的建议

当前中国的网络空间，已经形成多元传播主体共同发展的局面，在众多传播主体协同发力和相互博弈下，舆论呈现出碎片、分散、矛盾等特点，虽然在一定程度上反映了当下民众关注的问题，但众声喧哗之下，舆论形成的嘈杂空间反而湮没了那些真正有价值的公共议题。为更好引导舆论，发挥舆论在构建和谐社会中的引导管和减压阀作用，首先需要建构主管机构、主流媒体、网络新媒体、意见领袖、行业组织"五位一体"的舆论引导格局，联动发力，为网络舆论筑起多重安全阀门。

第一节 建构"五位一体"的舆论引导格局

具体而言，以中宣部、国家广播电视总局、国务院新闻办、国家互联网信息办公室为主导的主管机构，应从宏观上引领舆论，指导协调媒体的报道宣传，制定新闻舆论事业和网络信息传播的政策以及发展规划，从上至下形成一套行之有效的舆论引导机制。

主流媒体和网络新媒体应致力于打通"两个舆论场"，依托公信力和庞大的用户群体，形成共识，积极跟进事件报道，多角度、多方位发掘新闻深度，发扬正能量。

体制内和体制外的意见领袖资源可以进行整合，遵循舆论发展规律进行舆论引导，提供稳定、专业、客观的舆论意见，让意见领袖成为喧嚣舆论场中的重要压舱石。

行业组织则应从专业规范的角度提供建议，促进政策完善，并着手建立奖励和惩罚的程序机制，充分发挥舆论监督作用。

第二节　把握舆论引导机制的五个"度"

"五位一体"舆论引导格局的建立，能更好地从高度、广度、信度、深度、效度等层面覆盖舆论，形成有效的舆论引导机制。

（一）舆论引导机制的高度

高度，是要明确舆论引导的重要价值及重大意义所在。

习近平总书记曾在全国宣传思想工作会议上指出，做好舆论引导工作，关系道路和方向，关系人心和士气，关系中心和大局，是新闻宣传工作的重中之重，是意识形态工作的重要内容。在新闻舆论工作座谈会上，习近平总书记再次强调，做好党的新闻舆论工作，"事关旗帜和道路，事关贯彻落实党的理论和路线方针政策，事关顺利推进党和国家各项事业，事关全党全国各族人民凝聚力和向心力，事关党和国家前途命运。必须从党的工作全局出发把握党的新闻舆论工作，做到思想上高度重视、工作上精准有力"。

三个"关系"和五个"事关"，指明了舆论引导战略高度应该倾倚的方向，更强调了舆论引导工作在当今社会中的至关重要性。在笔者看来，舆论引导的高度，首先要从思想上认识到舆论引导的重要性。

对舆论以及舆论引导的重视，在中国思想史上可谓源远流长、有迹可循。如《国语·周语》中记载：

厉王虐，国人谤王。召公告曰："民不堪命矣！"王怒，得卫巫，使监谤者。以告，则杀之。国人莫敢言，道路以目。王喜，告召公曰："吾能弭谤矣，乃不敢言。"召公曰："是障之也。防民之口，甚于防川。川壅而溃，伤人必多，民亦如之。是故为川者决之使导，为民者宣之使言。……民之有口，犹土之有山川也，财用于是乎出；犹其原隰之有衍沃也，衣食于是乎生。口之宣言也，善败于是乎兴……

先秦时期，尚未产生现代社会语境中的舆论，但民间种种议论、流言，也能表达一定民心关注。彼时的贵族阶层，也早已认识到疏导民意、吸引民心对于巩固统治的重要性。"舆论"一词，最早出现在《三国志·魏书》中，魏文帝曹丕拟起兵伐吴，臣子王朗上书相劝，提到"惧彼舆论之未畅也"，意思是担心舆人不理解圣意而私下议论，可见当时朝野上下已经意识到朝堂和民间关于政事的意见不统一，可能会影响到政令的顺利推行。以舆人（车夫）为代表的底层民意虽然也会被上层阶层考虑到，但由于在中国传统社会里，底层民众很少被直接纳入从上至下的垂直政府管理体系中，朝廷的正式诏令往下只能到达县级管理机构，民间的社会动员往往依赖于地方士绅的号召鼓舞，这使得底层意见往往难以有效地向上传播，并汇聚强大的民间力量，形成对政权的强有力挑战。

民间意见逐渐转型为公共舆论，与清末民初救亡图存的危机和科举考试的取消有关，传统的士大夫阶层艰难转身为知识阶层，转而审视帝国体制中难以动员底层力量的先天不足，要求从文化伦理层面，将原本原子般状态分散处于中国社会中的乡民个体，整合为现代国家的公民，承担起对民族国家的责任义务。这种思想潮流，借由清末以来的现代媒介，扩散到当时的中国社会，并通过此后的历次革命战争，逐渐深入到各个阶层的民众心中。因此，近代以来的"舆论"一词，其内涵中，虽也有舶来于西方文化的成分，但在当时中国的具体语境中，更多包含了对全社会力量的动员整合需求。也就是说，"在国家意识形态建构中，'舆论'已被当作政治变革的理论资源和政治动员的文化符号。欧洲传统二元张力的具有社会批判性的'舆论'一词的内涵，在中国特有历史文化语境下成为为本民族国家提供群众斗争精神资源的一元学说，其批判精神在当时中国特有历史语境里的目标指向主要是对敌人的拒斥和政治动员方式"。①

有效的舆论引导，在革命历史时期，使得中国共产党得以凝聚共识，动员全社会力量，在革命战争中取得胜利。中华人民共和国成立以来，随着社会语境的变化，中国共产党对于舆论引导工作的指向也产生了相应的调整，有学者将其总结为强调"舆论宣传"、强调"舆论导向"、强调"舆论引导"三个阶段，② 而现阶段的舆论引导，"所指涉的对象，从政治的层面被推广到意识和文化的层面"。③

现阶段的舆论引导指向，对应着当下更为复杂多元的社会图景。改革开放近四十年来，国内、国际的舆论环境已经发生了巨大变化：在国内，随着经济的发展、教育的普及、媒介技术的突飞猛进，越来越多接受过现代教育、个人权利意识突出的公民开始借由自媒体发声，表达对个人权益的重视和对公共议题的关注，个人作为信息传播主体强势进入舆论场，推动舆论环境更宽容多元，却也带来一些问题。与此同时，随着中国国力的提升，与其他超级大国、地缘强国摩擦冲突的可能性也随之增大，作为隐形的意识形态宣传工具，西方媒体凭借强势地位，以或隐或显的多种手段，对新兴大国展开了多方面的攻击压制，而中国媒体囿于观念、技术、手段，在国际舆论战的阵地上，还处于被动不利的位置。由此而论，全面升级技术手段，应对国内、国际两大舆论场的挑战，已经成为当下最重要的舆论工作。将舆论引导上升到维护国家民族核心利益，确保党和国家前途命运的高度，全面启动、整合舆论资源，从上至下完善舆论引导机制，确保舆论引导的方向。不仅要从政治高度，还要从价值观统一的高度来引导舆论，这是立足于中国本土吸收西方传播思想精华的自我升华过程，也是对中国传统政治思想和礼俗文化的延续，在当下具有相当重要的现实意义。

---

① 史文静：《近现代中国"舆论"语义内涵的演变》，《国际新闻界》2015 年第 2 期。
② 樊亚平、刘静：《舆论宣传·舆论导向·舆论引导——新时期中共新闻舆论思想的历史演进》，《兰州大学学报》2011 年第 4 期。
③ 史文静：《近现代中国"舆论"语义内涵的演变》，《国际新闻界》2015 年第 2 期。

(二) 舆论引导机制的广度

广度，是指尽可能全面地把握舆论，坚守舆论引导的阵地。

信息技术传播手段的更新，让媒介得以抵达此前难以到达的个体碎片化时间及空间。社交媒体和各种 App 软件进驻移动媒体终端，吃饭、等车、游戏或闲暇的空隙时空，都被媒体牢牢占据，微文字、微视频、VR 等"微"形式的媒介产品流动于网络空间，将个体生活的方方面面覆盖到无以复加的程度。

以往对于传播媒介性质的分类也逐渐淡化，如传播学者英尼斯曾将媒介区分为偏倚时间的媒介和偏倚空间的媒介，它们对于信息的传播和人类社会的结构性构建也发挥着不同的作用。又如麦克卢汉曾提到不同媒介代表着人类不同器官的延伸，刺激着不同的感觉。但融媒体的出现消解了以往的媒介界限，从视觉、听觉、触觉等各方面加强了个体对于刺激的感受，将用户牢牢吸附于媒介终端，吸附的目的，甚至在某种程度上超过了信息传播的目的。技术手段的更新，与消费社会的逻辑合谋，构成了我们所处时代的传播语境，导致无意义传播的无处不在。

各种随手拍、随手发，在信息传播中处处可见，"为什么而传播"的宏大叙事模式即使没有被完全消解，也不得不作出相应调整并退后。当传播的权杖被传递到个人手中，个人作为传播者的主体性被极大彰显，传播呈现出向游戏本能回归的特点——非功利性。如赫伊津哈所说，"游戏首先向我们展示了它自己：作为我们日常生活的间歇，作为插曲。总之，作为一种反复出现的关系，它成为伴奏、补充，实际上是一种生活所需的一部分，它装饰生活，扩充生活的范围。就此而言，它是必要的，对个人来说——是一种生活功能"。[①] 非功利性、无目的性的信息传播，疏导了个体淤积的情绪，提供了满足种种情绪欲望的出口，但也让互联网成为个人传播的私人平台。传统的公共/私人空间的界限日渐模糊，公共事件/私人事件的属性区分也逐渐混淆，缺乏专业素养的传播者广泛散布各类信息，舆论扩散的空间更广，更新速度更

---

① 〔荷兰〕约翰·赫伊津哈：《游戏的人》，中国美术学院出版社，1996，第 17 页。

快，未经证实的、虚假的、片面的信息得以大行其道，而"个人可以设计他们自己的传播世界这件事，正威胁、破坏这种社会中的信息传布。危险在于，通过虚拟串联所散播的不实信息，再加上分裂的环境，使得真实的信息无法广为传布"。① 不实信息的传布会挤占真实信息的传布空间，而无价值信息的泛滥也会占据有价值信息的传布通道，这些都给舆论引导工作带来了更多实际困难。

由此，舆论引导的机制也需进行相应调整，首先要在广度上尽量覆盖到海量信息。可以从两个层面来理解广度。

首先，主流媒体、新媒体和相关机构对信息的把控要建立在量化的基础上，在互联网传播的浩瀚海洋里建造一个个信息灯塔，建立点与点的连接，随时跟进舆论，及时捕捉舆论变化的风向并作出相应调整。技术革命的发展，使得媒介采集信息的能力空前强大，借助于海量数据，媒介能以交互式、可视化的方式，全方面呈现事件，及时跟进报道，告知各种事项，并有效预测事态的未来发展。如 2015 年 12 月 20 日，深圳发生重大滑坡事故，新闻舆论战迅速启动，"13 时 3 分，事发仅一个半小时，深圳微博发布厅就发出首条消息，随后每天 24 小时滚动播报最新情况，自始至终牵引网民关注目光；事发当天下午至 25 日晚 6 天内，救援指挥部召开了 10 场新闻发布会（事发当天 2 场，到 23 日事故 72 小时黄金救援期内开了 7 场，几乎每半天 1 场），28 日又举行了综合情况通报会，主动及时、公开透明地持续发布失联遇难人数、救援救治情况、事故发生原因、受灾群众安置、失联人员家属安抚等社会关注的重要信息"。② 这场新闻舆论战堪称成功典范，因为在和时间赛跑的过程中，海量信息的及时发布，使得主流媒体牢牢把握了舆论引导的主动权，令谣言和不实信息的传播空间被大大压缩，提升了主流媒体的公信力。

其次，主流媒体和新媒体都要善于制作吸引用户的产品，打造具有

① 〔美〕凯斯·桑斯坦：《网络共和国》，上海人民出版社，2003，第 67 页。
② 曾胜泉：《深圳滑坡事故新闻舆论应对四个"全国之最"》，《中国记者》2016 年第 9 期。

"凝聚性商品"① 性质的媒介产品，增强用户黏性，并吸引用户关注真正有价值的信息。人类社会得以绵延发展的重要推动力，在于共同经验的分享，它降低了个体单独抗衡危险的风险系数，并能在集体作出重大选择的转折路口，提供参照和借鉴。传统社会里，人们常常通过公共媒介来分享经验智慧，但自媒体的崛起改变了以往的传媒格局，越来越多的无用信息充斥于网络空间，吸引了人们的注意力，也让那些能够真正分享经验的机会减少，社会黏性遭到腐蚀。因此，主流媒介应立足于当下的大数据挖掘，深切关注民生，将信息报道覆盖到民众生活的方方面面，捕捉民众真正感兴趣的、与民众自身利益密切相关的公共性议题，拓宽报道的广度，客观看待作为消费者的用户和作为公众的受众的双重角色，打造有吸引力的信息产品，增强社会黏性。

（三）舆论引导机制的信度

信度，指充分运用真实、客观、公正的信息、观点引导舆论，凝聚共识，让舆论引导具有可靠性、可信性和公信力。

移动互联时代或"自媒体时代"是一个"人人都有麦克风"的时代。"众声喧哗"中，各种各样的信息、观点泥沙俱下、鱼龙混杂。大量消极、负面、非理性的舆论在网络上大行其道。因此，舆论引导需要通过充分运用真实、客观、公正和具有公信力的信息、观点，把社会舆论引导到积极、正面、理性的轨道上。这需要党报党刊、广播电视等主流媒体充分发挥应有的作用。

例如，2011 年"7·23"甬温线特别重大铁路交通事故发生后，网传重大事故中地方政府畏惧担责，把死亡人数限定在 37 人以内。《人民日报》发表文章，揭示网传死亡 37 人的案例与事实有出入：2009 年黑龙江鹤岗特大瓦斯爆炸事故遇难 108 人；2010 年山西王家岭煤矿"3·28"特大透水事故遇难 38 人；2011 年湘鄂暴雨遇难 41 人；2012 年甘肃岷县"5·10"特大冰雹山洪泥石流灾害遇难 45 人，失踪 14 人。实际上，《生产安全事故报告和调查处理条例》规定，造成 30 人以上死

---

① 〔美〕凯斯·桑斯坦：《网络共和国》，上海人民出版社，2003，第 68 页。

亡、或者 100 人以上重伤、或者 1 亿元以上直接经济损失的事故划为特别重大事故，并不存在"36"或"37"这样的特定数字。

再如，针对民间传说的"食物相克"，《人民日报》记者采访了多位营养学、医学专家。专家解释说，在营养学上，没有食物和食物的禁忌，只有食物和疾病之间的禁忌，比如说患者血脂高，就不要吃高脂肪的食物。专家搜集了民间传说中的 184 对相克食物，如香蕉与芋头、花生与黄瓜、葱与蜜、蟹与柿、鲫鱼与甘草、皮蛋与糖等，让动物和人试吃，在食后 24 小时内，所有被试动物及人的表情、行为、体温、粪便颜色与次数等都正常①。

舆论引导机制应当具有相当的信度，即坚定不移地加大、加强对于正面信息的传播，以有正面价值及积极意义的信息传播来吸引、引导公众，凝聚共识，增强社会和人民的向心力。正如习近平总书记在党的新闻舆论工作座谈会上指出，"在新的时代条件下，党的新闻舆论工作的职责和使命是：高举旗帜、引领导向，围绕中心、服务大局，团结人民、鼓舞士气，成风化人、凝心聚力，澄清谬误、明辨是非，联接中外、沟通世界。要承担起这个职责和使命，必须把政治方向摆在第一位，牢牢坚持党性原则，牢牢坚持马克思主义新闻观，牢牢坚持正确舆论导向，牢牢坚持正面宣传为主"。四个"坚持"，进一步为加强舆论引导机制的信度指明了方向，舆论传播中的多元主体都要牢牢坚持对于正面信息的宣传，坚守主流价值观高地，为建构社会主义和谐社会提供意识形态架构和相应的舆论支撑。

（四）舆论引导机制的深度

深度，指舆论引导中要用深入、翔实、专业、理性的事实或观点，全面反映社会现象、社会问题或社会事件的来龙去脉及其影响、意义本质和趋势。特别是对一些重大事件、社会热点难点等问题，要多采用调查性报道、解释性报道、连续报道、系列报道、跟踪报道、深度报道等形式，全面、准确、理性、深入、连续关注，要善始善终，不能虎头蛇

---

① 参见祝华新《舆情应对，新闻媒体是压舱石》，《网络舆论》2016 年 9 月。

尾，更不能不了了之。

例如，2015 年 8 月 12 日 22 时 52 分许，位于天津市滨海新区天津港的天津东疆保税港区瑞海国际物流有限公司危险品仓库发生火灾爆炸事故，造成 165 人遇难、8 人失踪，798 人受伤住院治疗，304 幢建筑物、12428 辆商品汽车、7533 个集装箱受损，造成直接经济损失人民币 68.66 亿元。事件发生后，各种媒体对事件原因、伤亡损失情况、救援情况、相关人员问责等进行了大量、持续报道。2016 年 11 月 10 日，中央电视台等主流媒体对事件最新进展进行了报道，天津港"8·12"特大火灾爆炸事故所涉 27 件刑事案件一审分别由天津市第二中级人民法院和 9 家基层法院公开开庭进行了审理，并于 11 月 9 日对上述案件涉及的被告单位及 24 名直接责任人员和 25 名相关职务犯罪被告人进行了公开宣判。持续一年多的报道，充分反映了党和政府对事件查处的决心和力度，也让一些毫无根据的猜测和谣言不攻自破。

再如，媒体有关郑州市郑东新区是空城、"鬼城"的说法，人民日报社河南分社记者从郑东新区的企业入驻情况和居民入住情况两方面着手调查。居民入住方面，了解郑东新区居民水、电、气的用量，宽带、有线电视的安装数量，超市、健身俱乐部会员卡的数量变化等；企业方面，了解入驻企业数量和纳税额等反映经济活跃程度的关键数据等。同时，记者在工作日和周末分别观察当地街道人流量、车流量、饭店就餐情况、多个小区晚上房屋亮灯情况，充分证明"鬼城"之说并不属实[1]。

打造有品质、有深度的媒介产品，舆论引导要具有深度，必须紧抓专业教育、职业培训各个环节，以培养专业化的媒体从业者；从政策、资源各方面落实对专业化新闻媒体的支持；设置行业奖惩机制，规范信息传播市场；设立高度专业化的评奖机制，鼓励、推广优秀的媒介产品。一言以蔽之，就是要以良币驱逐劣币，打造舆论场中专业的信息生产线、传播制高点，从理性、专业的角度，引领舆论传播的方向及风尚。

---

① 参见祝华新《舆情应对，新闻媒体是压舱石》，《网络舆论》2016 年 9 月。

（五）舆论引导机制的效度

效度，就是立足于舆论传播现实，建立对于舆论引导效果的评估体系，包括提前预警、过程疏导、事后评价等。

习近平总书记曾指出，"随着形势发展，党的新闻舆论工作必须创新理念、内容、体裁、形式、方法、手段、业态、体制、机制，增强针对性和实效性。要适应分众化、差异化传播趋势，加快构建舆论引导新格局。要推动融合发展，主动借助新媒体传播优势。要抓住时机、把握节奏、讲究策略，从时度效着力，体现时度效要求"，强调要尊重舆论传播的规律，有针对性和时效性地来引导舆论。而在舆论发展的时间轴上，首先做好预警机制，是考量舆论引导效度的关键所在。新媒介的快速发展，使得传统的信息传播路径也发生了很大改变，过去完全掌握在专业新闻媒介手中的采播权被逐渐稀释，自媒体提供的海量信息充斥于网络空间，表面上来看，专业媒介似乎有了更多选择，但事实上，提供信息的主动权，已经不得不部分让渡给了自媒体。海量信息汇聚而成互联网的汪洋大海，已经以隐形的方式为专业媒介设定了报道议程，信息传播遵循着自媒体—BBS 论坛—重要商业网站—主要媒体网站平台—传统媒体（包括报纸、电视、广播等）的传播路径，而这些环节之间并不是机械的线性排列关系，而是可以跳跃交叉进行的，信息传播更快速、自由、难以预测，也使得对信息传播的掌控变得更困难。由此，应当将预警机制的布控环节，前推到传播链条的最初环节，充分发挥网络监督员的作用，结合网络大数据，从人力资源、技术支持两方面，严谨、高效地抓取网络热点信息，追踪其舆论走向。近年来突发事件引爆舆论场的事件屡见不鲜，我国也出台了相关法令对突发事件的舆论报道予以规范化、程序化，如《中华人民共和国突发事件应对法》第 39 条规定，"地方各级人民政府应当按照国家有关规定向上级人民政府报送突发事件信息。县级以上人民政府有关主管部门应当向本级人民政府相关部门通报突发事件信息。专业机构、监测网点和信息报告员应当及时向所在地人民政府及其有关主管部门报告突发事件信息。有关单位和人员报送、报告突发事件信息，应当做到及时、客观、真实，不得迟报、谎报、瞒报、漏报"。及时通报是最基本的要求，更要做好接下来的布控工作，一旦发现舆情传播出现偏离既定轨道的情况，立即启动预警机制，进入到调控、疏导环节。

应该说，舆论的调控或疏导，应当建立在事实清晰、信息透明的基础之上，但媒体融合时代往往是信息传播速度远远快于事实厘清的过程，这常常导致混乱、虚假的信息漫天飞舞，将舆论引向错误的方向。由此，可以考虑将专业的新闻发言人制度和意见领袖发声的常规化机制有效结合，从官方和民间的双重视角出发疏导舆论。在第一时间就启动新闻发言人发布信息的程序，实事求是，向民众发布已经掌握的确切信息，明确定调，统一口径，确保新闻发言人话语的权威性。与此同时，要快速整合、高效调动意见领袖资源，鼓励意见领袖们秉承客观理性的态度，从专业角度出发，对事件给予全面深入的分析，并通过专业媒体，快速发布信息。为加强传播效果，在这个过程中，不妨采用多媒体多管齐下的传播方式，争取将信息覆盖到尽量广的范围，打造多重传播效果。

要更有效地疏导舆论，还必须结合受众心理，在传播技巧上多加揣摩，打破常规的宣传套路，真正做到走心、接地气。仍以深圳滑坡事故的舆论应对为例，有研究者评价该事件的舆论引导实现了具有引领示范意义的四个创新，"一是正面报道突破突出宣传领导的惯例"，"二是议题设置突破首选机关报网的做法"，"三是评论跟帖突破一味唱赞歌的套路"，"四是表达方式突破千篇一律的模式"[①]。的确，新媒体的发展已经改变了传统的舆论环境，舆论引导工作也不应继续在原来的模式下原地踏步，而需紧跟时代、锐意创新，打造兼具深度和温度的精品信息，营造充满真切人文关怀的舆论传播氛围。以"不战而屈人之兵"的心态，保持平和、理性、客观的沟通态度，无疑更契合这个差异化、个性化、分众化的传播时代。

任何事物都有两面性，就舆论引导工作而言，效果的好坏直接关系

---

① 曾胜泉：《深圳滑坡事故新闻舆论应对四个"全国之最"》，《中国记者》2016 年第 9 期。

到谁才能真正掌握互联网舆论的主导权，应建立相应的事后评价体系，区别奖惩。这种评价体系，可以从法规、政策、标准等不同层面，出台相关规定，明确奖励或问责机制，促成媒体传播行业内部的良性循环，促进舆论传播形成健康的生态环境。

第三节　建立、健全和完善舆论引导的工作机制

要确保舆论引导工作取得实效，需要一整套科学、合理、有效的舆论引导工作机制。在长期舆论引导工作实践中，各级各类媒体及相关机构建立了一些相应的工作机制，也取得了一些实效，但也存在一定的问题。要进一步提高舆论引导能力，必须进一步建立、健全和完善舆论引导工作机制。

（一）重大信息公开发布机制

2007 年 4 月，国务院公布了《中华人民共和国政府信息公开条例》，明确规定了涉及公民、法人或者其他组织切身利益的，需要社会公众广泛知晓或者参与的，反映本行政机关机构设置、职能、办事程序等情况的政府信息应当主动公开。其中特别提到，重大建设项目的批准和实施情况，扶贫、教育、医疗、社会保障、促进就业等方面的政策、措施及其实施情况，突发公共事件的应急预案、预警信息及应对情况等 11 种政府信息应当重点公开。这 11 种信息就属于"重大信息"范畴。

党和政府相关部门、企事业单位、社会团体等要进一步健全和完善以新闻发言人制度为代表的重大信息公开发布机制和协调联动机制，通过公报、网站、新闻发布会以及报刊、广播、电视、微博、微信、客户端等便于公众知晓的方式公开，特别是要充分运用新媒体、多媒体、全媒体信息平台，在重大突发事件、社会热点难点问题方面，及时、主动、完整、准确地公开发布权威信息，抢占舆论引导制高点和主动权。

（二）舆论引导主体协商机制

党的十三大就提出，正确处理和协调各种不同的社会利益和矛盾，

是社会主义条件下的一个重大课题。必须使社会协商对话形成制度，及时地、畅通地、准确地做到下情上达，上情下达，彼此沟通，互相理解。党的十八大提出了健全社会主义协商民主制度。2015 年 2 月，中共中央印发了《关于加强社会主义协商民主建设的意见》，明确了社会主义协商民主的本质属性和基本内涵，阐述了加强社会主义协商民主建设的重要意义、指导思想、基本原则和渠道程序，对新形势下开展政党协商、人大协商、政府协商、政协协商、人民团体协商、基层协商、社会组织协商等作出全面部署。党的十九大报告中指出，要"发挥社会主义协商民主重要作用"，"加强协商民主制度建设，形成完整的制度程序和参与实践"。

舆论引导主体多元化、复杂化是当前舆论引导面临的重要现实。党和政府、主流媒体、网络意见领袖、社会组织等不同舆论引导主体，由于政治立场、价值观、利益诉求等不同，对党和国家的路线、方针、政策及社会现象、社会问题的认知、理解和态度也存在一定的分歧。因此，要创造和建立代表不同利益、来自不同层面的舆论引导主体沟通协商的渠道和条件，建立和健全不同舆论引导主体的协商机制、对话机制、谈判机制，充分保障不同主体的知情权、参与权、表达权、监督权，推动不同舆论引导主体深入交流与沟通，不断增进对中国特色社会主义道路、理论、制度、文化及社会主义核心价值观的共识。

（三）舆情监测机制

各级党委、政府、企事业单位、社会组织要充分运用移动互联网、大数据、云计算等新技术，设置专门机构，组织舆情分析师等专业技术人员，对社会舆情的发生、发展、趋势等进行监测、分析和研判，为舆论引导工作提供重要参考和依据。近年来，随着互联网和移动互联网的迅速兴起和发展，大量舆情通过网络酝酿、生成、发酵甚至引爆。因此，网络舆情是舆情监测的重中之重。网络舆情监测的主要对象有：

（1）政治敏感信息和话题，如涉及党和国家大政方针及党和国家领导人的舆论；

（2）可能引发社会矛盾甚至群体性事件的舆论，如征地拆迁、环境污染、劳资纠纷等；

（3）与一些可能引发社会不满甚至是社会仇恨的特定群体（如领导干部、警察、富人等）有关的事件和舆论；

（4）利益和诉求没有得到满足的一些特殊群体的舆论，如老人、残疾人、下岗失业人员、被征地拆迁者、上访人员等；

（5）明显涉嫌违法犯罪和突破道德底线的信息和舆论，如淫秽、色情、暴力、宣传封建迷信、煽动分裂国家、破坏民族团结、扰乱社会秩序等内容。

（四）舆情预警机制

航空界有一个关于安全飞行的著名的"海恩法则"：每一起严重事故的背后，必然有29次轻微事故和300起未遂先兆以及1000起事故隐患。舆情工作也不例外。任何一个重大舆情引爆之前，一定有各种各样的先兆。上述的舆情监测机制，就是要发现这些作为先兆的"轻微事故"或"事故隐患"。舆情预警机制就是要在监测机制发现"轻微事故"或"事故隐患"时，在对舆情进行科学监测、分析、研判的基础上，对一些可能引发社会事件或社会冲突的舆情，向相关部门或组织发出预警，使其提前介入并采取切实措施避免舆情引爆甚至引发影响社会稳定的事件和行为。具体操作上，可以根据舆情参与人数、持续时间、传播范围、社会反响等进行分析研判，根据舆情性质、热度、强度、可控性、引发社会矛盾和社会事件的可能性等方面，设置舆情预警等级，可以分为一级（非常严重）、二级（严重）、三级（比较严重）、四级（一般）。同时建立健全宣传、人力资源和社会保障、环境、交通、公安、司法等多部门协调联动机制，针对舆情等级和涉及的部门，做好沟通、协调、移交等各项工作，以便相关部门及时介入、跟踪、引导及采取各项相应措施，避免可能的社会动荡。

（五）舆情回应机制

2016年7月30日，国务院办公厅发布了《关于在政务公开工作中进一步做好政务舆情回应的通知》（以下简称《通知》），主要提出五个方面的要求：

（1）进一步明确政务舆情回应责任。各级政府及其部门要高度重视政务舆情回应工作，切实增强舆情意识，建立健全政务舆情的监测、研判、回应机制，落实回应责任。

（2）把握需重点回应的政务舆情标准。各地区各部门需重点回应的政务舆情是：对政府及其部门重大政策措施存在误解误读的、涉及公众切身利益且产生较大影响的、涉及民生领域严重冲击社会道德底线的、涉及突发事件处置和自然灾害应对的、上级政府要求下级政府主动回应的政务舆情等。

（3）提高政务舆情回应实效。对涉及特别重大、重大突发事件的政务舆情，要快速反应、及时发声，最迟应在 24 小时内举行新闻发布会，对其他政务舆情应在 48 小时内予以回应，并根据工作进展情况，持续发布权威信息。

（4）加强督促检查和业务培训。

（5）建立政务舆情回应激励约束机制。各地区各部门要将政务舆情回应情况作为政务公开的重要内容纳入考核体系。

《通知》为舆情回应明确了责任主体，确立了重点回应的舆情标准，提出了确保舆情回应实效的具体要求，也指明了舆情回应的保障机制，是建立健全舆情回应机制的重要纲领和指南。

（六）舆情公关机制

一般而言，"公关"是"危机"的一种应对机制。一些重大舆情发生时，相关部门、企事业单位或社会组织有时处置不当，如有的没有及时、准确、客观地给予回应，有的避重就轻、故意隐瞒甚至歪曲事实，进而引发社会不满、批评甚至是愤怒和抵制，导致出现舆情危机。例如，2016 年 7 月 20 日，河北邢台市大贤村多座房屋被洪水冲垮，9 人遇难。事发后第四天，当地政府才召开新闻发布会。这时，各种流言、谣言、猜测已经遍布网络，社会各界对政府没有及时公布灾情表示强烈不满甚至是气愤，政府形象及公信力严重受损。这就需要建立健全舆情公关机制，在遭遇舆情危机时尽可能采取补救措施，挽回舆论引导中的被动和不利局面。舆情公关机制包括几个要素：

（1）明确目标，舆情公关的目标是解决问题，重塑公信力和社会形象，而不是回避问题，因此必须坦诚、正面回应社会质疑；

（2）舆情公关要找准突破口，设计科学、合理、有效的公关模式；

（3）建立公关效果反馈总结机制，对成功案例、经典案例建立数据档案，不断改进和完善舆情公关机制。

（七）舆论引导专门人才管理机制

2016年11月7日，习近平总书记在会见中华全国新闻工作者协会第九届理事会第一次会议暨中国新闻奖、长江韬奋奖颁奖会全体代表和获奖者代表时，发表重要讲话。他强调，做好党的新闻舆论工作，营造良好舆论环境，是治国理政、定国安邦的大事。党中央高度重视新闻舆论工作，对做好党的新闻舆论工作提出了明确要求，大家要抓好落实，把中央主要媒体和各级媒体越办越好，为党和人民作出更大贡献，做党和人民信赖的新闻工作者。习近平对广大新闻记者提出4点希望：坚持正确政治方向，坚持正确舆论导向，坚持正确新闻志向，坚持正确工作取向。

新的舆论引导格局下需要一大批政治方向正确、职业理想信念坚定、熟悉新闻传播规律和新兴媒体传播规律的舆论引导专门人才，如新闻发言人、舆情分析师及各级各类媒体采编人员等。要进一步建立、健全和完善舆论引导专门人才的管理机制，如招聘机制、培养培训机制、绩效考核机制、奖惩机制、晋升机制、淘汰机制等，让人才的选拔、培养、任用更加科学、合理、有效，从而最大限度发挥人才的积极性、主动性和创造性，为提高舆论引导能力提供重要的人力资源保障。

后 记

新世纪的第二个十年，互联网络进入移动互联时代。以手机为代表的移动互联网终端，既改写了传媒业的格局，也改写了舆论的格局。面对这种新情况，中国传媒大学传播研究院舆论研究所组织力量，开展了一项题为"新世纪舆论引导新格局新机制"的课题研究，其目的，一是研究新世纪舆论引导格局和机制发生了哪些变革，变革的原因是什么，给传统的舆论引导格局和机制带来了哪些挑战和机遇，媒体和有关部门应采取什么样的应对措施等，简单地说，就是给媒体和有关部门提供决策参考。二是中国传媒大学自 20 世纪 90 年代中期以来，开始舆论学学科的建设工作，其间，成立了舆情和舆论研究机构，开展分析舆情、研究舆论的基础理论工作，并成建制地招收和培养舆论学硕士研究生和博士研究生。这样，编写舆论学的教材，就提到了议事日程。该课题的研究成果，亦可当作舆论学硕士研究生和博士研究生的教材使用。

该课题的初始设计为"新世纪舆论引导新格局和新机制研究"，2014 年中央全面深化改革领导小组第四次会议审议通过了"关于推动传统媒体和新兴媒体融合发展的指导意见"，大力推进媒体融合，给课题研究带来了新情况和新问题。课题组通过大量的调研，并在分析调研情况的基础上，明确了重点要研究媒体融合背景下的舆论引导格局和机制。该课题按照最初的设计，本来可以提前几年完成，但课题组直觉判断，媒体和舆论格局在新媒体和传统媒体交织互动的情况下，会有大的变局出现。因此，课题组采取"等"的方法，通过密切追踪观察媒体和舆论发生的变化，终于"等"到了媒体融合大力推进的局面。观察这几年媒体融合大发展的情况，传媒业和舆论格局发生的变化是几年前我们开展课题研究时所难以想象的，这也给了我们启示：做科学研究，必须要有实事求是的态度，实践是检验真理的唯一标准，这是我们应该遵循的基本原则。另外就是在开展学术研究工作的过程中，应摈弃功利和浮躁之心，这样才有可能以客观、冷静的心态去从事研究工作。这样做研究工作，虽然费力耗时，但是值得。

本书立意、构思、框架由课题组组长雷跃捷整体设计，全书由雷跃捷、李汇群统稿。各章节执笔者如下：绪论，第一节，李汇群，第二节，王艳，第三节，高永亮；第一章，第一节，高永亮，第二节，王德平，第三节，雷跃捷、向青平，第四节，薛宝琴、王艳；第二章，第一节，王德平、高昊、张鑫，第二节，雷跃捷、高永亮、王艳，第三节，薛宝琴、张贝、张鑫，第四节，王德平，第五节，解庆峰；第三章，第一节，杜智涛、高永亮，第二节，薛宝琴，第三节，李汇群，第四章，李汇群、高永亮。

中国传媒大学研究生王慧、牛秋鹏、董雯佳参加了课题的部分调研和讨论。

舆论学是一门正在建设中的新兴学科，本书作为研究课题和教材，课题组成员尽量把这项研究做得深入，取得高质量的成果。但限于水平，有许多不足之处，敬请读者不吝指教。

中国传媒大学传播研究院院长、教授　雷跃捷
2018 年 3 月 15 日于北京东郊

图书在版编目（CIP）数据

舆论引导新论 / 雷跃捷等著. -- 北京：社会科学
文献出版社，2018.4（2021.2 重印）
ISBN 978 - 7 - 5201 - 2347 - 1

Ⅰ.①舆…　Ⅱ.①雷…　Ⅲ.①新闻工作 - 舆论 - 研究
Ⅳ.①G210

中国版本图书馆 CIP 数据核字（2018）第 040992 号

舆论引导新论

著　　者 / 雷跃捷　薛宝琴 等

出 版 人 / 王利民
项目统筹 / 蔡继辉　任文武
责任编辑 / 蔡继辉　连凌云

出　　版 / 社会科学文献出版社·城市和绿色发展分社（010）59367143
　　　　　　地址：北京市北三环中路甲 29 号院华龙大厦　邮编：100029
　　　　　　网址：www. ssap. com. cn
发　　行 / 市场营销中心（010）59367081　59367083
印　　装 / 北京玺诚印务有限公司

规　　格 / 开　本：787mm × 1092mm　1/16
　　　　　　印　张：15.25　字　数：227 千字
版　　次 / 2018 年 4 月第 1 版　2021 年 2 月第 2 次印刷
书　　号 / ISBN 978 - 7 - 5201 - 2347 - 1
定　　价 / 88.00 元